幼儿成长揭秘

——常见问题分析与家园共育策略

王普华　王明辉　王爱忠　著

中国轻工业出版社

图书在版编目（CIP）数据

幼儿成长揭秘：常见问题分析与家园共育策略／王普华等著. —北京：中国轻工业出版社，2019.4（2023.8重印）
ISBN 978-7-5184-2345-3

Ⅰ.①幼…　Ⅱ.①王…　Ⅲ.①幼教人员–人际关系　Ⅳ.①G615

中国版本图书馆CIP数据核字（2018）第298578号

责任编辑：王慧超　张天怡
策划编辑：高　君　　　　　责任终审：腾炎福
责任校对：刘志颖　　　　　责任监印：吴维斌

出版发行：中国轻工业出版社（北京东长安街6号，邮编：100740）
印　　刷：三河市鑫金马印装有限公司
经　　销：各地新华书店
版　　次：2023年8月第1版第4次印刷
开　　本：710×1000　1/16　印张：16
字　　数：210千字
书　　号：ISBN 978-7-5184-2345-3　定价：48.00元
读者热线：010-65181109，65262933
发行电话：010-85119832　传真：010-85113293
网　　址：http://www.chlip.com.cn　http://www.wqedu.com
电子信箱：1012305542@qq.com
如发现图书残缺请拨打读者热线联系调换
180880Y1X101ZBW

前　言

我经常在全国各地的园长和骨干教师培训班上讲课，当园长和教师们了解到我多年研究儿童心理和家庭教育，并接受儿童问题咨询和进行问题儿童矫正训练时，他们会利用中间休息时间围着我或者通过发微信等方式不断地向我咨询各种各样的儿童行为问题。比如，有的孩子多动，注意不集中；有的孩子在幼儿园不说话，也从来不和别人交往；有的孩子总想争第一，得不到第一就大发脾气；有的孩子谁的话也不听，不遵守规则，在教室里乱跑，爱打人，这一类孩子也是最令老师"头疼"的。近几年来，这些问题一直困扰着教师们，当然也困扰着具有这些问题的孩子的家长们。这些行为问题不仅使幼儿无法正常地参与幼儿园的学习活动，使他们经常遭到其他小朋友的排斥，影响他们的心理和社会性发展，还严重地影响了幼儿园正常的保教工作秩序。

我深深地理解教师们的困扰，因此每次我都尽可能详细地解答他们的问题，向他们提出一些教育建议。但是，我很担心我是否能在短时间内讲明白这些错综复杂而又极具个性化的儿童行为问题，因为不深入了解儿童的心理、不全面掌握儿童成长的规律和特点，就很难从根源上理解和解决这些问题。

我曾经建议他们去读一些儿童心理学方面的书籍，可他们告诉我，他们上学时都学过，有些概念也都知道，但是不知道怎样运用，他们感觉理论和实践总有一段距离。

此外，幼儿从小生活在家庭中，他们各种行为问题的产生都与不正确的家庭教养方式有着直接的关系。所以，要想真正解决幼儿的行为问题仅靠幼儿教师是不够的，还需要家长的密切配合。只有家园合作共育，才能使这些问题真正得到快速、有效的解决。

在深入地思考和研讨之后，我们决定从家园共育的角度写一本书，每一章先论述与本章主题相关的儿童心理学理论，再进行典型案例分析。理论部分旨在帮助幼儿教师和家长掌握儿童心理学原理，深入了解儿童心理成长的规律和特点，知其然且知其所以然，以便在实践中创造性地分析、解决各种复杂的儿童心理和行为问题。典型案例分析部分分别给出了教师在园教育幼儿和家长在家指导幼儿的策略，体现了家园合作共育解决儿童行为问题的理念、方法和思路。

教育方法总是有"道"、有"术"。"术"的方法千变万化，而"道"的方法是万变归一。日常生活中，很多人解决问题的方法都停留在"术"的层面，比如，给总想要玩具的孩子制定规则："到超市里一次只能买一个玩具。"对任性的孩子说："如果你听话，我下午就带你出去玩。"……这些方法"治标不治本"。能从根源上引导幼儿更好成长的"道"的方法是，给他们准备一个安全、丰富的生活环境，和他们一起策划丰富的生活和游戏内容，让他们在愉快、投入地运动、探索和做事的过程中发展自己。在这个过程中，成人所能做的就是，在他们感到害怕时给他们安全感，在他们感到孤独时陪伴他们，或者让他们与同龄伙伴一起玩，在他们需要帮助时伸出援手，给予适当的支持。除此之外，成人不要用过多的要求、指导和评价去干扰他们，要让他们在平和的心态下、在自己的"工作"中完成自我生命的成长和建构。

本书分为安全感、意志感、人际关注、运动、语言、生活自理和攻击性行为七章，力图在剖析儿童心理需要的基础上，"道""术"结合，有效地帮助教师和家长解决儿童在成长的过程中出现的各种心理和行为问题。其中，理论部分凝结了我多年的实践研究成果。在多年的儿童行为和心理问题的矫正训练中，我持续跟踪了许多儿童，深度介入他们的家庭，详细了解他们自出生以来的生活环境和一路成长的过程。同时，我反复研读玛利亚·蒙台梭利、亚伯拉罕·马斯洛、鲁道夫·德雷克斯和凯利·麦格尼格尔等人的著作，不断思考到底是哪些因素让这些儿童呈现出不同的发展状态。在家长的紧密配合下，我成功地帮助一些有着各种各样心理和行为问题的儿童重新走上了正常发展的轨道。

本书适合幼儿教师阅读。幼儿教师可以在阅读本书的基础上开展深入的研究和实践。这种研究和实践的过程不仅可以帮助他们更好地解决当前许多幼儿的行为问题、减少家园矛盾，还能让他们在专业发展的道路上走得更远。本书同样适合婴幼儿的家长阅读。它可以帮助家长深入了解儿童的心理，更懂儿童，在家庭教育上采用更科学的方法，少走弯路。

传播科学的教育知识和方法是我一直以来努力的方向，所以，希望正在阅读的您，把这本书推荐给家里有小孩子的亲戚朋友。家长少做错一点，孩子就会成长得更好一点。

感谢为本书提供案例的幼儿园一线教师们！特别感谢山东省济南市雅思贝尔幼儿园的毕立梅园长，作为有着丰富一线工作经验的园长，她给我提出了很多有价值的意见。感谢我的家人，我在夜以继日赶写书稿的过程中，无法照顾80岁的老母亲和同样年迈的公婆，但他们都很体谅我，我的兄弟姐妹也替我做了很多。感谢我的先生，博览群书的他不仅一遍遍地帮助我修改稿件，还给予我强大的心理支持，和我一起经历写作过程中的苦和乐。最后，还要感谢万千教育编辑部的高君老师，她帮我打磨文字并提出许多宝贵的修改意见，让这本书得以顺利出版。

我的邮箱是945930462@qq.com，希望全国各地的教师和家长们与我交流阅读本书的感想、收获，给我提出宝贵的建议，更期待收到你们在实践中探索出来的更具创新，也更加有效的解决问题的方法。我会认真地阅读和回复每一封邮件。期待这本书成为我们共同探索和研究儿童的开始。为了孩子们更健康地成长，让我们共同努力。

掩卷而思，有两点尚需说明：第一，儿童的一些心理和行为问题可能有生理和先天遗传方面的原因，本书没有涉及，一方面是因为篇幅有限，另一方面是因为即便是先天遗传的原因，也需要后天教养来调整和解决；第二，书中关于各种儿童心理和行为问题的解决策略可能还不够新颖，也无法穷尽，这一部分留待教师们在实践工作中不断补充和丰富。希望几年之后，这本书能凝结更多一线幼儿园教育工作者的智慧。

积累是长期的，写作时间是短暂的。时间仓促、水平有限，书中难免会有疏漏之处，敬请指导。最后，感谢您的阅读，欢迎您提出宝贵意见！

王普华于泉城济南

2018年11月16日

第一章　安全感——幼儿进行一切活动的心理基础 / 1

1. 幼儿有异常分离焦虑怎么办 / 4
2. 幼儿有退行性行为怎么办 / 7
3. 幼儿有恋物行为怎么办 / 11
4. 幼儿大脑"路线图"失控怎么办 / 16
5. 幼儿总咬指甲怎么办 / 21
6. 幼儿有强迫行为怎么办 / 24

第二章　意志感——幼儿自我发展的动力 / 31

1. 幼儿专注力缺失怎么办 / 38
2. 幼儿多动怎么办 / 43
3. 幼儿规则意识差怎么办 / 49
4. 幼儿行为混乱怎么办 / 58
5. 幼儿家园表现反差大怎么办 / 63

第三章　人际关注——幼儿人际关系发展的基础 / 71

  1. 幼儿有社会性退缩行为怎么办 / 81

  2. 幼儿兴趣单一怎么办 / 87

  3. 幼儿有自闭倾向怎么办 / 90

  4. 幼儿过度攀比怎么办 / 96

  5. 幼儿害怕挑战、想赢怕输怎么办 / 102

  6. 幼儿总是挑战权威怎么办 / 107

第四章　运动——幼儿综合发展的发动机 / 113

  1. 幼儿运动量不足怎么办 / 117

  2. 幼儿平衡能力差怎么办 / 120

  3. 幼儿感统失调怎么办 / 125

  4. 幼儿动手能力差怎么办 / 131

  5. 幼儿身体力量不足怎么办 / 135

第五章　语言——幼儿社会性发展的基础 / 139

  1. 幼儿语言发展迟缓怎么办 / 146

  2. 幼儿发音不清晰怎么办 / 153

  3. 幼儿不习惯用语言表达怎么办 / 158

  4. 幼儿口吃怎么办 / 161

5. 幼儿说脏话怎么办 / 165

6. 幼儿特别爱说话怎么办 / 168

第六章 生活自理——幼儿独立的起跑线 / 173

1. 幼儿不会自己吃饭怎么办 / 176

2. 幼儿不会咀嚼怎么办 / 180

3. 幼儿挑食怎么办 / 184

4. 幼儿不会穿脱衣服怎么办 / 189

5. 幼儿不会自己大小便怎么办 / 194

6. 幼儿不午睡怎么办 / 200

第七章 攻击性行为——幼儿同伴交往的破坏力量 / 207

1. 幼儿模仿负面行为怎么办 / 211

2. 幼儿为了验证自己的力量而打人怎么办 / 217

3. 幼儿的语言与思维链接不好怎么办 / 223

4. 幼儿因缺乏人际交往技能而打人怎么办 / 228

5. 幼儿将打人当作游戏怎么办 / 232

参考文献 / 239

后记 / 241

第一章 安全感
——幼儿进行一切活动的心理基础

安全感是婴幼儿进行一切活动的心理基础。有安全感的婴幼儿,才敢于尝试各种有益于身心发展的活动,如探究、游戏、运动和交往等。缺乏安全感,他们就会停止这些活动,直到重新找回安全感。

有一个心理实验:实验人员把一个小孩及其妈妈带到堆着各种各样新鲜玩具的实验室里。刚到实验室时,孩子紧张地靠在妈妈身边。过了一会儿,逐渐熟悉环境之后,孩子开始离开妈妈,尝试去玩那些好玩的玩具。但是,他玩一会儿就会回头看看妈妈,以确认妈妈还在房间里。后来,实验人员让妈妈悄悄离开实验室。当孩子再回头发现没有妈妈时,他便放下手中的玩具,开始紧张地到处寻找妈妈。

日常生活中,我们经常看到在妈妈身边放松玩耍的幼儿,也经常看到妈妈离开之后,紧张哭泣的幼儿。对婴幼儿而言,安全感就像食物一样,是不可或缺的,它是保证婴幼儿身心健康发展的心理营养。

美国心理学家埃里克·埃里克森(Erik H. Erikson)认为:0—1.5岁,是婴幼儿建立安全感的重要阶段。在这一时期，如果父母（尤其是母亲）能够给予婴幼儿持续的、稳定的、前后一致的、合理的爱，婴幼儿就会体验到安全感并延伸出对他人及世界的信任，感觉到自尊、自信以及对现实和未来的确定感和可控感。随着婴幼儿年龄的增长和能力的增强，他们的安全感由对他人的依赖逐渐转移到自己身上。这时，他们对父母及其他家人的依赖就会减少。

安全感是人类对可能出现的危险或风险的预感，以及个体是否有能力应对这些危险或风险，主要表现为确定感和可控感。当一个人能够判定周围的环境中没有危险或风险（即使可能有风险，自己也有能力化解）时，这个人就会产生安全感。反之，就会缺乏安全感。长期缺乏安全感的幼儿会出现安全感方面的问题，倾向于形成不良的个性品质。

美国心理学家亚伯拉罕·马斯洛（Abraham H. Maslow）认为：安全感是决定心理健康的最重要的因素，甚至可以被看作心理健康的同义词。对于缺乏安全感和具有安全感的人，马斯洛从多个方面进行了对比。其中，缺乏安全感的人往往对他人抱有不信任、嫉妒、傲慢、仇恨、敌视的态度，倾向于把他人视为坏的、恶的、自私的或危险的；对事物抱有悲观倾向，经常感到威胁和危险；因此，他们经常感到自己不被接纳和被冷落，产生消极的自我评价，处于焦虑、不满足和自卑的状态，不停地为更安全而努力，表现出自私和自我中心倾向。而具有安全感的人对他人抱有信任、宽容、友好、热情的态度；心态乐观、积极，认为世界是温暖的、友爱的、美好的；经常感到被人喜欢、被人接纳，有积极的自我评价；表现出客体中心、问题中心、世界中心倾向，而不是自我中心倾向，更关注问题的解决，而不是对他人的控制。

笔者经过多年研究发现：

◆ 2岁之前，母子分离是造成幼儿出现安全感问题的主要原因。

◆ 2岁之前，没有得到家人很好的照料（亲子陪伴不佳）、生活没有规律、不断变换环境和带养人等，容易导致幼儿出现安全感问题。
- ◆ 在缺乏一贯性规则或要求的家庭环境中成长的幼儿，容易出现安全感问题。
- ◆ 日常生活中，成人经常利用幼儿的不安全感来恐吓幼儿。
- ◆ 缺乏安全感的幼儿，长大之后容易出现比较严重的强迫症，而且这种强迫症一般到初、高中学业压力增大时才会爆发。

因此，安全感对幼儿的身心发展非常重要。有了安全感，幼儿就有足够的能量去面对未来生活中的种种不确定性，生活得更加自在和幸福。

有的幼儿从小被父母精心照顾和温柔对待，完全信任这个世界，成长过程中，又得到父母的有效引导，知道生活中各种事情应该怎样做，也经常得到家人的肯定和积极评价，心情放松、精神饱满、自我接纳度高，具有比较强的生活应对能力。所以，他们上幼儿园之后，就会表现得比较自信，确定感和掌控感也比较强。而有的幼儿不仅缺乏父母的精心照顾、积极引导和鼓励，还经常被父母粗暴地拒绝、否定和恐吓，表现出紧张、恐惧和不自信，安全感比较低，这类幼儿则容易出现各种行为问题。

1. 幼儿有异常分离焦虑怎么办

儿童情况

正正，男孩，3岁2个月，小班。

行为表现

刚上幼儿园小班时，大多数孩子会在第一周哭闹。第二周之后，慢慢地，有些孩子不再哭了，有些孩子甚至已经开始高高兴兴地上幼儿园了。可是，正正却还在哭，而且哭得越来越厉害。老师问他为什么哭，他也不说。在幼儿园里，他连上厕所都得老师帮他脱裤子、提裤子，吃饭也必须由老师喂，可奶奶说在家这些事他都能自理。此外，奶奶还发现，上幼儿园以后，正正变得特别任性，如果家长不答应他想做的事，他就没完没了地哭。为此，奶奶感到非常焦虑。

家庭情况

正正的妈妈是医学博士，在医院从事科研工作，承担着一个重点实验室的工作。正正从小由老人带得多。妈妈上班非常忙，每天都要在实验室里忙到晚上11点才回家，而那个时候正正已经睡着了。早晨，正正还没起床，妈妈就又去上班了。正正上幼儿园后，每天都由奶奶接送。奶奶下午接了正正之后，就把正正带到实验室门口与妈妈见15分钟。奶奶说，正正很想和妈妈在一起，但每天见面的时间有限。奶奶虽然精心地照顾正正，但是感觉正正并不十分自在和开心。

案例分析

由于妈妈上班一直比较忙，陪伴正正的时间少，导致正正的安全感非常不足。本来就缺乏安全感的正正来到幼儿园这个完全陌生的环境，就会变得非常恐惧，安全感极度不足，不能正常地参与幼儿园的集体活动，基本生活自理能力也出现了"退行"现象，本来能做的事情也不能安心地完成，连吃饭、上厕所都要教师帮忙。这些都表明正正需要教师和家长及时地帮助他调整。

教师应对策略

（1）不要过于严格地要求幼儿

在幼儿园里，教师需要更多地关爱正正。极度缺乏安全感的幼儿，无法正常面对生活中的各种事情。所以，教师不要过于严格地要求幼儿，要多与幼儿进行肢体接触，与幼儿建立亲密的师幼关系，帮助幼儿增强安全感。

（2）多陪伴幼儿

幼儿之所以在家里可以自己做事而在幼儿园里要依靠教师，一方面可能是因为幼儿园的环境与家里的不同，致使幼儿不敢独立行事；另一方面也可能是因为幼儿缺乏安全感，需要教师陪伴，这就要求教师既要鼓励幼儿勇敢尝试，又要尽量多陪伴幼儿。比如，站队的时候让正正站在前面，拉着他的手；吃饭时用关切的眼神看着他；睡午觉的时候坐在他的床边等。

（3）开展亲子活动

适当开展一些亲子活动，让家长帮助幼儿适应幼儿园。比如，中秋节时，邀请家长来园和孩子们一起做月饼。教师可以特别邀请正正的妈妈参与活动的组织过程，一方面可以增进亲子感情，另一方面可以让正正产生自豪感，借此增加正正对老师的认同感。

家长指导策略

（1）增加亲子陪伴时间，增强幼儿的安全感

正正安全感不足，与从小父母陪伴时间太少有关。建议正正的父母最好每天能抽出一定的时间陪伴孩子，比如，可以在操场上和孩子一起跑步、踢

球、做游戏。身体活动既可以缓解孩子的紧张情绪，使孩子心情放松，又可以让孩子感受到身体的力量，增强自我认同感。

回家后，父母每晚可以安排固定的时间与孩子进行亲子阅读、玩亲子小游戏，或者和孩子聊聊天——聊一聊幼儿园有哪些好玩的玩具，记住了几个小朋友的名字，玩了哪些好玩的游戏，等等。这些温馨的亲子时光，可以让孩子获得情感上的满足，感受到自己的价值，增强安全感。

（2）主动与教师沟通，及时肯定幼儿的进步

家园之间加强联系，家长尤其是妈妈在家陪伴孩子时，要多夸奖孩子在幼儿园表现好的地方，及时肯定孩子的进步，让孩子感受到即使妈妈因为工作忙，陪伴自己的时间少，但妈妈也是关心自己的，不论自己在哪里，妈妈都会关注自己的表现。

（3）促进幼儿的同伴交往，提高幼儿的社交能力

离园后，父母可以陪伴正正与同班的小朋友在操场上玩一会儿。离园后的同伴交往不仅有助于幼儿掌握交往的技能，还能够帮助幼儿与其他小朋友建立更加亲密的同伴关系，在幼儿园交到好朋友，从而更好地适应幼儿园生活。

（4）半日在园生活，帮助幼儿逐渐熟悉幼儿园

鉴于正正的表现，家长也可以让幼儿通过一周的半日入园来逐渐适应幼儿园环境。但要注意：提前和幼儿说好，第一周可以入园半天，但幼儿要保证每天不再哭，要尽量高高兴兴地上幼儿园，入园后要自己的事情自己做，像个大孩子一样。如果幼儿做到了，家长就要表扬幼儿长大了，能高兴入园了。以上做法可以为幼儿带来成就感，帮助幼儿建立自信心。

2. 幼儿有退行性行为怎么办

儿童情况

颖颖，女孩，4.5 岁，中班。

行为表现

颖颖上幼儿园小班时，生活自理已经没问题了，只是性格有点放不开。上中班后不久，她的弟弟出生了。弟弟三个月时，她开始不愿意上幼儿园，一到幼儿园就哭。进了教室，她不坐在椅子上，就靠墙站着。她在幼儿园也不主动吃饭了，需要老师喂。就连上厕所都是老师硬拉着她去，否则就尿裤子。

家庭情况

在与颖颖的妈妈沟通交流后得知，颖颖从小由妈妈一手带大，但家里突然多了一名新成员（颖颖的小弟弟）之后，妈妈忙得顾不上管她，便把照顾颖颖的事情交给了爷爷奶奶。在家里时，颖颖有时候会说："我要是这么小的小孩子多好呀！"由于不爱表达，大部分时间她都是一个人在默默地玩玩具。

案例分析

弟弟的出生让颖颖产生了心理焦虑，进而出现了"退行性行为"。颖颖有时候会说："我要是这么小的小孩子多好呀！"这反映了她希望成为弟弟那样的小孩子，也能被人照顾的真实心理需求。颖颖观察到，弟弟因为什么都不会才得到妈妈的全心照顾，于是想："如果我也什么都不会，妈妈也会全心照顾我吧。"颖颖的心理活动投射到行为上，就是在幼儿园通过哭来博得教师的关注和照顾，吃饭、如厕都需要教师帮助才能完成。

现实生活中，我们经常看到，一个家庭中的二孩出生之后，老大就会出现不同程度的退行性行为。比如，原来会做的事情突然不会做了，比原来更爱哭了，等等。他们行为退行的目的就是为了获得父母的爱和关注。

"退行"是奥地利心理学家西格蒙德·弗洛伊德（Sigmund Freud）提出的一种心理防御机制，是指人们在受到挫折或面临焦虑、应激等状态时，放弃已经学到的比较成熟的适应技巧或行为方式，而退行到使用早期生活阶段的某种行为方式，以原始、幼稚的方法来应付当前局面，以此减轻自己的焦虑和压力。

退行现象，在儿童的各个年龄阶段都会出现。比如，因为父母的指责和批评，一个初中生会产生巨大的心理压力，出现像小孩子一样大哭、不肯上学的行为。

教师应对策略

颖颖在幼儿园找到了做小小孩的感觉，这是一种羡慕小弟弟的心理投射。要想帮助颖颖，教师应该做到以下几点。

（1）接纳幼儿的退行性行为

案例中颖颖的退行性行为，是她对母爱的强烈需求得不到满足的反应。此时，她的心灵是孤独的、感受不到温暖的。教师的批评、嘲笑或者不接纳行为，只会令她雪上加霜。所以，教师不要指责她，要耐心地接纳她，让她感受到教师对她的爱和理解，从而建立起良好的师幼关系。当然，教师也要鼓励幼儿尽可能自己的事情自己做。

（2）积极与幼儿沟通，激发幼儿作为大哥哥或大姐姐的成就感

教师可以问问颖颖："说一说，你和小弟弟有什么区别呀？""你觉得自己是不是长大了？"通过这种方式，慢慢激发颖颖作为大姐姐的成就感。同时，当她的行为有所进步时，要积极肯定和欣赏她。

当然，要想消除颖颖的退行性行为，最关键的是家长要想办法让她获得情感上的满足，重新找回安全感和自我价值感。所以，教师要正确地指导家长。

（3）通过各种活动，激发幼儿爱护弟弟妹妹的积极情感

如今，生二孩已经比较普遍。教师可以开展"大手拉小手"的活动，带着全班幼儿与小班的弟弟妹妹一起做游戏，学习如何照顾弟弟妹妹，感受与弟弟妹妹在一起的快乐。教师可以通过表扬会照顾弟弟妹妹的小朋友，强化榜样的力量。教师还可以在图书角投放有关家庭、爱、弟弟妹妹的书籍，如《猜猜我有多爱你》《汤姆的小妹妹》等，让幼儿在阅读中学会如何去爱，如何去照顾弟弟妹妹。

家长指导策略

教师可以约谈家长，向家长说明颖颖出现了"二孩焦虑"现象，即她因担心失去父母的爱而出现退行性行为，进而指导家长满足孩子对父母的爱和关注的心理需要。

（1）合理规划亲子陪伴时间

颖颖上幼儿园时，父母可以把主要精力用来照顾和陪伴弟弟。颖颖从幼儿园回来之后，父母要安排专门的时间全心陪伴颖颖，可以抱抱她，像对待弟弟一样给她做一下身体的按摩和放松；跟她一起玩游戏，和她聊一聊幼儿园里发生的有趣的事情等，满足颖颖希望得到妈妈的爱、关注和陪伴的心理需要。

颖颖的父母必须明白：颖颖虽然比弟弟大一些，但毕竟还是一个小孩子，同样需要父母的爱、关注和陪伴。同时，父母也需要了解颖颖在幼儿园的日常生活和心理状态，以便给予必要的帮助和引导。

以下是一个二孩妈妈的时间安排表。

二孩妈妈的时间安排表

7:00	叫大宝起床，一起整理床铺，与大宝一起刷牙、洗脸，帮助大宝背上书包。
7:30	送大宝上幼儿园。
8:00—16:00	专心照顾小宝。
16:30	去幼儿园接大宝回家，回家路上亲切地拉着大宝的手，与大宝聊一聊幼儿园里有趣的事；肯定她是个大孩子了，都能上幼儿园了，妈妈很开心。
17:00—17:45	陪大宝户外活动45分钟。
18:00—19:00	共进晚餐以及晚餐后请大宝帮忙一起收拾餐桌，真诚感谢大宝的帮助。
19:00—19:30	妈妈与大宝一起逗弟弟玩。
19:30—20:00	妈妈专心陪大宝做手工。
20:30	陪伴大宝刷牙、洗脸、洗脚、上床；妈妈讲一个睡前故事，拍拍大宝。请大宝自己睡觉，告诉她自己现在要去照顾小弟弟。

（2）接纳幼儿的退行性行为，鼓励幼儿的自理行为

家长不要因为孩子出现退行性行为就批评和指责孩子，家长的批评和指责只会让孩子感到更加孤独和没有价值感，给孩子造成更大的心理压力。家长要接纳孩子的行为，给予孩子充分的爱和陪伴。同时，在家里，当孩子自己的事情自己做时，家长要及时肯定。家长也可以请孩子帮忙做力所能及的家务，然后对她表示感谢，让她在自己做事和付出的过程中体验到快乐。当孩子获得家长的肯定时，她的退行性行为自然就会逐渐消失。同时，她也会变得更加自信，更愿意迎接新环境的变化和挑战，会用一颗饱满的心去探索周围的环境，更好地发展自己。

（3）邀请幼儿照顾弟弟或者妹妹

妈妈可以邀请颖颖帮忙一起照顾弟弟。这个过程既可以让她获得成就感，又可以满足她想和妈妈在一起的需求。

（4）公平对待两个孩子，向大宝表达父母的爱

爸爸妈妈要多照顾大宝的情绪，每天早晨起床之后或晚上睡觉之前，最好抱一抱大宝，轻声地告诉她："妈妈很爱你！""爸爸很爱你！"日常生活中，父母要尽可能公平地对待两个孩子，不要总是要求姐姐让着弟弟，要让大宝觉得爸爸妈妈依然是爱自己的，而且家里多了一个爱自己的人，自己变得更幸福了。

3. 幼儿有恋物行为怎么办

儿童情况

贝贝，男孩，3岁5个月，小班。

行为表现

贝贝在幼儿园里，无论吃饭、游戏还是睡觉，都要拿着一块白色手帕。虽然这块手帕已经破烂不堪，且因长期不洗而几乎看不出原来的颜色，但无论老师如何劝说，贝贝都不肯放下这块手帕。到户外做操时，贝贝也要带着这块手帕。有的老师和他开玩笑，趁他不注意时偷偷拿走了手帕，结果没多久，他就发现了，然后开始嗷嗷大哭。

家庭情况

通过与家长沟通得知，贝贝在家也时刻不离这块手帕，而且还不让清洗。父母尝试了许多办法让贝贝丢掉手帕，但都没有奏效。

贝贝从小被寄养在老家，跟着奶奶长大，直到上幼儿园才回到爸爸妈妈的身边。贝贝的爸爸是国家机关的工作人员，妈妈是全职主妇。贝贝还有一个姐姐，智力有问题，需要妈妈照顾，也正因为如此，全家人把所有的希望都寄托在贝贝身上。

案例分析

恋物是指幼儿对某种熟悉的物品产生了特殊的依恋感情，每天都要把它带在身边，一旦找不到就会紧张甚至哭闹的一种行为表现。

幼儿的恋物情结是由缺乏安全感引起的。幼儿依恋的物品，大多是自己用过的小毯子、小被子、毛绒玩具、妈妈的睡衣，甚至一小块布等较为柔软的东西。柔软的物品让幼儿感觉到舒适和温暖，能给幼儿带来安全感，可以减少与妈妈分离时的焦虑和恐惧。一般在2岁前出现的长期母子分离、母亲陪伴不足或陪伴质量不高、过早独睡等情况，容易导致幼儿获得的爱不够、安全感不足、情感需要得不到满足，进而出现恋物的行为。

有些家长看到别人家的孩子没有这种行为，而自己家的孩子有，就会非常担心："孩子这样是否正常？"其实，依恋物的出现是幼儿找到的一种适应周围环境的方式。从某种程度上来说，依恋物缓解了幼儿面对新环境和不能见到妈妈时的紧张情绪和压力，使幼儿学会在难以应付的环境中获得自我安慰，对幼儿的心理发展有一定的积极作用。如果处理得当，幼儿正常的恋物情结并不会影响其人格的正常发展。

所以，"恋物"本身不会对幼儿的成长产生消极影响，而"恋物"的源头——安全感的缺失，却是家长必须关注且需要想办法解决的问题。它提示家长要想办法增加亲子陪伴的时间，给予幼儿充足的爱和安全感。

此外，还要注意的一个问题是，幼儿恋物的程度有轻重之分，成人要区别对待，否则也会给幼儿造成负面的心理影响。

如果有恋物行为的幼儿能够正常地吃饭、上幼儿园，正常地与人交流，愿意与小朋友玩耍，这就说明幼儿没有严重的心理问题，家长可以不用太在意。随着年龄的增长、接触事物的增多和幼儿自身能力的增强，他的安全感也会不断增加，恋物行为会慢慢消失。但是，如果随着年龄的增长，幼儿对物品的依恋程度越来越严重，而且越来越不愿意与人交流，那么这种现象就需要家长咨询心理医生了。

针对幼儿的恋物行为，家长如果采取粗暴的方式强行让幼儿与他们依恋的物品分离，很可能会给幼儿留下心理阴影。案例中的贝贝从小被寄养在奶奶家，上幼儿园时才被接回父母身边。过早的母子分离让他感受不到爱和安全感，所以出现恋物行为。手帕上面可能因为有他最熟悉的气味且一直陪伴在他身边，所以一定程度上为他提供了安全感。

教师应对策略

（1）接纳幼儿的恋物行为

在幼儿园这个集体生活环境中，如果某个小朋友总是拿着某个物品，那么他会引起大家的关注。特别是当有的孩子依恋的物品又脏又破，并且不允许大人清洗时，往往会引来其他小朋友的嫌弃。这时，教师对待幼儿恋物行为的态度就会影响到全班小朋友。所以，为了避免增加恋物幼儿的心理压力，教师要自然地接纳幼儿的恋物行为，向其他幼儿正确解释此类行为。比如，教师可以这样向其他小朋友解释："贝贝从小就把这块手帕带在身边，这块手帕就像他的好朋友一样。"对于小班幼儿来说，教师这样解释足以让他们理解和自然地接纳恋物行为，有些幼儿还会对恋物的幼儿表达亲近之情，试图帮助他。

（2）用游戏吸引幼儿，减少其接触依恋物的时间

教师可以想办法用游戏吸引幼儿。当幼儿在玩游戏的过程中感觉不方便时，教师可以建议他把依恋物放在口袋里或者放到自己的小橱子里，慢慢减少幼儿接触依恋物的时间，直到最后幼儿能够自然而然地完全放下依恋物，全身心地参与幼儿园的集体活动。

（3）鼓励恋物的幼儿与其他幼儿交朋友

在日常活动中，教师要有意引导有恋物行为的幼儿与其他幼儿一起游戏和玩耍，主动和他们交朋友。当幼儿与其他小朋友在游戏过程中玩得开心快乐并产生了深厚的友谊时，他们就会更愿意和同伴交往、游戏，从而减少对物品的依恋。

家长指导策略

（1）增加亲子陪伴时间，提高陪伴质量

父母要想办法增加陪伴幼儿的时间，提高陪伴质量，给幼儿充足的爱和安全感，使幼儿获得情感上的满足。陪伴幼儿时，家长要多和幼儿进行身体接触。比如，亲吻和拥抱幼儿，轻轻地抚摸幼儿的背部。妈妈温暖的拥抱和爱抚会让幼儿感觉舒适、安全。

也许有的父母确实工作很忙，没办法增加陪伴幼儿的时间，那就想办法提高陪伴的质量。研究表明，幼儿最喜欢的、高质量的陪伴方式就是和父母一起做相同的事。这不仅会为幼儿带来和父母在一起的满足感，还会让幼儿产生"自己也能像成人一样做事"的成就感。所以，父母在陪伴幼儿时要完全放下手机和其他的事情，全心全意地和幼儿一起读书、做手工、玩游戏、做家务。此外，周末一家人还可以外出游玩。这些都会让幼儿感觉到父母的爱，给予幼儿巨大的情感力量。

（2）理解幼儿的依恋行为，接纳依恋物

儿童恋物主要是因为缺乏安全感。家长不要对幼儿依恋的物品有厌恶的

表现，也不要有摔打依恋物或者强行让幼儿与其依恋的物品分开等粗鲁行为。因为对于幼儿来说，依恋物不只是一个物品，还是他们最亲密的"伙伴"。家长厌恶和拒绝的态度可能会让幼儿觉得自己这样做是"可耻的"，产生自卑感。所以，对于幼儿的恋物情结，家长要做的是疏导，而不是强行戒掉。当幼儿有足够的安全感或者在与父母的游戏中获得足够的情感满足时，他就会慢慢减少对物品的依恋，更喜欢和爸爸妈妈在一起。

（3）体察幼儿的心理状态，帮助幼儿做好接受挑战的准备

当幼儿需要独立面对一些新环境、新挑战或需要学习新技能时，家长要善于体察幼儿，提前帮助幼儿做好充分的准备，避免幼儿一下子陷入恐慌的境地。比如，初到陌生的环境，家长可以陪伴幼儿熟悉周围的事物，了解各种物品的使用方法；让幼儿尝试独睡时，可以先给幼儿唱一首催眠曲或读一两个美妙的故事，让幼儿在温馨的氛围中入睡。

入园前，家长可以利用试园时间陪孩子熟悉幼儿园环境，帮助孩子认识幼儿园的一些小朋友。父母平时也要多注意与幼儿沟通，像朋友一样与幼儿相处，了解幼儿心中的小秘密，及时化解幼儿的负面情绪。随着幼儿年龄的增长和能力的提升，幼儿的安全感也会增强，对物品的依恋程度会逐渐降低。

4. 幼儿大脑"路线图"失控怎么办

儿童情况

义义，男孩，5.5 岁，大班。

行为表现

义义平时说话不多，但做事非常有条理。在幼儿园里，他总是把自己的衣橱整理得整整齐齐。绘画课上，别的小朋友的水彩笔有时会东一支、西一支地乱放在桌子上，绘画纸也会被揉搓得起皱。但他总是用完一支就把笔帽仔细地扣好，再拿另外一支。他面前的纸张、笔盒会有序地摆放在固定的位置。

有一天，他的一支笔帽不见了，他找了半天怎么都找不到。于是，他一下子崩溃了，把所有的彩笔都摔到地上，而且愤怒中还拿起一把小椅子扔到教室外面。教师发现，他经常会因为一件小事而大发脾气，和平时完全像两个人。

家庭情况

与义义妈妈交流了解到，义义从小跟着爸爸妈妈生活，但在义义1岁时，家里老人突然病重需要照顾，妈妈只好把1岁的义义送回老家，请亲戚帮忙照顾一个多月。等把义义接回来之后，他有好长一段时间不爱说话。现在义义读书认字比较多，他的东西总是规规整整地摆放在固定的位置。他通常脾气比较好，但不知道哪一天的哪一件事触动了他，他就像打开一个开关一样，突然间行为失控、大发脾气、拍桌子、跺脚、扔东西。

案例分析

美国临床心理治疗师道格拉斯·莱利（Douglas A. Riley）指出，幼儿需要安全感，而幼儿获得安全感的一种方式就是在大脑中对未来规划出一个固定的"路线图"——记录他们认为接下来将要发生的事情，包括许多细节和预期。这种预期会给他们带来确定感和可控感。而一旦事情并没有像他们预期的那样发生，他们大脑中的"路线图"就会破碎，他们的世界就会暂时崩溃。这些意料之外的事情会让他们变得非常紧张、焦虑、不知所措，从而导致发脾气和行为失控。

有大脑"路线图"失控问题的幼儿，在生活的各个方面都表现得有些循规蹈矩，不愿意接受变化。他们为了保护自己的安全感，会对成人提出的与他们的"路线图"不一致的要求和命令说"不"。年龄小的时候，他们可能会对什么时候洗澡、怎么切食物以及睡觉前应该得到几个亲吻和拥抱之类的事情极度敏感，拼命地想让事情永远保持不变。

日常生活中，幼儿发脾气有多种原因，有的是因为想得到某种东西而故意哭闹，有的是通过哭闹来引起成人的关注和证明自己的力量；但因大脑"路线图"失控而导致幼儿发脾气有一个比较明显的特点，即幼儿的行为看起来没有比较严谨的逻辑关系，往往是由一些看似不起眼的小事引起的，显得有点不可理喻。比如，稍微改变一下路线顺序、丢失一个笔帽，似乎都是一些微不足道的事情，对生活没有太大的影响，但幼儿对此不依不饶、大发脾气，这就是大脑"路线图"失控幼儿的特点，家长和教师可以通过这一点来判断幼儿是否是因为大脑"路线图"失控而发脾气。

有一个3岁的男孩，由奶奶带着在活动室里玩玩具，奶奶对孩子说："我去接杯水。"孩子玩得比较专注，可能没听见。过了一会儿，孩子一抬头发现奶奶不见了，马上哭起来，嘴里不停地喊"奶奶"。奶奶赶紧跑过来，可是怎么哄都哄不好。爸爸也跑过来，说："奶奶不是在这里吗，怎么还找奶奶？"最后，工作人员让奶奶拿着杯子跟孩子说"我去接杯水"，然后出去假装接水，转一下再回来，孩子便不哭了。

由此可以看出，孩子不是找奶奶，而是奶奶不见了打破了他的预期。等奶奶重新表演一遍接水的过程（先告诉幼儿去接水了，让幼儿做好思想准备，奶奶再走回来）之后，幼儿的大脑"路线图"才恢复正常。

前面的案例中，义义之所以突然发脾气就是因为事情没有按照他的预期发生。这种情况不是幼儿故意为之，而是事情超出了他的掌控，导致他的安全感极端不足。

教师应对策略

（1）理解幼儿，与幼儿建立积极的关系

大脑"路线图"失控恰恰反映了幼儿的安全感不足。虽然这类幼儿的突然失控和暴怒会给教师的日常管理工作带来一些麻烦，但是教师不能因此而冷落或者粗暴地批评幼儿，反而要最大程度地接纳他们，积极与他们建立良好的关系，经常抱一抱他们，给他们更多的关爱。只有这样，才能增强幼儿的安全感，使他们更有能量接受变化，减少大脑"路线图"失控的可能性。

（2）观察幼儿，及时制止可能的破坏行为

大脑"路线图"失控的幼儿情绪爆发时难以自控，会不择手段地发泄，甚至可能出现过激行为，具有破坏性，容易对其他幼儿造成伤害。教师要注意观察这类幼儿的情绪状态，当发现他出现诸如摔玩具、打人等行为时，可以抱住幼儿或对幼儿进行身体约束，也可以把幼儿带离现场，停止他的破坏行为，避免其他幼儿受伤。同时，在做事情之前，让幼儿理解事情可能会有不一样的结果。当他紧张时，抱着他，轻声告诉他："这样也可以。"

（3）教给幼儿正确释放压力和负面情绪的方法

虽然幼儿因大脑"路线图"失控而大发脾气的行为是可以理解的，但不能任由他们肆意发泄，必须引导他们采用正确的发泄方式。教师可以通过相关的绘本故事、情商训练活动等，教给幼儿正确释放压力和负面情绪的方法，如运动、倾诉、转移注意力、对着枕头打拳等。这既是对幼儿进行情商教育

的大好时机，也是提高幼儿自控力的有效方法。

📖 家长指导策略

（1）接纳幼儿的失控和发脾气行为

永远不要因为幼儿"无缘无故"地发脾气，就抱怨他是一个"捣蛋鬼"。要理解幼儿发脾气肯定是有原因的，耐心地观察幼儿、倾听幼儿、思考他的行为模式，找出他发脾气的原因，以便找到应对的方法。

特别需要注意的是，当幼儿的情绪失控时，父母必须尽最大的努力避免做出情绪化反应。对幼儿大发脾气或大喊大叫，只会增加幼儿的不安全感。正确的做法是：抱抱幼儿，与幼儿进行身体接触和情感联结，多理解幼儿，告诉他："我知道你现在很难过。"通过接纳和爱给予幼儿安全感。当安全感足够时，他才能接受变化。

如果父母的情绪实在不好，做不到温和地对待幼儿，那么就等自己平静下来之后，再和幼儿讨论。家长要引导幼儿理解情况发生变化是很有正常的，帮助幼儿学会处理自己的情绪。

（2）陪伴幼儿挑战有点难度和冒险的体育运动

大脑"路线图"失控问题的产生，一般与幼儿从小生活环境过于封闭、生活模式过于刻板有关。带幼儿进行有点难度和冒险的体育运动，可以让幼儿在体育运动中释放自己，习惯接受挑战和变化带给自己的压力。同时，一定程度上有助于增强幼儿的神经强度和承受力，改善大脑"路线图"失控问题。此外，人是身心合一的，当人的身体开始变得强壮，能够接受各种变化和挑战时，他的心理也会相应地变得强大，能够接受改变。

（3）不过度顺从幼儿

美国马里兰大学人类发展学教授南森·福克斯（Nathan Fox）等经过研究指出：在幼儿3岁之前，对他们的行为采用设置限制的方式，可以降低幼儿面对变化和新情况时的情绪反应强度，让幼儿更加习惯接受改变。所以，在家庭生活中，父母不要凡事都满足和顺从幼儿，而是要根据实际情况坚持一定原则。比如，到睡觉的时间了，幼儿必须停止正在玩的游戏；不能乱动爸爸书桌上的书；当奶奶休息时，他不能在房间里大喊大叫等。

（4）采用暴露疗法

暴露疗法最早叫脱敏疗法，就是让幼儿的大脑不断地面对意外事件，慢慢地，他的大脑就会在某个时候开始习惯这种意外和不断的变化。但是，这种应对过程对幼儿来说是非常紧张和有压力的，所以，最好在家庭生活中，由幼儿亲近的人陪伴幼儿面对，鼓励和帮助幼儿度过这一困难阶段。

父母可以在亲子关系融洽、幼儿情绪比较好的时候，适当地对幼儿已经习惯的生活或行为程序做出一些改变，并提前和幼儿说明将要发生的改变，让幼儿有心理准备，能够逐渐接受适度的变化，锻炼幼儿接受变化的能力。

（5）多带幼儿外出旅行，让他学着接受改变

旅行过程中，幼儿会接触到家庭之外的各种陌生环境和各种陌生的人，不仅可以开阔眼界，还可以习惯接受变化，克服大脑"路线图"失控问题。如果爸爸妈妈能一起带孩子出去旅游，那就更好了。

5. 幼儿总咬指甲怎么办

儿童情况

晨晨，男孩，4岁，中班。

行为表现

晨晨是一个性格内向的男孩，在幼儿园里很少主动说话，或者主动找小朋友玩。在集体教学活动中，他有时坐在座位上一动不动。开始时，老师以为他在认真地听老师说话，仔细一看，发现他在专心地咬指甲。中午睡觉时他也会咬指甲，把指甲咬得都露出鲜红的肉了。老师看到后会提醒他把手拿开，但过一会儿发现他又开始咬了。

家庭情况

老师找晨晨妈妈交流：晨晨妈妈说自己是单亲家庭，晨晨1岁多时夫妻俩就离婚了。她自己一个人带着晨晨，有时姥姥会来帮忙。自己平时对晨晨要求比较严格，因为一边工作一边照顾晨晨，一累了自己脾气就不好，有时会冲晨晨大吼大叫。上幼儿园小班时，她发现晨晨咬指甲，但有时他玩得高兴了就会好一些。因为晨晨咬指甲的事，她曾经严厉地批评过他，有时也吓唬晨晨说："再咬指甲，就把你的手指剁掉算了。"

案例分析

咬指甲是3—6岁幼儿常见的不良行为习惯，男女孩都会出现。幼儿咬指甲的程度轻重不一，重者会引起指甲局部出血，甚至出现"甲沟炎"。部分幼儿还伴有其他行为问题，如睡眠障碍、多动、焦虑、紧张不安、抽动等。随着年龄的增长，多数幼儿的这种行为会自然消失，少数顽固者可持续到成年。

咬指甲的行为通常与幼儿缺乏安全感、心理紧张和压力大有关，往往在母爱不足、家庭气氛紧张、生活内容单调和生活节奏突然改变时容易出现。也有部分幼儿开始是因为模仿他人，最后形成习惯。一般性格内向、敏感、焦虑的幼儿容易出现这种行为。

上述案例中的晨晨从小生活在单亲家庭，妈妈脾气大，对晨晨管教严格，给晨晨造成比较大的心理压力，导致晨晨出现咬指甲的行为。同时，妈妈后续的处理方法也是不恰当的，她的严厉批评和警告会给晨晨带来更大的心理压力，导致晨晨咬指甲的行为更加严重。此外，还可能给晨晨带来其他的行为问题。

教师应对策略

（1）接纳和耐心地对待幼儿

案例中，晨晨是因为缺乏安全感才出现咬指甲的行为，所以教师在幼儿园里要接纳和温柔地对待晨晨，与晨晨建立良好的师幼关系，帮助他保持轻松愉快的心情。

集体教学活动时，教师可以通过请晨晨帮忙分发玩具，经常请他站起来回答简单的问题等激发他对活动的兴趣，保持他的注意力，减少他咬指甲的不良行为。午睡时，教师可以坐在他的旁边，轻柔地安抚他入睡。

当发现晨晨有咬指甲的行为时，教师可以请他帮忙做一些事情，把他的注意力转移到活动过程中。

（2）引导幼儿参与同伴游戏

4岁的幼儿一般具有较强的同伴交往需求。也许是因为家庭生活环境过于封闭，也许是因为缺乏交往技能，晨晨和同伴交流比较少。为了让晨晨在集体生活环境中更加开心快乐，教师要有意识地引导晨晨与同伴合作游戏，感受同伴交往的快乐。当晨晨沉浸于各种游戏时，心情就会更放松，咬指甲的行为就会减少。特别是在区域活动中，教师可以引导晨晨更多地参与操作性活动。当晨晨双手忙于摆弄玩具时，就会忘记咬指甲了。

家长指导策略

（1）营造轻松愉快的家庭生活气氛

父母离婚非常容易对幼儿造成伤害。妈妈一个人带晨晨很辛苦，但是不能把自己的负面情绪发泄到晨晨身上，给晨晨造成太大的心理压力，影响晨晨的健康成长。建议晨晨妈妈做一个内心强大的母亲，调整好自己的身心状态，安排好自己的工作和家庭生活，努力营造轻松愉快的家庭生活氛围，让晨晨健康快乐地成长。

晨晨妈妈可以利用晚饭后时间或周末带晨晨锻炼身体，既有利于母子缓解压力，也能让晨晨的性格变得开朗。晨晨妈妈尤其注意不要恐吓孩子。威胁孩子"再咬指甲，就把你的手指剁掉算了"是非常不可取的。

据调查，近些年我国的离婚率不断攀升。离婚是夫妻双方无奈的选择，对于有孩子的夫妻来说，离婚只是夫妻关系破裂，父子和母子的血缘关系不可改变。所以，离婚后，父母尤其要放下夫妻关系中的爱恨与恩怨，不仅要允许对方参与孩子的教育和成长，还要在孩子面前尊重和维护对方的形象，让孩子感觉自己仍然享受着充足的父爱和母爱，同时也可以减少负责带孩子一方的巨大的身心压力。不仅如此，双方还要努力协调、相互支持，保持教育原则和方法的一致性，以确保孩子身心和谐、健康。

（2）邀请孩子一起做事

晨晨妈妈要多抽出时间陪晨晨游戏和玩耍，在家里邀请晨晨一起做事，如一起读书、一起做手工、一起做家务、一起打扫卫生等。对于孩子来说，做家务就像做游戏一样。当孩子乐此不疲地忙于做各种有趣的事情时，他就会忘记咬指甲了。

（3）采用"行为竞争法"

妈妈可以运用"行为竞争法"帮助晨晨减少咬指甲的行为。方法是：给他买一个带口袋的衣裤，告诉他："每当你想要咬指甲时，就把双手插到裤兜里，这样就咬不到了。"用这样的方法帮助晨晨战胜自己。

（4）采用"行为记录法"

妈妈可以在墙上画一个表格，让晨晨记录自己每天咬指甲的次数。当发现他每天咬指甲的次数减少时，就给他发奖励。这种方法可以让幼儿在控制自己的过程中获得成就感，逐渐减少咬指甲的行为。

6. 幼儿有强迫行为怎么办

儿童情况

蓓蓓，女孩，6岁，大班。

行为表现

蓓蓓是一个有些害羞的小朋友，刚刚转学过来时，她不喜欢与小朋友交流，也没有几个好朋友。她特别容易纠结，会纠结自己的话说得不好，非要再说一遍；会纠结自己拿东西的姿势不好看，说下次不这样了。

蓓蓓还有一个不好的习惯，就是午休时，当其他小朋友都已经慢慢入睡后，她会悄悄地撩起自己的衣服，用自己的小手摸着胸部入睡。当老师装作不经意地把她的手拿开时，她就像一只受惊的小鹿，很不自然地看着老师，过一会儿又会偷偷地故技重施。在以后的日子里，老师尝试过让蓓蓓抓握其他物品入睡或转移她的注意力，不过收效甚微。

家庭情况

蓓蓓的成长过程比较复杂，1岁前随妈妈生活在济南，妈妈全天陪伴。1岁后妈妈上班，蓓蓓由奶奶带回老家和姑姑一起抚养。蓓蓓不到1岁时就断奶了，开始时会摸着妈妈的乳房入睡。和姑姑一起生活后，抚摸的对象就变成了姑姑，后来长大些她会摸着自己的胸部入睡。

3岁上幼儿园时，蓓蓓被接回父母身边。爸爸妈妈都是电气公司的工程师，工作都非常忙。早晨入园时，妈妈每次都是匆匆地和孩子说声再见，就直奔工作单位。每天放学时来接蓓蓓的是各种培训班的老师，几乎见不到爸爸妈妈的身影。当老师向妈妈反映蓓蓓的一些问题时，妈妈显得非常着急和焦虑。爸爸和妈妈都是急脾气，有时会大声地批评孩子。

案例分析

从上面的案例可以看出，蓓蓓非常缺乏安全感，原因主要有以下三个方面。

（1）母子过早分离

案例中，蓓蓓妈妈上班后，只有1岁的蓓蓓由奶奶带回老家和姑姑一起抚养，3岁上幼儿园时才被接回父母身边。对于一个只有1岁的孩子来说，母子分离是一个痛苦、崩溃和无奈的过程。离开最亲爱的妈妈和熟悉的家，来到陌生的奶奶家，孩子会产生不安全感。

（2）缺少亲子陪伴

蓓蓓被接回济南后，又一次经历比较大的环境变化。也许她还没有完全适应家庭环境，与爸爸妈妈的亲子感情也没有得到修复，就又被送到了幼儿园。这一系列的生活变化本来就容易让蓓蓓产生不安全感，再加上爸爸妈妈上班忙，亲子陪伴少，每天来接蓓蓓的都是各种培训班的教师。环境的不断变化和亲子陪伴的严重不足，让蓓蓓更加缺乏安全感。

（3）心理压力大

爸爸和妈妈本来陪伴蓓蓓的时间就比较少，而且又都是急脾气，有时会大声地批评蓓蓓，给蓓蓓带来比较大的心理压力，进一步加剧了她的不安全感。

可怜的蓓蓓似乎一直生活在不断变化的环境中，过着"颠沛流离"的生活。亲子陪伴不足和父母的大声批评是对幼儿明显的不接纳和否定，让幼儿内心充满了紧张、恐惧。按照马斯洛的观点，没有安全感的幼儿经常感到自己不被接纳和被冷落，容易产生消极的自我评价，处于焦虑、不满足和自卑的状态。案例中的蓓蓓便是如此，她的种种强迫行为表明她完全不接纳自己，内心总是感觉自己不好。多么可怜的孩子！

从摸着姑姑的乳房睡觉到最后摸着自己的胸部睡觉，是蓓蓓渴望得到妈妈关爱的又一行为表现。

在生活中，我们经常看到因为妈妈上班，不到1岁就被送回老家的孩子。可以想象，对于这些孩子来说，这个分离的过程是多么痛苦。

笔者曾经查阅一些国家的资料，发现在美洲、欧洲国家，几乎所有的母亲在孩子3岁之前都不上班，等孩子上幼儿园或小学之后，有些母亲会选择上班，但大都从事兼职工作，或者单位允许在家里工作，这样能够保证孩子放学回到家里时，父母也在家里，做好孩子的陪伴、照顾和教育引导工作。也有很多母亲选择在孩子13岁之前一直全职在家照顾孩子，并通过经常参加一些社会公益活动，保证自己不脱离社会。她们的这些做法，家长们可以借鉴。或者说，即使母亲工作，也要尽量选择那些晚上和周末不需要加班、不需要经常出差的工作，以便有更多的时间陪伴孩子。

教师应对策略

（1）接纳并安抚幼儿

蓓蓓的强迫行为是因为缺乏安全感和自我接纳导致的。所以，当蓓蓓因感觉自己说得不好或做得不好而纠结大哭时，教师不用劝她，只要抱着她，抚摸她的后背并柔声地告诉她："老师很爱你，老师知道你想做得更好。"这种处理方法可以帮到幼儿。因为"劝"，意味着对幼儿的不接纳。当幼儿自我感觉不好时，她是孤独的。而肢体的接触和接纳幼儿的话语都向幼儿传达了教师对她的理解、肯定，会让幼儿的自我感觉变好。

（2）增加积极关注，帮助幼儿建立自信心

从案例中可以看出，蓓蓓纠结于话说得不好、拿东西的姿势不好看，说明她不自信。所以，教师在日常生活中应增加积极关注，多观察蓓蓓，发现她的闪光点，多表扬她表现良好的行为，帮助蓓蓓增强自信。比如，表扬她听课很认真、遵守区域活动规则等。自信心的增强会提升她的确定感和可控感，进而增加她的安全感，让她把安全感需求部分地转移到自己身上，这是每一个健康成长的孩子的必经之路。

（3）引导幼儿参加丰富多彩的游戏活动

真正的自信不是"夸"出来的，而是"做"出来的。引导和帮助幼儿在运动、探索和做事的过程中不断提高能力和获得成功，才是培养幼儿自信心的最重要的途径。蓓蓓已经6岁，马上要上小学了，应该把注意力更多地放在各种各样的游戏和活动中，通过探索、体验和尝试解决各种各样的问题来提高认知和其他能力，感受自己强大的生命张力，获得自我价值感，让自己变得更加自信。

（4）正确应对幼儿午睡摸胸的行为

当教师发现蓓蓓午睡摸胸的行为时，"装作不经意地把她的手拿开……"，尽量不给她增加心理压力，这是非常好的。但是，教师的"装作不经意"表明教师实际上觉得蓓蓓的摸胸行为是难以启齿的。孩子是很敏感的,她能够感受到教师的态度,所以,她"像一只受惊的小鹿,很不自然地看着老师"。其实,对于一个只有6岁的幼儿来说,摸胸和用左手摸右手没有什么两样,是成人想多了。所以,当教师看到蓓蓓午睡摸胸的行为时,可以像开玩笑一样在她的耳边小声地说:"哦,那里很暖和吗?"或者说:"你是在数数你有几根肋骨吗?"这时,蓓蓓可能先是惊讶,然后笑起来。之后,教师就可以坐在床边,摸着蓓蓓的手,告诉蓓蓓轻轻地闭上眼睛,老师会坐在这里看着她睡觉。这种睡前的小幽默会让孩子感受到教师的善意和爱,在放松的状态下,孩子就更容易入睡。

家长指导策略

(1)多陪伴幼儿

从上面的分析可以发现,蓓蓓缺乏安全感的主要原因是早期母子分离、亲子陪伴不足和陪伴质量差。所以,解决蓓蓓当前问题的关键点是父母。建议蓓蓓的父母,特别是妈妈要安排好自己的工作,增加陪伴幼儿的时间,弥补蓓蓓1—3岁期间的母爱缺失,通过温馨的母爱和陪伴增强蓓蓓的安全感。对于幼儿来说,父母的陪伴是最好的接纳。

目前,蓓蓓已经是6岁的大班孩子,这个年龄的主要发展任务是在各种活动中不断提高自己的能力,为马上到来的小学生活做准备,而蓓蓓却还在纠缠于因安全感缺失导致的各种强迫行为。所以,建议蓓蓓的父母做好自己的价值判断和人生选择,合理安排自己的工作和家庭生活,承担为人父母的教养责任,把孩子的教育放在重要的位置。因为孩子的成长非常迅速,成长的关键期稍纵即逝,如果教养不当,那么会给孩子的人生带来不可逆转的损失。

(2)接纳幼儿,克服焦虑

很多时候,幼儿的强迫行为本身并不可怕,可怕的是家长的态度。案例中，当教师向蓓蓓的妈妈反映蓓蓓的行为问题时，蓓蓓的妈妈显得非常着急和焦虑。对此，教师应建议蓓蓓的妈妈克服自己的焦虑情绪，因为妈妈的焦虑会增加蓓蓓的心理压力，导致她的强迫行为增多。

父母应该认识到，孩子成长过程中的许多问题都是由不良的教养环境和教养方式导致的。只要父母积极想办法调整家庭教养环境和教养方式，就能有效地帮助孩子。

此外，父母不要因为孩子的强迫行为而反复批评她和对她进行说教，这同样会增加孩子的心理压力。案例中，当老师装作不经意地把蓓蓓的手拿开时，她就像一只受惊的小鹿，很不自然地看着老师。说明父母对孩子摸胸行为的引导已经让孩子感到紧张，让孩子认为自己的行为不对。很多时候，大人越制止，孩子的不良行为就越会被强化。所以，父母可以轻松自然地对孩子说："很多孩子小时候都会摸着妈妈的乳房睡觉，有时也会摸自己的，但长大了就好了。现在，咱们一起努力，当你想起来不应该摸的时候，就把手拿开。"

（3）营造温馨和谐的家庭氛围

家是温暖的港湾，家是充满爱、鼓励和信任的地方，温馨和谐的家庭氛围会给孩子带来安全感。可是，蓓蓓的爸爸和妈妈都是急脾气，有时会大声地批评孩子。对于本来就缺乏安全感的蓓蓓来说，父母的粗暴态度会让她的行为问题更加严重。所以，建议父母加强自我修炼，家人之间更多地用尊重、理解、包容、鼓励、支持等积极、温暖的方式进行沟通，营造一个有利于孩子身心健康发展的家庭生活氛围。

对于缺乏安全感的孩子来说，父母尤其不能利用孩子的不安全感来吓唬他，否则，会让孩子的安全感问题更加严重。

除上述三个策略之外，父母也要用积极关注的方法帮助孩子建立自信心，可以像前文提到的那样，多做肌肤接触性游戏和多带孩子进行体育运动。

第二章　意志感
——幼儿自我发展的动力

现实生活中，经常有教师和家长苦恼于幼儿注意不集中、多动、在幼儿园到处乱跑、不遵守规则等，这些问题的形成都与幼儿的意志发展不好有关。从字面意思来理解，"意"是目标，"志"是坚持，意志就是人主动地确定目标并根据目标调节、支配自身行为，克服困难，以实现预定目标的心理倾向。

人的行为是由各种不同的动机决定的，这些动机是为了保证人类生存和满足人类的需求而产生的。因此，人的行为是由人类的基本需求驱动的。幼儿的生命发展过程，不是由成人决定的，它有自身的一套"课程表"，而这个"课程表"是由人类的基因密码决定的，是人体自然发展的规律，是由人类的基本需求驱动的。

美国心理学家亚伯拉罕·马斯洛提出需求层次理论（见图2—1），他把人类的基本需求分为：生理需求、安全需求、归属与爱的需求、尊重的需求、自我实现的需求和自我超越的需求。

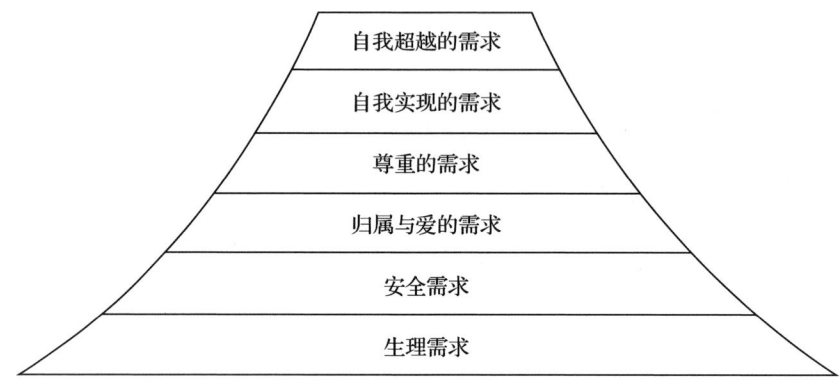

图 2—1 马斯洛"人类基本需求"模型

笔者经过多年研究认为,人类的基本需求不是马斯洛所描述的类似金字塔的分层结构,而是树形结构,如图 2—2 所示。

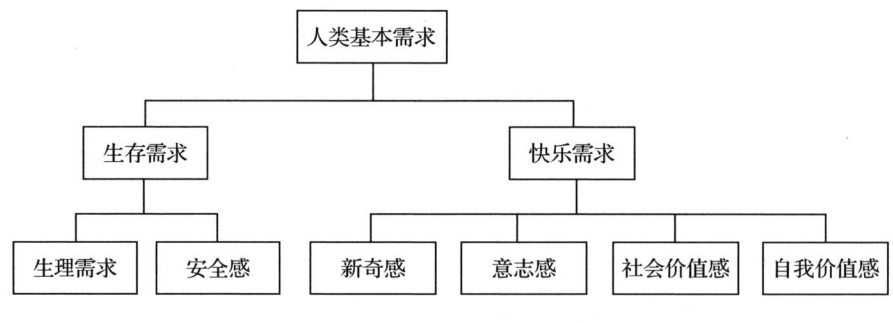

图 2—2 改进后的"人类基本需求"模型

当人类的生理需求和我们上一章所讲的安全感获得满足之后,人们更多地去满足"快乐"的精神需求。那么,幼儿如何获得"快乐"呢?笔者根据多年的研究发现,主要有四种通道:新奇感、意志感、社会价值感和自我价值感。

（1）新奇感

新奇感,是指人们在遇到新鲜奇特的事物、景象或经历时获得的一种"快乐体验"。对婴幼儿来说，这个世界是全新的。当新奇的事物出现在他们面前时，他们会尝试运用自己的感官去探索，从而形成对事物粗浅的了解，产生一种快乐体验。但婴幼儿对事物的这种认识非常表面化，只是停留在感官感受层面，因为没有成人的引导和语言的介入，无法形成真正意义上的认知，也无法持续和深入。新鲜感一消失，他们就不再感兴趣，转而寻找更多新鲜的事物。

（2）意志感

意志感，是指人们在完成既定目标的过程中获得的一种"快乐体验"。大家都有过这种体验，即当我们专注于做事时，会有一种非常投入的感觉，不再纠结于利弊得失，达到忘我的境界，这是由意志活动带来的快乐体验，笔者把它定义为"意志感"。意志感也是快乐的源泉之一，是非常重要的人类行为动机。由于成人做事经常追求现实的结果和意义，功利性过强，往往忽略了意志感。而幼儿的许多活动，比如，反复把一个瓶盖拧下来再拧上去、在草垛上爬来爬去、小心地把水从瓶子里倒出来再装进去等，都没有明确的现实意义。但是他们在克服困难成功完成一个个小任务的过程中获得了意志感，产生了快乐的体验。对于婴幼儿来说，反复地做就是他们活动的目的，他们正是在这种反复做的过程中，完善了身体的各种机能，获得了个人的成长，形成专注、坚持、主动等优秀品质。所以，幼儿的许多活动都是由意志感驱动的，研究幼儿成长时，不能忽略意志感的作用。

（3）价值感

价值感分为两种：一种是由活动目标实现所带来的成就感，它是幼儿的一种自我评价，我们把它定义为"内部价值感"或"自我价值感"。自我价值感又与意志感紧密联系，可以说幼儿每完成一项意志活动，都会同时带来两种快感，即意志感和自我价值感。美国心理学家米哈里·希斯赞特米哈伊（Mihály Csikszentmihályi）提出了"心流"的概念，用于说明这种合成的快感。另一种价值感来自外人对幼儿的评价，我们把它定义为"社会价值感"。

了解了"快乐"的来源之后,我们看看这四种动机是如何影响和作用于幼儿行为的。

首先,幼儿不会主动选择通过哪种通道来获得快乐,他们一般是在通过某种通道获得了快乐的体验之后,就会反复不停地使用这种通道。

一般情况下,婴幼儿都会通过新奇感获得快乐,因为好奇是人类的天性,也是人类最早发展的情感体验(0—2岁为关键期)。但是新奇感有一大特点,就是它的不稳定性。对一件事物的探索一旦完成,新奇感就会迅速消退。依靠满足新奇感来获得快乐,就要不停地寻找新鲜的刺激。如果幼儿主要通过新奇感获得快乐,就会表现得比较"躁",东戳戳,西看看,难以沉静下来。

美国心理学家凯利·麦格尼格尔(Kelly McGonigal)在《自控力》一书中指出,大脑中的伏隔核有一个"奖励回路",当人们受到诸如酒精、美食、购物、玩电子游戏等外在刺激之后,大脑会非常兴奋,就会产生大量名叫"多巴胺"的神经递质来激活"奖励回路",使人感觉快乐。但是麦格尼格尔同时指出,通过多巴胺分泌方式激活"奖励回路"虽然会让人感到兴奋,却不能像血清素、γ-氨基丁酸和催产素等使人感到沉静,给人真正的快乐。运动、阅读、听音乐、与家人相处、散步、冥想或做瑜伽等活动能够分泌血清素等神经递质,而赌博、抽烟、喝酒、玩游戏、上网等会刺激多巴胺分泌。

笔者认为,大脑"奖励回路"带来的快乐,可以理解为填充"欲望"的方式。每个人都有一个"欲望阈值",而且各不相同。通过"奖励回路"满足"欲望"带来的"快乐"非但不能降低"欲望阈值",反而由于身体的"耐药性"机制,会导致"欲望阈值"升高,从而要求刺激分泌更多的多巴胺,获得更多的"快乐"。这就像一个人吸食鸦片,虽然暂时能够获得"快乐",但是很快就会要求吸入得更多、更频繁,以满足更强的欲望。

笔者根据多年的研究认为,幼儿追求新奇感的活动,在一定程度上会刺激他们的欲望阈值升高;而社会价值感的获得,如表扬等精神奖励或其他物质奖励，也会导致幼儿的欲望阈值升高。同时，欲望阈值的升高又会驱使幼儿不断寻求更多的新异刺激或更多的表扬、奖励来填充其已经升高的欲望阈值，从而变得躁动不安。这些问题从幼儿的行为表现上来讲很像多动症，笔者把这种多动定义为"假性多动"，与由于多巴胺分泌低而导致的"真性多动"相区别。

这些问题的形成与家庭教养中的亲子互动有直接的关系，许多家长认为幼儿想怎么玩就让他怎么玩，不要过多地干涉幼儿，要顺从幼儿，这其实是一种错误的教养观念。没有成人的参与和引导，让幼儿随便玩，很容易让幼儿走上只追求新奇感的发展模式，进而引发幼儿的自控力差、不遵守规则、专注力缺失和多动等问题。

这是因为，一个游戏如果没有规则，是不可能让幼儿玩得深入的。比如，打扑克牌或下棋，因为有了游戏规则，扑克牌和棋子便成为道具，让幼儿玩出多种花样和不同的水平。而没有规则，扑克牌和棋子仅仅是个物品，幼儿几分钟就可以把它们探索清楚，新奇感很快会消退，幼儿只能再去寻找新的事物。规则是人类社会经验和智慧的结晶，是文化的传承。它能帮助幼儿在社会生活和游戏中发展自控力。当然，成人也可以引导幼儿探索新的游戏规则，慢慢培养幼儿的创造力。但是如果完全没有成人的引导，也没有生活原型，幼儿对这些事物的探索就会比较肤浅，很快就失去兴趣，又重新回到追求新奇感的模式中。另外，规则是意志发展的基础，有规则才能保证幼儿在活动中保持较强的目的性，否则幼儿就会漫无目的，其主动、自制、坚持等意志品质就难以发展。而意志品质又是专注力、主动性、勤奋等学习品质发展的基础。

通过意志感获得快乐的通道也需要成人的协助和引导。儿童在1岁多就有主动做事的要求，但他们的身体能力还不足以让他们完成想完成的任务。比如，他们想拧开一个瓶盖，但他们的力气太小，不足以实现。这时，成人把瓶盖拧松一点，他们就能成功地完成任务，并在反复把瓶盖拧下来再拧上去的活动中获得意志感，感受到目标达成的自我价值感带来的快乐。

当然，家长还要放手，满足婴幼儿自己做事的愿望，使婴幼儿在自己做事的过程中获得意志感，享受快乐的体验。在儿童2岁之后，成人还可以通过不断变换规则来增加游戏的难度，或者挖掘玩具的多种玩法，使儿童不断挑战自己，沉浸于游戏和做事的快乐中，让他们的意志感和自我价值感都得到良好的发展。

大约在1岁之后，随着自我意识和社会化的发展，儿童与成人的互动不断增加，在与成人的互动中获得肯定、赞赏和表扬成为儿童获得快乐的另一个通道，这就是"社会价值感"。如果儿童在其他通道难以获得快乐，他就会转向"社会价值感"这一通道，出现"人际关注过度"的问题。对于这个问题，我们将在第三章详细论述。

表2—1 四种"快乐"通道的关键期和发展

	新奇感	意志感	自我价值感	社会价值感
关键期	0—2岁	1—5岁	11—17岁	1岁开始，8—9岁是关键期
发展	探索事物	生活自理		家庭中重要人物的感觉
	看动画片	有规则地游戏		3—7岁获得教师的认可
	听故事	制订目标、计划并执行		8—25岁获得同伴的认可
				25岁以后获得社会的认可

从上表可以看出，新奇感、意志感、自我价值感和社会价值感是人类的基本需求，应该平衡发展，过度发展某一方面都会出现问题。如果新奇感和社会价值感过度发展，容易导致幼儿多动、专注力不集中、人际关注过度等问题；而意志感过度发展则会导致人际关注不足，社会性发展不良等问题。

新奇感和社会价值感是不稳定的。新奇感建立在不断寻求新的刺激的基础上，而生活中新奇的事物总是有限的；社会价值感建立在别人的评价之上，但别人的评价不由自己掌控，而且标准不一，因此也是不稳定的。所以，如果幼儿过度依赖通过新奇感和社会价值感获得快乐，就会过度关注外界事物，难以专注做事，感觉不踏实、内心不沉静。

比如，一个篮球，从新奇感的角度讲，它只是一个球，我们探索一段时间之后就不再有新奇感；从社会价值感的角度讲，它代表着一个比分，代表一个队赢而另一个队输，赢的队开心快乐，输的队就会难过沮丧；从意志感的角度讲，它代表一场精彩的比赛，代表一个美妙的运动过程。这是因为篮球比赛是有一套规则的。只有规则，才能让幼儿将简单的事物玩出精彩，玩出意志感。不管输赢，幼儿在运动的过程中都能获得意志感，并产生快乐的体验。

目前，动画片中不断变换的画面和夸张的形象让幼儿获得了新奇感。国内很多网游和手游都是通过让人获得社会价值感产生游戏的快乐体验，比如，游戏中不断地升级和获得奖励。因此，看动画片、玩网游和手游过多的儿童，在学校里容易出现注意不集中、多动、自控能力差等学习品质问题。

下面我们通过几个案例深入探讨，帮助教师和家长掌握培养幼儿意志感的原理，更好地解决幼儿意志感发展的问题。

1. 幼儿专注力缺失怎么办

儿童情况

腾腾，男孩，5岁，大班。

行为表现

集体教学活动时，腾腾注意力不集中，一会儿玩尺子，一会儿玩自己的手，一会儿玩自己衣服上的扣子，一会儿用手抠一下桌子上面的小黑点，一会儿又弯下身子抓着小椅子的腿。老师提醒他坐好，眼睛看着老师。他马上回过神来，坐正并看着老师，但没一会儿，他又把目光移到别处，进入神游状态。老师和他讲道理，他也都懂，可就是改不了。只有在老师讲绘本故事时他才能专心地听讲，而且听得特别认真。

腾腾刚上幼儿园小班的时候，不会穿脱衣服和鞋子，不会拿勺子自己吃饭，生活自理能力非常差。通过一段时间的训练，他才掌握了基本的生活自理技能，但总是做得很慢。

家庭情况

妈妈说，腾腾从小跟着奶奶长大，奶奶什么都替孩子做，所以生活上腾腾非常依赖奶奶，什么事都不动手。奶奶年龄大了，一般不带孩子出去玩，在家里主要就是给孩子拿着绘本讲故事。奶奶做家务时，就让腾腾自己看动画片。到3岁该上幼儿园时，孩子回到父母身边，父母发现腾腾除了特别喜欢听绘本故事、看动画片之外，其他活动都不喜欢。孩子不愿意运动，不愿意做手工，生活上特别依赖别人照顾。妈妈说，腾腾看动画片时，注意力特别集中，眼睛一眨不眨地盯着屏幕。

案例分析

注意的品质，包括注意的广度、注意的稳定性、注意的转移和注意的分配四种。注意的稳定性是一项重要的心理品质。和注意的稳定性相反的是注意的分散，即平常所说的分心。注意分散是指注意离开了心理活动所要指向的对象，而被无关的对象吸引的现象。

专注力缺失主要指注意的稳定性比较差，做事情时注意维持的时间比较短，不能长时间地集中在一件事情上，非常容易分心。主要表现为上课不能专心听讲，容易受环境干扰，频繁地改变注意对象。

通常，儿童在不同的年龄阶段注意集中的时间长短不同，随着年龄的增长而逐渐延长。一般来说，2—3岁时专注时间为10～12分钟，5—6岁时为12～15分钟，7—10岁时为20分钟，10—12岁时为25分钟，12岁以上可以达到30分钟以上。专注力缺失的儿童其专注时间短于上述范围，较难在一段比较长的时间内从事某一活动，做事往往有始无终，半途而废，不能完成教师分配的任务。

上面案例中的腾腾在集体教学活动中专注力不集中，总是容易受无关刺激的干扰，但腾腾看动画片时注意力特别集中。那么，这是不是说明他不属于专注力缺失的情况呢？答案是否定的。只有看动画片时注意非常集中，不属于注意的稳定性强的表现。因为注意分为有意注意和无意注意。无意注意是没有预定目标的、不需要付出意志努力就能维持的注意，又叫不随意注意。一些强度大的、对比鲜明的、突然出现的、新颖的刺激容易引起人的无意注意。所以，幼儿看动画片专注，属于无意注意。有意注意是有预定目标的、需要付出一定意志努力才能维持的注意，又叫随意注意。专注力缺失主要是指有意注意的缺失，就是幼儿不能控制自己，不能长时间地集中注意于自己想注意的对象上。

根据前面的理论，腾腾专注力缺失有以下两个原因：

（1）看动画片过多，通过新奇感获得快乐，导致专注力不集中

动画片的图像速度变化比较快，幼儿被不断变化的图像吸引，逐渐形成通过新奇感获得快乐的通道。因为动画片中不断变换的画面和夸张形象的激烈刺激提高了幼儿的"欲望阈值"，所以经常看动画片的幼儿在现实的学习和生活中会感觉索然无味，从而注意力不容易集中。

（2）自己做事太少和不爱运动，意志力发展不好，导致专注力不集中

意志力在幼儿自己做事和运动的过程中得到发展。意志力发展良好的幼儿其专注力比较集中。而腾腾从小跟着奶奶长大，生活上由奶奶包办，自己做事少，也不愿意运动，导致意志力发展比较差，专注力不集中。

教师应对策略

（1）组织集体教学活动时，注意对象丰富，活动形式多样

注意的稳定性并不意味着心理活动总是指向和集中于某一事物或活动，而是指虽然行动所接触的对象和活动本身有所变化，但注意的总方向和总任务没有改变。比如，幼儿在集体教学活动时既要听教师讲，又要操作学具，还要与同伴互动等。由于这些活动都服从于听课这一项总任务，因此它们属于在注意稳定性范围之内的注意转移。对于要求持久注意的活动，这种转移具有积极作用，它可以防止疲劳，提高注意稳定性。所以，教师在组织日常教学活动时，要使注意对象丰富，活动多样化。不同的活动最好交替进行，并在活动中不断地提出新问题，以此提高幼儿的专注力。

（2）组织幼儿进行有利于提高专注力的游戏和活动

在幼儿园里，教师可以组织许多有利于幼儿提高专注力的游戏。比如，教师与全班小朋友面对面站立，教师一边报"眼睛""鼻子""嘴巴""耳朵""手""脚"……一边触摸自己五官和四肢的相应部位，让幼儿模仿着做，比一比谁做得正确、做得速度快。开始时一个部位、一个部位地报，随着幼儿熟练程度的提升，教师可以连续报三个部位，如"眼睛、鼻子、嘴巴"，让幼儿连续触摸，比一比谁做得正确、做得速度快。报的速度也可逐渐加快。这个游戏要求幼儿在具备一定速度的前提下做到动作无误，在高度兴奋中提高专注力。

此外，大家熟知的"木头人""大西瓜小西瓜""萝卜蹲"等游戏，也可以提高幼儿的专注力。

（3）肯定幼儿的良好表现和进步

专注力不集中的幼儿会干扰上课的秩序，可能受到教师的批评，而受到批评越多的幼儿越容易出现专注力不集中的情况。所以，教师要多肯定幼儿的良好行为和进步。比如，教师可以说："腾腾，你今天听课比以前有了很大的进步，上课后前 10 分钟你听得特别认真，眼睛一直看着老师，你认真听课的样子真的很帅呢！"教师的积极关注会强化腾腾的良好行为，帮助他形成专注的习惯。

家长指导策略

（1）保证幼儿拥有充足的睡眠

注意的稳定性与一个人的身体状态有关，因此，家长需要调整好幼儿的身体状态，让幼儿饮食健康、睡眠充足。在身体健康、精力充沛的情况下，幼儿才能以极大的兴趣从不同的方面去观察所注意的事物，并以积极的态度进行思维，从而形成较强的注意稳定性。在多年的家庭教育咨询工作中，笔者发现，许多专注力不集中和多动的幼儿都有睡眠时间短、睡眠不规律的问题。所以，腾腾的父母首先要反思自己的家庭生活，看看是否存在这方面的问题。如果存在，就要帮助腾腾养成早睡早起的习惯，保证他拥有充足的睡眠。

（2）减少幼儿看动画片和玩电子游戏的时间

当前，看动画片和玩电子游戏已经成为影响幼儿专注力的两大杀手。前文提到，动画片和电子游戏中快速闪动的画面和游戏奖励机制，很容易让幼儿更多地通过新奇感和社会价值感通道获得快乐，提高他们追求新奇和奖励的"欲望阈值"，导致幼儿躁动不安、难以专心做事。所以，从幼儿成长的角度来说，父母要尽可能让孩子远离电视和手机，避免孩子因沉迷于动画片和电子游戏而导致专注力缺失。

（3）引导幼儿多运动和自己做事

从事与选择性注意有关的神经系统结构研究的美国心理学家迈克尔·波斯纳（Michael I. Posner）提出了"注意力可训练原则"，即当个体反复从事需要注意力的任务时，注意力就能获得提升。在跑步、走平衡木、攀爬等有一定难度的体育活动中，幼儿需要全身参与，有利于注意力的培养。案例中，腾腾小时候跟着奶奶长大，没有养成运动的兴趣和习惯，现在回到父母身边，父母要多带他进行各种体育活动，激发他参加体育活动的兴趣，在有趣的体育活动中提高腾腾的专注力。

动手操作活动也能有效地提高幼儿的专注力，如画画、做手工、拼图、搭积木等。对于5岁的腾腾来说，做之前，父母可以引导他想一想自己要画什么或搭什么，或者观察手工制作成品图样，观察物体的形象和结构。之后，引导他按照图样一边观察一边操作，不断调整自己的绘画和粘、剪、拼搭方法，直到最后完成整个制作过程。这个动手操作过程有目标、有计划、有多感官参与，可以有效地培养腾腾的耐心和专注力。此外，完成后的作品还可以给腾腾带来惊喜和自我价值感，吸引他更多地从事这种活动。

实践证明，在日常生活中经常自己做事的幼儿专注力比较集中。幼儿在自己做事和帮忙做家务的过程中，有着清晰的活动目的，且通常需要努力坚持才能做好。所以，幼儿自己做事的过程也可以自然地提高他的专注力。很多小学教师反映，当前专注力不集中的孩子越来越多，这与家长过于包办代替、孩子动手做事的机会越来越少有关。所以，腾腾父母要放手让腾腾自己的事情自己做，同时让腾腾承担力所能及的家务，既可以让他在专注做事的过程中提高专注力，又可以培养他的责任心和自我价值感。

2. 幼儿多动怎么办

儿童情况

帅帅，男孩，4岁2个月，小班。

行为表现

在幼儿园里，帅帅是一个一刻也闲不住的孩子。早上进班以后，他不会安静地坐在椅子上，而是到处走动，一会儿摸摸书，一会儿摸摸玩具。

集体教学活动时，他坐在座位上，总是扭来摆去，有时和旁边的小朋友说话，有时弯下腰玩自己的小椅子。上课时，老师说前半句话，他接后半句。老师每次都告诉他这是不礼貌的行为，他当时记住了，可事后还是会忘。尤其是当其他幼儿唱歌或说话慢时，他会接得更快，还表现出一副不耐烦、什么都知道的样子。他性格很要强，事事争先，必须得到大人的关注。老师提问时，他不管会不会都迫不及待地举手，希望老师第一个让他起来回答。如果老师不是第一个叫他，他要么坐在地上大哭，要么坐在椅子上一边哭一边嘟囔："我讨厌死你了！我要妈妈！我不和你玩了！"……要么就直接离开座位不参加集体活动了。

区域活动时，他一会儿跑到阅读区看书；一会儿跑到益智区玩；一会儿又跑到美工区折腾一顿……玩什么，时间都不长。做操时，他插队、推搡别人，或者绕着别人跑，让别人来追他。

帅帅刚入园时不会自己吃饭，不会自己穿脱衣服，通过一段时间的练习，他逐渐掌握了基本的自理能力。但是在吃饭的时候他经常扭转身体，因为不专注吃饭而将饭菜掉落到衣服上、桌椅上以及地上。

家庭情况

帅帅的爸爸32岁,从事软件外包工作,经常出差,很少接送孩子。妈妈30岁,从事会计工作,是孩子的主要教养人。妈妈很重视教育,给孩子买了很多书籍。帅帅上幼儿园后,妈妈总是抽出时间来陪伴孩子,最重要的是花许多时间陪孩子念书,使得孩子博览群书,知识丰富。帅帅上过早教班,在早教毕业测评上,帅帅的智力已经达到了6岁孩子的水平,那时他的实际年龄是3岁。

因为帅帅现在比较爱动,所以妈妈放学后就让他在家看书,或者给他讲英语,以便让他安静下来。

案例分析

多动是指幼儿的行为表现过度活跃,经常不能安静地坐在座位上,出现分心、冲动和注意不集中的情况。多动的幼儿通常手脚闲不住,不是到处乱摸,就是到处乱跑,不会在行动之前先思考,想到什么就做什么。案例中帅帅的表现是比较典型的多动。

近年来,幼儿园中像帅帅这样的幼儿比较多,多动的幼儿会给教师带来许多困扰。教师一方面担心多动的幼儿其各种毫无征兆的行为会把自己弄伤,需要安排专门的教师看着他,另一方面幼儿多动的行为无疑会对其他幼儿和集体活动造成干扰,影响正常的集体生活和活动秩序。从多动幼儿自身的成长来说,长期多动容易让他养成多动的习惯,从而影响他参与以后的集体学习和生活。

综合分析,帅帅多动的原因有以下两个方面:

(1)意志感发展差

帅帅的妈妈是个非常认真的人,看了许多教育方面的书籍,也给帅帅看了许多书,非常重视孩子的教育,亲子陪伴也不少,为什么帅帅还会出现这么多问题呢？从案例中我们可以看出，帅帅妈妈的教育观念是有误区的，她片面地追求知识学习，更多地让刚上小班的帅帅读书、学英语，却忽略了幼儿是在生活中、游戏中和动手操作中学习的特点，导致帅帅生活自理能力差，不能在有目的的运动、探索和生活自理活动中专注做事，发展专注力，缺乏快乐的意志感体验。读书和讲英语，虽然可以作为幼儿生活和学习的一部分，使幼儿在短期内学到知识，却不利于幼儿各种感官的发展、多方面技能的掌握和专注力等学习品质的培养。

（2）社会价值感需求高，希望获得别人的关注

帅帅"博览群书"，在早教毕业测评上，虽然他当时只有3岁，但其智力已经达到了6岁孩子的水平，俨然一个早慧儿童的形象。成人过度的表扬容易造成孩子自我感觉过于良好，希望更多地展示自己的能力和获得别人的关注，导致他压力大，难以安静做事，表现出专注力不集中的情况。

从案例中可以看出，帅帅过度希望表现自己的特点非常明显。比如，老师说前半句话，他接后半句；当其他幼儿唱歌或说话慢时他会接话，还表现出一副不耐烦、什么都知道的样子；上课时抢着回答问题，如果老师不是第一个叫他，他就会大哭甚至不参加集体活动。

帅帅的行为就是笔者所说的"假性多动"。多动的幼儿为什么爱跑？就一个字"躁"。幼儿为什么"躁"？由于长期积累的压力和不断地寻找新奇感使幼儿的多巴胺分泌紊乱，导致"欲望阈值"升高，普通的"快乐"难以填充"欲望"。跑，可以说是他们的一种不自觉的宣泄。所以，教师和家长要采取有效的方法合理引导，帮助幼儿减少多动行为，逐渐养成良好的行为习惯。

但是，现实生活中，有些家长对幼儿的多动表现不以为意。

有些家长认为，幼儿活泼好动是正常的，长大了就好了。还有些家长认为，"我的孩子虽然没有认真听课，但老师讲的他都知道"，甚至还为此沾沾自喜，觉得自己的孩子比别的孩子聪明，不听课也没有问题。殊不知，幼儿的学习一般属于潜意识学习，他们会在无意中听到教师讲的内容，这种潜意识学习对于比较简单的认知内容或许可以，但是上小学之后，当遇到比较复杂的学习内容、需要长时间有意注意的维持时，孩子的学习很可能就会变得比较困难。而且，注意集中是一种习惯，需要从小培养。幼儿学会或学不会某些知识或技能不是最重要的，培养幼儿专注做事的习惯才是最重要的。只因为幼儿能说出教师讲的内容，就忽略了其专注力品质的培养，这是一种本末倒置的行为。

还有的家长认为，"我的孩子虽然不听老师讲课，到处跑，但是看动画片时还是挺专注的，玩他自己喜欢的玩具时也能一次玩接近一个小时，说明孩子没有问题。"其实，多动的幼儿比较容易被视觉活动吸引，如电脑、录像机、掌上游戏、电影或者玩各种积木活动。他们主要善于处理视觉、运动和需要动手做的事情，但他们听的能力往往会比较弱，不善于接收任何以语言形式呈现给他们的、需要坐在课桌旁边听教师讲的内容，甚至完全不知道教师在讲什么。

有大量数据表明：多动的幼儿和正常幼儿的总体智力水平无明显差别。但是，为了幼儿后续的学习与发展，教师和家长还是要想办法减少他们的多动行为。

教师应对策略

（1）接纳多动的幼儿及其家长

当多动的幼儿到处跑时，教师不要生气，因为他不是故意的，他控制不住自己，是他的生理机制和不良的家庭教养方式导致了他的不可控行为。所以这不是他的错，他只是需要我们的帮助而已。而且，教师越能保持平静，幼儿就越不容易失控。

当教师向家长反映幼儿多动的问题时，家长往往不以为然。这时，教师不要生家长的气，家长有可能不是故意不承认幼儿的问题，因为幼儿在与家人一对一交往时，通常表现不出多动的行为问题。这是因为，一方面，在一对一的环境中，陪伴幼儿的人会根据幼儿的喜好进行相关的活动，而且会想办法吸引幼儿，与幼儿进行更频繁的互动，维持幼儿的注意。另一方面，幼儿进入集体活动时，他会被班里看到的和听到的各种混乱情况搞得不知所措，出现内在的混乱，从而出现不自控和多动的行为。

（2）引导幼儿参加自己喜欢的区域活动

教师可以根据对帅帅的观察，提前投放他感兴趣的区域活动材料，吸引他安静地参与区域活动。

在家里，因为帅帅的妈妈更多地陪孩子读书、学英语，导致帅帅玩玩具、做手工等游戏技能比较差，所以，他在幼儿园一会儿跑到这个区域，一会儿跑到那个区域，不能深入参与游戏。鉴于这种情况，教师要跟随和仔细观察帅帅，引导他掌握各种玩具和游戏的玩法，帮助他投入区域活动。

开展区域活动之前，教师也可以主动询问帅帅最喜欢到哪个区域玩和打算怎么玩，引导帅帅提前做出活动构想，提高其活动的目的性，达到帮助他提高专注力的目的。

（3）引导幼儿通过正确的渠道展示自己

像帅帅这样多动的孩子一般精力比较旺盛，所以，必须让他消耗掉多余的精力。此外，他想引起教师关注的需要也必须通过正确的渠道得到满足。所以，日常生活中，教师可以经常给帅帅布置一些小任务，比如，分发餐具、做小值日生、帮保育员老师拿东西等。当他做完之后，教师可以抱一抱他，对他的帮忙表示感谢。这种做法既可以消耗掉他多余的精力与体力，也可以满足他想引起别人关注、获得社会价值感的需要。教师的关注和感谢还可以让师幼关系更加亲密，而良好的师幼关系可以让幼儿更乐于配合教师，积极参与教师组织的活动。

📖 家长指导策略

（1）帮助家长改正错误的教养观念，安排科学的家庭教养内容

帅帅的妈妈过于追求孩子的知识学习是一种错误的教养观念。教师可以与帅帅的妈妈进行一次深入的交流，向她介绍五大领域的知识和幼儿在生活中、游戏中和操作中学习的特点，建议帅帅的妈妈学习《3—6岁儿童学习与发展指南》，给帅帅安排科学的家庭教养内容，协调安排五大领域活动，做到动静交替、室内和室外交替、动手和动脑交替、自己玩和与同伴玩交替……晚饭后或周末，可带帅帅出去跑步、玩沙包、玩户外体育器械。回家之后可以先听一些舒缓的音乐，帮助帅帅放松身心；也可以和帅帅一起大声朗诵儿歌，增加他的节奏感和表现力；还可以做些亲子手工活动，如折纸、捏橡皮泥、用废旧材料进行手工制作等，锻炼他的动手能力。这类活动会让帅帅安静下来，不是总那么浮躁。

幼儿是在生活中学习的，因此家长要让帅帅参与各种生活活动。在家里，妈妈要让帅帅习惯自己的事情自己做，如自己穿衣、洗漱、整理玩具等，提高其生活自理能力。此外，帅帅的妈妈还可以请帅帅帮忙做力所能及的家务，如扫地、倒垃圾、端碗、择菜、收叠衣服等，做这些家务劳动的过程也是帅帅学习和成长的过程。

当然，也可以让帅帅读书和学英语，但要注意的是，时间不要太长。目前帅帅已经拥有丰富的知识，如果再通过自己做事和多种类型的活动帮助他掌握多种技能、提高专注力，帅帅将会更加优秀。

（2）不要过多地表扬幼儿

帅帅的妈妈要正确地认识帅帅在早教机构的智力测试结果，不要因此过度表扬孩子。一是，商业机构的测试方法是否科学可信，有待商榷；二是，商业机构的测试是否有故意讨好家长的嫌疑，需要警惕；三是，即使这种智力测试的结果准确可信，也只是说明帅帅在文字和数理方面表现优异，但运动、交往和耐心、专注、坚持、自律等个性品质也是非常重要的教育内容，同样影响孩子未来的发展。所以,幼儿的智力测试分数高时,家长无须沾沾自喜,因为这只是幼儿提早接受训练的结果;四是,智力测试得分高是孩子的优势,但如果家长处理方法不当,反而会害了孩子。过度的表扬会让孩子出现人际关注过度、压力大、不专注、自以为是等各种各样的心理和行为问题。

(3)对幼儿进行专门的自控力训练

和帅帅玩"雕像游戏":在这个游戏中,父母可以和孩子比赛看谁像雕像一样,一动不动地坐得更久。这种游戏可以让幼儿清楚地意识到自己的身体在做什么,引导他对自己身体动作的关注,增强他对身体的意识和自控力。

和帅帅商量做事的计划:在做事情之前,家长可以拉着孩子的手,和他商量要做什么?这样的引导可以让孩子在做事情之前先想一遍,减少行为的冲动性,强化行动的目的,提高幼儿的自控和自律能力。

3. 幼儿规则意识差怎么办

案例 1

儿童情况

鹏鹏,5岁,男孩,中班。

行为表现

区域活动的时间又到了,教室瞬间沸腾了起来,每个小朋友都争先恐后地选择自己喜欢的区域，插卡进区游戏。鹏鹏以百米冲刺的速度冲向建构区。不一会儿，建构区传来了森森的告状声："老师，鹏鹏抢我的积木。""老师，鹏鹏把我们搭建的房子拆坏了。"……还没等老师走到他面前，鹏鹏已经跑到其他区域去搞破坏啦！

午饭后，小朋友们陆陆续续地来到玩具分享屋，各自选择了一个自己喜欢的玩具玩。这时，鹏鹏抱着一大堆玩具从玩具分享屋走出来，有个小朋友告诉他只能拿一个玩具玩，他就气冲冲地对那个小朋友说："这些都是我的，你个坏蛋。"一气之下，他把玩具扔了一地，甩头就走。

一次教学活动中，老师提问一个问题，他把手举得高高的，老师没有请他第一个回答，鹏鹏就用小手一直"啪啪啪"地拍桌子，嘴里还说着："哼，坏老师，我要把你杀死，把幼儿园给炸了，把你们全部都赶出去，换掉你们。"

家庭情况

鹏鹏的爸爸常年在国外工作，一年回来一二次；妈妈做销售工作，也经常出差，所以，鹏鹏从小由姥姥、姥爷带大，老人都非常溺爱孩子。听鹏鹏的妈妈说，如果鹏鹏在家犯了错误，姥爷从来不让爸爸或妈妈教育孩子，永远以"小孩子犯错没事，长大了慢慢就好了"的态度维护孩子。

案例2

儿童情况

欣哲，男孩，6岁，大班。

行为表现

欣哲上课时不会安安稳稳地坐在椅子上，喜欢前后晃椅子，喜欢咬手指甲，甚至上课时也能和小朋友闹起来。每次和小朋友闹矛盾的时候，他都会先动手打人。老师批评教育他时，他总是昂着头，用一种很不屑的表情看着老师。班里很多小朋友都被欣哲打哭过，孩子们比较害怕他。

区域活动时，如果他来晚了，不管有没有进区卡，他都会直接进到他喜欢的区域。教师跟他沟通很多次，要求他遵守区域规则，但都没有效果；吃饭时，如果有他喜欢吃的，不管餐盘里的饭菜有没有吃完，他都会一直举手让老师给他添菜，老师告诉他吃完了再添，他总是听不进去；户外活动拿器械时，他总喊"给我、给我"，总会抢在其他小朋友前面拿他喜欢的。

家庭情况

欣哲有一个比他大很多的姐姐，从小跟着爸爸妈妈长大，父母都比较溺爱他，爸爸很少批评他，妈妈偶尔会批评一下。爸爸妈妈每次来接孩子时都很少和老师打招呼，也从不主动与老师沟通。有一次，老师遇到欣哲和爸爸在公园玩，欣哲自己跑过来和老师打招呼，过了很久爸爸才拿着手机不紧不慢地从后面跟过来。爸爸从头到尾一直在玩手机，没有关注过孩子。孩子一直在公园里跑来跑去，甚至跑去一些很危险的地方。一直到孩子玩累了要回家了，爸爸才放下手机，带他回家。

鉴于欣哲在幼儿园的情况，老师多次找其父母沟通，和妈妈沟通还好点，妈妈偶尔还会批评一下孩子；和爸爸沟通基本没什么效果，孩子第二天来幼儿园时还很骄傲地说："我爸爸回家不说我！"

案例分析

幼儿社会化主要是指幼儿社会性的发展，即幼儿在离开家庭、参与社会生活的过程中，逐渐掌握社会生活和交往的技能，能够按照社会规则行事，形成符合社会要求的行为、态度和情感，顺利融入社会。

幼儿教育的目标不只是让幼儿学习文化知识，还要培养幼儿学会分享、遵守规则、勇于承认错误等优良品质。其中，遵守集体生活规则是幼儿社会化的重要内容，它将为幼儿日后上学、融入社会做好充分的准备。

家庭是幼儿社会化和学会遵守社会规则的起点。从儿童1岁左右开始自由活动和独立做事起,家长就要有意识地逐渐引导幼儿按社会规则做事。

上述案例中的两个幼儿在幼儿园里出现的典型问题是:自我中心,自己想干什么就干什么,毫无规则意识;不遵守区域活动规则,抢玩具、破坏别人的作品、打人、独占玩具等。这种缺乏规则意识、不遵守规则的"小霸王"行为表明他们的社会化发展出了问题。从家庭教养方面分析,主要有以下原因。

(1)家长过度纵容,导致幼儿没有规则意识

在这两个幼儿的家庭生活中,家长过于包办和顺从孩子,导致他们自我中心思想和独占心理严重,没有规则意识。

鹏鹏的爸爸妈妈疏于对孩子的陪伴和正确引导,几乎把孩子完全交给老人。老人溺爱孩子,当鹏鹏犯错时,姥爷永远以"小孩子犯错没事,长大了慢慢就好了"的态度来维护孩子。欣哲的父母都比较溺爱孩子,爸爸很少批评孩子。当欣哲犯错时,老师与欣哲爸爸的沟通基本没用,因为欣哲第二天来园时很骄傲地说:"我爸爸回家不说我。"家长这种听之任之的态度,导致幼儿在幼儿园里肆无忌惮,无视规则的存在。

(2)缺乏有效的亲子陪伴,幼儿的意志力发展差

案例中鹏鹏的父母不能陪伴孩子,欣哲的父母虽然陪在孩子身边,但是由着孩子到处乱跑、随便玩。因为缺乏规则的要求,所以幼儿做事不投入,玩得没有深度,只追求新奇感的满足,专注力和意志力发展差。在幼儿园里的表现是到处乱跑,不断尝试各种新的刺激,显得躁动不安。这种新奇的刺激既包括不断地搞破坏,引得其他小朋友纷纷告状;也包括试探父母的底线、挑战教师的权威。

(3)幼儿不断从挑战底线和权威中获得社会价值感

案例中的两个幼儿还有一个明显的特点:他们都从挑战权威中获得了价值感。上课时,教师没有第一个叫鹏鹏回答问题,他就用小手一直"啪啪啪"地拍桌子,嘴里还说着:"哼,坏老师,我要把你杀死,把幼儿园给炸了,把你们全部都赶出去,换掉你们。"显示自己很厉害的样子。欣哲每次和小朋友闹矛盾、打人之后，教师批评教育他时，他总是昂着头，用一种很不屑的表情看着教师，明显地在挑战教师的权威。教师和欣哲爸爸沟通欣哲在幼儿园的行为问题，希望爸爸能在家里配合管教。第二天欣哲就很骄傲地说："我爸爸回家不说我！"故意显示自己赢了。这种社会价值感的获得让他们乐于频繁地与权威对抗，在故意违反规则中显示自己的力量。

这两个幼儿的行为使他们融入集体生活困难，教师和家长要积极帮助幼儿调整。

教师应对策略

（1）积极引导和沟通，帮助幼儿增强规则意识

教师可以利用午休前或其他空余时间给幼儿讲有关规则的故事，如《汤姆挨罚》《规则》等，潜移默化中让幼儿知道遵守规则的重要性、如何遵守规则以及如果违反规则会导致哪些严重的后果等。

教师要寻找合适的时间和他们单独沟通，把他们当成大人或朋友一样进行诚恳的谈话，表达教师对他们的尊重和信任，引导他们了解自己的做法给别人带来的负面影响，晓之以理、动之以情，帮助他们一点点做出改变。教师也可以与他们商定，如果他们表现良好将得到什么样的奖励，如果不遵守规则将受到什么样的惩罚，以此激励他们自我约束、努力遵守规则，并在奖励之后得到强化，慢慢形成良好的行为习惯。如果因为不遵守规则受到教师的惩罚，他们也会认为是自己行为选择的结果，学会承担责任，而不会怨恨教师。比如，当在班级创设小红花评比墙时，教师提前与幼儿商议评比规则，遵守规则可贴小红花以示奖励，违反规则就会减少小红花。

（2）寻找幼儿的兴趣点，引导他通过意志感和自我价值感通道获得快乐

案例中的两个幼儿都形成了从自我中心和挑战权威中验证自身的力量，进而获得社会价值感的不良习惯。这种价值感获得通道会影响他们亲社会行为的发展，容易使他们形成与社会对抗的性格。

问题宜疏不宜堵，教师与其整天批评幼儿，不如进行有效的疏导，直接引导幼儿走向正确的发展轨道。幼儿正常的成长过程，应该是每天忙于做各种各样有趣的事情，并从中获得身心发展的过程。

在幼儿园里，教师要仔细观察他们，根据他们的兴趣，引导他们参加有趣的游戏和活动，让他们在有规则、有深度的游戏和活动中获得意志感和快乐，从自己顺利地完成任务和作品的过程中获得价值感。当他们能专注、沉静地做事，并从中感受到收获的喜悦和快乐时，他们获得快乐的通道就会转移到意志感和自我价值感上面。

（3）积极关注，多肯定幼儿的努力和进步

积极关注，是指教师对幼儿表现良好的行为进行关注并加以赞赏；消极关注，是指教师对幼儿表现不良的行为进行关注，并给予批评和惩罚。实验表明，当教师能给予幼儿更多的积极关注时，幼儿的良好行为就会得到强化，从而表现得越来越好。反之，如果教师给予幼儿过多的消极关注，幼儿的不良行为就会被强化，不遵守规则的行为也会越来越多。

乐于挑战权威的幼儿的自尊心是非常强的，如果教师经常批评他们，则容易激起他们的逆反和对抗心理。所以，教师要使用正向引导策略，更多地肯定和赞赏他们的优点和表现良好的行为，引导他们从教师的肯定和赞赏中获得社会价值感，而不是从挑战权威中获得社会价值感。

家长指导策略

（1）与家长个别约谈，让家长理解引导幼儿遵守规则的重要性

案例中两个幼儿的问题，主要是由家长教育观念不正确，没有认识到规则教育的重要性，溺爱幼儿导致的。所以，解决幼儿自我中心、不遵守规则的问题，最重要的是帮助家长改变不正确的家庭教养观念，让家长认识到不遵守规则的孩子走上社会以后可能面临的困难，从而让家长尽快调整家庭教养方式，在家庭生活中对幼儿进行严格的规则要求，积极配合幼儿园的工作，

帮助幼儿形成遵守规则的意识和良好的行为习惯。

鹏鹏的父母要承担起教育孩子的责任，要么安排好工作自己带孩子，要么想办法做通老人的工作，让姥姥姥爷坚持原则，不要过度溺爱孩子。欣哲的父母要积极配合教师，严格要求孩子遵守幼儿园的规则，家园合作形成教育合力，让孩子心生敬畏，乐于遵守规则。

（2）通过控制性亲子互动，培养幼儿遵守规则的意识和习惯

培养幼儿遵守规则的意识，可以通过控制性亲子互动来实现。控制性亲子互动，是指在亲子互动和交往的过程中，家长使用表扬、制止、奖励等手段引导幼儿活动的方向，保证幼儿的行为符合社会规则要求。在这个过程中，幼儿意识到父母的要求，最终表现出与父母的期望和要求相一致的行为，而这种行为就是儿童自我控制能力和遵守规则意识发展的萌芽。在亲子互动过程中，如果幼儿经常能从这种行为中感受到快乐，那么这种行为就会不断增多，进而促使幼儿养成乐于遵守规则的习惯。

家庭生活中，控制性亲子互动主要通过两个方面来实现：第一，家庭中有严格的作息安排和明确的规则。如果幼儿每天在有规律的作息和规则中体验秩序感，那么就会形成自觉遵守规则的意识和习惯。比如，父母通过游戏的方式引导幼儿每天按时吃饭、睡觉、刷牙，把东西摆放在规定的位置等。

明明是一个4岁半的男孩，有乱放东西的习惯。有一天，爸爸对他说："家里要保持整洁。爸爸任命你为咱们家的'整洁监督大队长'，如果你发现有谁没有把东西放回原位，特别是在沙发上乱放东西，你就有权利处罚他。"之后，明明经常先放好自己的东西，再提醒大家。爸爸感谢他，说在他的监督下，家里变得整洁多了。

明明的爸爸用游戏引导明明遵守规则的做法给明明带来了快乐，帮助明明养成了不乱放东西的习惯。

宁宁在家里玩玩具，把玩具摆了一地，又跑来找妈妈讲故事。妈妈说：

"讲故事可以呀，但是，你得先把玩具整理好。"宁宁撒娇地说："不行，先讲故事嘛。"妈妈说："这样，咱俩一起收拾吧。我想收拾红色和绿色的玩具，你想收拾什么颜色的？"宁宁看了看，说："不行，我要收拾红色的，还有蓝色的。"妈妈说："好吧，那我就负责收拾绿色的和黄色的。咱们要动作迅速，看谁不仅最先收拾完，还把玩具整齐地放在各自的盒子里。由你来发出'开始'的命令。"宁宁听了，高兴地大声说："预备，开始！"于是，母子俩马上行动起来，一会儿就把玩具整理好了。

宁宁的妈妈不但没有纵容孩子不收拾玩具的行为，而且用比赛的方法成功地引导和带动宁宁把玩具收拾好了，培养了宁宁整理玩具的良好行为习惯。

家庭是给幼儿建立规则的第一个场所，在社会上不允许的事情，在家里也不应允许。如果家长能坚持原则，用有效的方法引导孩子，那么就能培养孩子遵守规则的意识和良好的行为习惯。

第二，通过规则游戏培养孩子遵守规则的意识和习惯。幼儿天生喜欢游戏，而且非常具有幽默感，他们喜欢在友好、轻松和愉快的氛围中与成人进行规则游戏。这种规则游戏既能培养孩子的自我控制能力，又能培养孩子遵守规则的意识和行为习惯。

洋洋和妈妈来到楼下，到处走了一会儿，感觉很无聊。妈妈提议玩"救人"的游戏，假装一段马路沿儿是一座小桥，两边都是深深的河水。妈妈被敌人抓去了，被关在小桥的另一边，要求洋洋必须小心地走过小桥，拉住妈妈的手把妈妈成功地解救出来，规则是脚绝对不能掉到小河里，如果不小心掉到河里，就要重新来。游戏开始了，妈妈站在小桥那边，洋洋小心翼翼地走在小桥上。没想到，洋洋连走了三次都失败了。妈妈鼓励他要坚持，不能放弃，说自己还在等着他。第四次，洋洋终于成功地拉住了妈妈的手，把妈妈解救了出来。洋洋玩得非常高兴，提出既然有一条小河，那划船去救妈妈不是更好玩吗？于是，他们又找来长长的树枝，开始造船……

游戏是对幼儿进行规则训练的最佳方式。在游戏中，洋洋遵守规则、控制自己不掉到"小河"里，并坚持走了四次才成功地"救出妈妈"。这个过程有效地增强了洋洋的自我控制能力和遵守规则的行为。高质量的亲子陪伴是家长陪着幼儿做游戏，有规则的亲子游戏既能让幼儿获得情感上的满足，也能让幼儿自然地学会遵守规则，学会人际互动和基本的交往技能。

案例中，欣哲的爸爸带孩子出去玩的方式是自己看手机，让孩子到处跑。缺乏规则、随心所欲的游戏容易让孩子躁动、散漫，导致孩子自控能力差、不愿意被约束。希望控制性亲子互动的方法能给欣哲的爸爸妈妈提供借鉴。至于怎样对待鹏鹏，笔者有点为难。老人年纪大了，能够照顾好孩子的饮食起居已非常不易；如果让他们做到在孩子提出无理要求时坚持原则，想出各种游戏的方法，引导和陪伴孩子进行控制性亲子互动，那么会比较困难。此外，在孩子哭闹时坚持原则、不妥协，也需要付出很大的精力和能量，而老人本来就体力、精力不足，能量不够。

因此，建议鹏鹏的爸爸妈妈承担起为人父母的教育责任，商量能够有效地陪伴和教育孩子的办法。在当前家庭经济条件已经普遍改善和提高的情况下，努力工作增加家庭收入已经不是家庭中最重要的任务，保证孩子的健康成长才是重中之重。

（3）制定并帮助幼儿理解家庭规则，当幼儿违反时要予以惩罚

鹏鹏和欣哲的家长可以召开家庭会议，向一家人宣布严格的家庭规则，并且说明惩罚措施。当孩子不能遵守规则或出现破坏性行为时，家长先对他进行警告，警告无效时，可以采用剥夺游戏、静坐等惩罚方式。案例中的两个幼儿已经养成了对抗权威的习惯，因此在建立规则的前期可能会遭到他们的强烈反抗，这时父母需要坚持原则，帮助孩子养成遵守规则的习惯。需要注意的是，这种惩罚只能在家里由父母实施。

4. 幼儿行为混乱怎么办

儿童情况

浩浩，男孩，5岁，中班。

行为表现

浩浩很聪明，喜欢看书，很愿意参加幼儿园的集体活动。但是在集体活动中，他经常干扰别人，比如，做事情缺乏耐心，坐不住就会碰别人；如果突然对某个话题特别感兴趣，就会大声地说个没完没了；上厕所和洗手时从不排队，有时直接把别人推开，非常危险。有一次，他差一点把一个小朋友的头磕到厕所的台子上，吓得老师出了一身冷汗。当别人都安安静静地坐着的时候，他却满屋子乱跑，惹来别人的告状。

家庭情况

浩浩从小跟爷爷奶奶一起长大，老人对孩子的生活包办得多，经常无原则地迁就孩子。爸爸这两年在外地进修，很少回家，浩浩和爷爷、奶奶、妈妈住在一起。妈妈和爷爷奶奶关系不好，与老人之间很少沟通交流。妈妈一般回家比较晚，回到家时经常看到孩子和爷爷奶奶一起看电视。妈妈对孩子要求非常严格，回家之后也会和孩子一起玩，但和孩子在一起时没有耐心，惹急了就会对孩子发一顿脾气或打骂孩子。每当这个时候，爷爷奶奶都非常生气，直接对妈妈表示不满。经常是妈妈打完孩子生气不管了，爷爷奶奶再来哄。

老师找爷爷沟通，爷爷对浩浩赞不绝口，他觉得孩子聪明，喜欢看书，什么都知道，小脑袋里装了不少知识。但对老师反映的孩子的行为问题不以为然，他觉得小孩子都这样，长大就好了。当老师与妈妈沟通孩子的行为问题时,妈妈一开始显得比较焦虑,但谈过几次之后,她显得很厌烦,表示自己也很无奈,爷爷奶奶溺爱孩子,她也没有办法。最后直接告诉老师,孩子的问题她也管不了。

案例分析

浩浩的家庭可以说是支离破碎的。爸爸长期不在家导致夫妻分离、父子分离,妈妈与爷爷奶奶关系紧张,不愿意回家。现实生活中,这样的家庭很常见,生活在这些家庭中的孩子很可怜。整理案例时,笔者发现本书中很多案例都有这样一句话——"爸爸妈妈上班忙,孩子从小跟着爷爷奶奶长大"。这种错位的家庭教养环境,怎么能保证孩子的健康成长呢?

案例中的浩浩就是在这样的家庭中长大的。他不遵守规则的原因有以下几个方面:

(1)家庭生活中缺乏正确的引导,幼儿不理解规则

家庭生活中,老人更多地顺从和满足孩子,缺少对孩子的正确引导。妈妈回家晚,和孩子在一起时没有耐心,而且经常发脾气、打骂孩子。从这些情况可以看出,家庭生活中缺乏高质量的亲子陪伴,导致浩浩无从掌握正确的做事和人际交往规则,也很难在自己做事的过程中发展耐心、专注、坚持等良好的意志品质。

(2)妈妈很焦虑,给幼儿带来巨大的心理压力

爸爸长年不在家,妈妈与爷爷奶奶关系不好,孩子又出现各种行为问题,这些情况都导致妈妈极度焦虑,甚至放弃对孩子的教育。妈妈的焦虑已经严重地影响了家庭气氛,也影响到妈妈陪伴浩浩的心情和行为,同样给孩子带来巨大的心理压力。心理压力过大的孩子会出现难以自控的混乱行为。

(3)家庭教养缺乏一致性

在浩浩的家庭教养中,教育规则不一致非常明显。爷爷奶奶包办和无原则地溺爱、迁就，导致浩浩做事不考虑别人的感受，缺乏同理心。而妈妈对浩浩又过于严格，对孩子缺乏耐心，经常发脾气或打骂浩浩。爷爷奶奶允许和接纳的行为，到了妈妈那里，就成了错误的行为。家庭规则的不一致会导致浩浩紧张和焦虑、行为规则混乱，难以形成良好的行为习惯。

（4）爷爷过度表扬，导致幼儿人际关注过度

爷爷对浩浩爱看书、经常能说出许多事赞不绝口。爷爷的过度表扬导致浩浩非常乐于表现自己，在班级集体活动中，经常对某个特别感兴趣的话题大声地说个没完没了，影响集体活动的进程。

总之，错位的家庭使得浩浩的内心情感并不饱满。父爱缺失、母亲焦虑、最想亲近的妈妈和最亲近的爷爷奶奶相互不满、家庭关系紧张……这些都让他感受不到自己的价值，也感受不到家庭的和谐与温暖。于是，浩浩非常愿意参加幼儿园的集体活动，希望在集体活动中被大家接纳，进而获得价值感。可怜的孩子！

教师应对策略

（1）不要反复向家长反映幼儿的问题

面对教师不断反映浩浩的问题，浩浩妈妈已经产生逆反心理。为了避免家园矛盾，帮助浩浩的妈妈缓解压力，教师在与浩浩的妈妈沟通时，不要频繁地反映浩浩的问题。教师可以告诉浩浩的妈妈，幼儿在成长的过程中，出现这样那样的问题是正常的，教师会帮助他们一起解决问题。

对浩浩的妈妈进行家庭教育指导时，教师应尽可能地给她提供一些具体的家庭教养方法，请她在家里配合进行。比如，针对浩浩的妈妈不会陪伴孩子的问题，教师可以教给她一些具体的游戏方法，向她推荐一些好的网站、书籍，让她通过有规则的游戏，培养幼儿的规则意识和遵守规则的能力。条件允许时，幼儿园可以开办亲子互动游戏班，由幼儿教师手把手地教给年轻

的妈妈们各种与幼儿互动的方法，同时也能有效地激发妈妈们陪伴幼儿的热情，提高她们的家庭教养能力。

（2）引导幼儿掌握各种生活规则和多种游戏技巧

爷爷奶奶的溺爱和妈妈的暴力管教都不能帮助浩浩养成自觉遵守规则的习惯。在幼儿园里，老师可以跟在浩浩身边，温和、耐心地提醒浩浩自觉排队，有秩序地完成各项生活任务，并对浩浩遵守规则的行为表示真诚的感谢。

案例中说，浩浩很聪明，喜欢看书，在家里经常和爷爷奶奶一起看电视。可见，浩浩在家庭里的学习方式单一，导致他缺乏玩玩具和玩游戏的技巧。教师可以利用区域活动时间，引导浩浩掌握各种玩具的玩法，产生多方面的游戏兴趣，更多地参与集体游戏。

（3）引导幼儿掌握同伴交往技能，感受集体生活的温暖

浩浩非常愿意参加集体活动，说明他渴望得到教师和小朋友的接纳，感受集体生活的温暖。所以，教师要特别关注浩浩，引导他掌握各种情景中的交往技能，参与同伴的游戏和活动，交到更多的好朋友。当他取得一点点进步时，教师就要在小朋友们面前表扬他，帮助他得到更多小朋友的喜欢和接纳。

家长指导策略

（1）融洽家人之间的关系，保持家庭教养规则的一致性

丈夫不在家，请老人来帮忙照顾孩子往往是无奈之举。但是，为了孩子，妈妈要积极改善与公婆的关系，营造和谐的家庭氛围。在教育孩子的问题上，妈妈要积极与老人沟通，在家庭教养规则上保持一致性。必要的时候可以共同针对孩子的行为规则问题召开家庭会议，每个家庭成员都发表自己的看法和意见，从有利于孩子成长的角度制定一致的家庭教养规则，划分每个人在家庭生活中应该承担的责任和需要遵守的行为界限。比如，老人只是辅助照顾孩子，在买菜、做饭、洗衣服等家务上多做一点，把教育孩子的责任交给

妈妈。妈妈不在家时，老人可以陪孩子做游戏，但是什么事情能做或不能做，要按照妈妈的要求进行。当双方意见不一致时，不要在孩子面前争吵或互相批评，要避开孩子进行沟通与交流。

（2）妈妈克服焦虑的心态，提高亲子陪伴质量

陪伴幼儿成长的过程也是父母成长的过程。目前，爸爸长年不在家，妈妈与公婆相处有一些矛盾。但是，为了孩子，妈妈还是要通过多参加体育运动等方式想办法缓解自身的焦虑，在做好工作的同时，承担起为人母的责任。必要的时候可以寻求家人或心理咨询师的帮助。

家庭生活中，虽然每个人都很疼爱孩子，但实际上往往缺乏高质量的亲子陪伴，导致孩子很孤独。幼儿阶段，他们的功课就是玩耍，他们的工作就是游戏。如果家长能用适合幼儿年龄特点的、游戏的方式陪伴幼儿，幼儿的很多问题行为都可以消除。

所以，建议妈妈在工作之余，上网搜集各种有趣的幼儿游戏，也可以根据自己的喜好和家庭现有的材料进行改编，包括室内的、户外的、运动类的、动手操作类的、唱歌跳舞类的游戏，等等，提前备好课，利用晚上或周末的时间和幼儿开心地玩耍；妈妈也可以购买一些适合幼儿年龄特点的手工、绘画方面的图书，或者拼图、积木玩具等，在晚上户外活动之后，和幼儿一起完成一幅手工作品或者拼一幅拼图、搭一座小桥；还可以利用家里的废旧纸板和幼儿一起制作一辆卡车，一起缝沙包、玩各种沙包游戏，或者一起包饺子、捏面鱼等。幼儿教育不拘内容，可玩的太多了。在这些丰富多彩的亲子游戏中，母子都可以获得极大的满足和快乐。幼儿在做事的过程中，可以获得意志感和自我价值感，有效提高专注力、自控力，增强做事的耐心、坚持性和主动性。

（3）爸爸利用互联网，保持亲子交流的常态

爸爸的缺席，会对幼儿的成长造成不良的影响。建议爸爸多利用互联网与家人交流，可以做一个时间计划，每周安排固定的时间和浩浩进行视频交流。比如，每周一、三、五晚上7点，每周六或周日的下午4点，是幼儿与爸爸固定的视频交流时间，爸爸可以问一问浩浩晚饭吃了什么，在幼儿园都玩了什么，也可以向浩浩介绍一下自己的生活，让浩浩通过视频看一下爸爸的生活和工作环境，这样既可以开阔浩浩的视野，又可以增进父子感情。妈妈、爷爷、奶奶和幼儿一起参与视频过程，享受一家人在一起的美好时光，一定程度上能够弥补爸爸不在家的缺憾。

如果妈妈的工作允许，建议妈妈带孩子到爸爸工作的城市生活，或者爸爸安排好自己的工作，早日全家团圆。

5. 幼儿家园表现反差大怎么办

儿童情况

钊钊，男孩，5岁，大班。

行为表现

钊钊，聪明伶俐，活泼好动，对数字特别敏感，能快速计算出二位数的加减法；语言发展也较好，能准确地复述出成人的语言。

但是，在集体中，钊钊总是显得有些格格不入。他不喜欢跟小伙伴一起游戏和生活，偶尔加入到小朋友的活动中，也往往由于他的攻击性行为而宣告失败。中午睡觉时，他总是在床上折腾来折腾去，影响其他小朋友午休。他极少听从老师的指令，经常脱离集体单独行动，影响集体活动秩序。为了保证他的安全，老师往往需要花很多精力来看护他。当钊钊的行为对他人或集体造成干扰时，老师会提醒他或对他提出批评，但是这样的教育方式收效甚微，甚至还遭到了钊钊爸爸的质疑和反对。

家庭情况

钊钊的爸爸是一位公司员工，离异，独自抚养钊钊。老师向钊钊的爸爸反映孩子的问题，爸爸不以为然，说钊钊在家里特别听话。爸爸说，他自己在家里非常强势，要求钊钊必须听从他的指挥。老师发现钊钊的确如他爸爸所述，只要爸爸一瞪眼，他立刻噤若寒蝉，唯命是从。

看得出，钊钊非常害怕爸爸，每次在幼儿园闯了祸，他都会非常紧张地乞求老师说："能不能不要把我的事儿告诉爸爸？"每天离园之前，他都会像木头人一样一动不动地坐在座位上，眼睛不停地瞟向门口，唯恐爸爸看到他不遵守纪律的样子。而他的所谓的"乖巧"也仅限于此，每天除了犯错和离园这两种情况外，他基本都处于宣泄一样的"撒欢"状态，到处乱跑，一刻也静不下来。

老师多次约谈钊钊的爸爸，钊钊的爸爸也很乐意和老师沟通，但沟通的目的就是要老师认同他的教育方法，证明他的教育观念是正确的。

案例分析

从案例中可以看出，钊钊是一个非常聪明的孩子，语言和思维发展都比较好。但是，他不愿意听从教师的指令，不遵守集体规则，不和小朋友交往，不能融入幼儿园的集体生活，属于"在家小绵羊，出门小霸王"类型的孩子，在家里特别听话，而在幼儿园却判若两人。原因主要有以下几个方面：

（1）因为害怕爸爸而在家里听话

钊钊在家里表现得特别听话，且爸爸一来到幼儿园，他就会乖乖地坐在座位上，自己犯了错误也不敢让爸爸知道。由此可见，钊钊特别害怕爸爸，在爸爸面前表现得非常老实听话、遵守规则；但离开爸爸，就变得控制不住自己,不听从教师的指令,也不遵守集体生活规则。心理学上把幼儿因为害怕而产生的顺从行为叫作"即时性顺从"。但这种顺从行为并不是出于幼儿的"心甘情愿"。当没有他们害怕的人在场的时候,幼儿就会更加不配合和不遵守规则,就像是一种报复性的补偿。所以,在幼儿园里,钊钊的表现和在家里完全不一样。

爸爸的严厉和强势还给钊钊带来巨大的心理压力,导致钊钊"欲望阈值"升高,行为更加难以自控,出现违反规则的行为。而幼儿越违反规则,越会遭到教师的批评,心理压力就越大,这样便形成了恶性循环。

(2)规则缺乏内化

父母的爱和温柔的说服教育能帮助幼儿理解和内化规则,从而让幼儿自觉地遵守规则,变得"自律"。而家长使用威胁、恐吓等强硬的方法只能让幼儿迫于形势而屈从,一旦离开让他感到害怕和恐惧的家长,他就不会再按照家长的要求去做了,也不再遵守规则了。所以,这是"他律"的表现。案例中的钊钊是典型的规则不内化的孩子,他遵守规则和听话是做给爸爸看的,离开爸爸,他就会变本加厉地释放自己。

(3)缺乏人际交往技能

钊钊爸爸的家庭教养方式属于专制型,爸爸对幼儿采取的是批评、要求等强势的教养方法。爸爸和钊钊之间的关系不是民主平等的,所以,钊钊从亲子互动中学不到平等的人际交往技能和方式,在幼儿园里也不知道怎样与小朋友友好平等地相处,用爸爸对待他的方式对待小朋友就会引发同伴矛盾。

教师应对策略

(1)不要频繁地批评幼儿,避免增加幼儿的心理压力

在幼儿园里,像钊钊这样不听从教师指令,经常脱离集体、单独活动的幼儿会给教师的工作带来很大的麻烦,教师经常因为担心他的安全而不能集中精力组织集体活动。所以,担心、焦虑、疲惫的教师会经常批评这类幼儿

也是可以理解的。但是如果教师批评幼儿次数太多，那么就会增加幼儿的心理压力，使他的行为更不适宜。父母离婚导致钊钊过早失去母爱，爸爸的强势又让他在家里非常紧张，如果在幼儿园也总是遭到教师的批评，那对他来说无疑是雪上加霜，会导致他因为焦虑、不自信而自控力更差，不遵守规则的行为更多。案例中提到，当钊钊的行为对他人或集体造成干扰时，教师会提醒他或对他提出批评，但是这样的教育方式收效甚微，就是这个道理。

所以，针对钊钊的情况，教师可以多抱一抱他，一定程度上弥补幼儿缺失的母爱。从心理学的角度来说，没有爱就没有合作。能让幼儿遵守规则的前提是，教师和幼儿之间建立亲密的关系。教师的爱和接纳才能让幼儿更乐于主动配合。

同时，教师还要用赞赏的方法多肯定幼儿的良好表现。比如，某一天发现钊钊能专心参与集体教学活动时，教师可以肯定地说："我看到你今天在活动中非常认真，眼睛一直看着老师，看得出你的小脑袋一直在思考，你今天真的进步很大呢，谢谢你！"说完再抚摸一下幼儿的头或者拍拍幼儿的后背。这种赞赏的方法既可以让幼儿在教师的欣赏和肯定中变得更加轻松、愉快、自信、从容、自控，又能给幼儿具体的行为引导，让他知道什么样的行为是教师允许和欣赏的；既可以强化幼儿表现良好的行为，又不至于因为表扬太多而使幼儿出现人际关注过度问题。

（2）引导幼儿与同伴交往，掌握正确的人际交往技能

案例中描述，钊钊在集体中总是显得有些格格不入，偶尔加入小朋友的活动，也往往由于他的攻击性行为而宣告失败。从这里可以看出，钊钊没有掌握正确的人际交往技能，经常因为行为失当而遭到同伴的排斥，所以只能脱离集体单独活动。在独生子女家庭中，幼儿会把自己在亲子互动中从父母那里模仿到的交往技能运用到同伴交往中，因此我们可以想象，在家里爸爸与钊钊的父子关系是不平等的，因为爸爸专制、强势的人际互动方式使得钊钊没有办法学会与别人平等交往的技能。而他能够学到的专制、强势的同伴交往技能又使他在同伴交往中屡屡受挫，无法获得同伴交往的愉快体验。所以，并不是他不喜欢跟小伙伴一起游戏和生活，而是因为他无法融入小伙伴的游戏。

因此，教师在幼儿园里要寻找各种机会，引导钊钊与同伴交往。当他做错了的时候，不要批评他，只要把正确的交往方式告诉他，示范给他，让他做出来就好。反复练习之后，当他掌握了正确的人际交往方法，能够顺利地与同伴交往并获得成功的体验时，他就会乐于参加集体活动了。

家长指导策略

（1）改变强势态度，采用民主的家庭教养方式

在专制的家庭教养方式下，幼儿会因为害怕而表现得听话和遵守规则，可是一旦离开他害怕的人，幼儿就会不遵守规则。只有民主的教养方式才能帮助幼儿理解和内化规则，产生自觉遵守规则的行为。所以，在家庭生活中，钊钊的爸爸必须改变对钊钊过于强势的态度，不能在管控幼儿方面寻找自己的价值感，要更多地尊重、体察和理解幼儿，多与幼儿进行平等的交流，多倾听幼儿的想法，温和地向幼儿解释遵守各种规则的道理，通过自己的理解和体察，培养幼儿的同理心，通过平等的互动和交流，让幼儿掌握正确的人际交往方法。德国著名哲学家卡尔·西奥多·雅斯贝尔斯说："教育的本质就是一棵树摇动另一棵树，一朵云推动另一朵云，一个灵魂唤醒另一个灵魂。"父母只有不断地修炼自己，才能帮助幼儿真正成长。

（2）进行正确的亲子沟通，帮助幼儿内化规则

家长和幼儿之间进行平等的交流，有利于建立相互理解和合作的亲子关系，既能帮助幼儿实现对规则的真正理解和内化，又能帮助幼儿学会正确的交流和沟通的方法。

①家长要耐心地倾听幼儿

在与幼儿交流的过程中，家长要克服强势心理，首先给幼儿充分发表自

己看法的机会，倾听幼儿的想法，并根据幼儿表达的内容做出积极的回应。父母一定不要急于把自己的想法灌输给幼儿，使幼儿只能被动接受成人的说教和命令，而没有或很少有表达想法的机会；更不要不管幼儿有没有在听，有没有听懂，就一直唠唠叨叨，说个没完。

一般来说，说话太多、表达欲太强的家长教育不好自己的孩子。一方面，因为他们说话太多，使幼儿失去了表达的机会，让幼儿感觉自己不受尊重。而且家长不理解幼儿真正的想法就开始长篇大论地说教，说的话也难以被幼儿理解；另一方面，就算家长说得对，幼儿也会因为家长的不断唠叨产生心理上的超限抑制，进而因为厌烦有可能选择不再听父母的话。就算听话也是被动应付，离开父母后，他们就不再按照父母的要求做了。案例中钊钊的报复性发泄或许就是这个道理。

②家长要正确地表达自己的想法，确保幼儿能够听懂

由于幼儿的语言理解能力有限，因此交流过程中，家长要放慢语速，尽量用幼儿能听懂的语言向幼儿解释为什么要这样做，以及不这样做的后果是什么，帮助幼儿理解规则的实质，让幼儿真正理解规则，产生遵守规则的自觉行为。如果家长在对幼儿提要求时只发出简单的指令，不试图用幼儿能理解的语言对规则进行分析和解释，那么就会影响幼儿对规则的内化。

日常生活中，亲子交流出现障碍非常普遍。家长总是觉得"我已经和你说过这么多遍了，你应该能做到；这些道理很简单，你应该懂得"，但幼儿可能不完全理解家长的要求，导致不能像家长期望的那样很好地遵守规则。所以，有时幼儿表现出来的一些不听话、不遵守规则的行为，可能就与上述这些无效交流有关。家长因为幼儿不遵守规则而生气，而幼儿却根本不理解家长想让他们怎么做。

（3）和幼儿一起分析问题，协商制定家庭契约

教育幼儿不能用蛮力，而是要唤醒幼儿的内驱力。能够激发幼儿内部动机的教育，才是真正的教育。家庭生活中之所以存在各种规则是为了让大家

更和谐地生活，所以规则的制定要民主，家庭成员要一起商定。比如，钊钊的爸爸可以提出自己的建议和要求，并解释为什么要这样做。同时尝试让钊钊提出自己的想法，包括他希望爸爸怎样做，希望怎样更开心地生活。最后，还要讨论违反规则之后要接受怎样的惩罚。双方意见一致之后形成家庭契约，爸爸可以把商定好的规则写下来，标示清楚什么时间必须做什么事，然后父子俩签上自己的名字，共同遵守。

这种方法会给幼儿一种神圣的感觉。对于经由自己参与讨论并制定的规则，幼儿会有效理解和内化，继而产生自觉遵守规则的行为，而不再是因为害怕爸爸才遵守规则。

周国平在《灵魂只能独行》一书中写道："说到底，每一个人的灵魂教育都只能是自我教育。"协商制定规则之后，再自觉遵守规则，就是一种自我教育和自我管理的有效方法。

（4）表现出温情的一面，减轻母爱缺失可能对幼儿造成的伤害

离婚是有些家庭不可避免的情况，但父母要尽可能减少离婚对幼儿身心发展带来的伤害和负面影响。家庭教育中，妈妈一般在情感发展和人际交往方面影响幼儿更多，爸爸给幼儿的更多是规则和力量。所以，在母爱缺失的情况下，钊钊的爸爸除了要对钊钊进行规则教育和严格要求外，还要经常表现出温情和细腻的一面，多肯定、欣赏和鼓励钊钊，尽量给他完整的家庭教育。

第三章 人际关注
——幼儿人际关系发展的基础

人的一生是在两个方向上发展的,即"做事"和"做人"。在这里,"做事",是指人们进行的一系列活动,比如,运动、做家务、写书、编程序等;而"做人",是指人际互动和人际交往,与一般道德层面上所讲的"做人"有所不同,属于人的社会性发展范畴。在所处的环境中,一方面,人们要与各种事物打交道,通过做事不断提高自己的知识和技能水平;另一方面,人与人之间也要互动和交往,提高人际交往的意愿和技能,建构和谐的人类社会。

对于儿童成长来说,做事和人际交往缺一不可,而且二者之间最好"平衡发展"。那么,怎么才算平衡发展呢?是不是两方面都得达到50%?笔者经过多年研究认为:做事的比例应该达到70%,而人际交往占30%就足够了,否则平衡就会被打破。

做事和人际交往是人类基本的生活状态,是幼儿与生俱来的生命成长需要。有的幼儿做事比较多,而人际交往不足,笔者把这种情况定义为"人际关注不足",严重的会出现自闭倾向;有的幼儿做事比较少,把大部分精力用在关注人际关系上,笔者把这种情况定义为"人际关注过度"。

根据上一章的理论，人们在做事的过程中可以获得新奇感、意志感和自我价值感，并从中感受到快乐。而人际关注是通过得到别人的肯定和认可产生社会价值感，进而获得快乐。

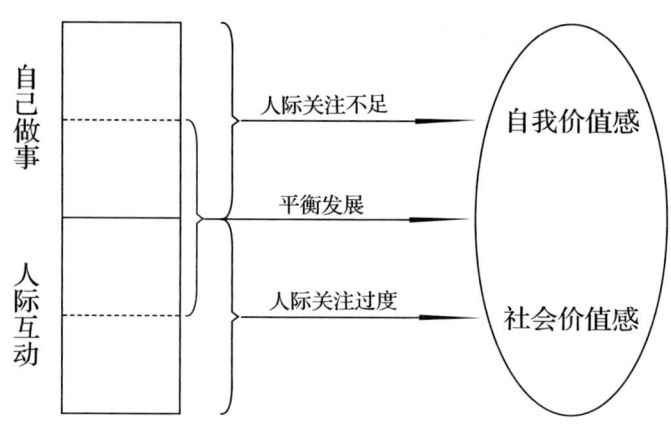

图 3—1 人的平衡发展示意图

心理学研究表明，婴儿从 5 个月开始出现社会性啼哭，目的是引起成人关注、要求哄抱、希望有人陪伴，这是儿童人际关注发展的开始。当妈妈用无限关爱的眼神看着婴儿、做出各种愉快的表情逗着婴儿，或者一边抱着婴儿一边不断地与婴儿说话，并指给婴儿看这个看那个的时候，婴儿就能感觉到妈妈的关注和抚慰，感受到与妈妈互动的快乐，获得人际发展，提高人际互动交往的意愿和基本能力。长大一些之后，婴儿会自然地与其他的成人建立交往关系，产生人际交往的意愿，乐于参与人际交往活动。随着语言的发展，幼儿与他人互动和交流的内容更加丰富。比如，邻居家的小伙伴来了，两个人一起玩的时候，语言就开始运用起来了。一个幼儿说："咱们一起玩过家家，好吗？"另一个幼儿说："我不喜欢玩过家家，我想用积木搭房子。"这中间可能会产生矛盾，幼儿彼此间可能不同意对方的提议，此时幼儿就要学会用正确的方式解决这些矛盾，这便是人际互动的过程。

做事和人际交往能力发展好的幼儿,既能在自己做事的过程中提高能力,产生意志感和自我价值感,从中获得快乐;也能在与他人互动交往的过程中提高交往能力,建立良好的人际关系,产生社会价值感,并从中感受到幸福和快乐。

做事和人际交往能力发展不好的幼儿容易出现两个方面的问题,即人际关注不足和人际关注过度。

(1)人际关注不足

人际关注不足是指幼儿经常生活在自己的世界里,喜欢自己玩,没有人际交往意愿或人际交往意愿低,在人际交往过程中不能正常地与人进行互动和应答,或者互动和应答少,导致情感、语言和应答、交往技能发展迟缓,从而出现人际交往障碍,不能顺利融入集体生活的现象。

①人际关注不足的行为表现

A. 表情木讷

人际关注不足的幼儿一般表情呆板,缺乏喜怒哀乐的表情变化,眼睛一般不看人,很少与他人有目光的交流和互动。

B. 语言能力差

经常自己玩的幼儿因为缺乏人际互动中的语言交流和练习,所以词汇贫乏,不善于倾听,语言表达能力差。

C. 交往意愿低

人际关注不足的幼儿与人交往的意愿低,性格孤僻,喜欢独处,自得其乐,严重的会出现"自闭倾向"。在幼儿园的表现是,教师喊他,他就像没听见一样;教师跟他说话,他的眼睛不看教师,没有目光对视;经常自己玩,不与同伴交往,不愿意参加集体活动,周围的环境难以影响他。

每年小班刚入园时,都会有一些幼儿因为从小家庭生活封闭、亲子互动少、缺乏人际交往经验,入园后表现出交往意愿低、交往技能差、难以融入幼儿园集体生活的现象。

②婴幼儿人际关注不足形成的原因

从教养方面来说，人际关注不足产生的原因是婴幼儿阶段母亲与孩子人际互动不足，游戏、陪伴太少。

A．1岁之内，家人与婴儿互动少

父母都是爱孩子的，从孩子两三个月大开始，很多母亲就经常在孩子醒着的时候，深情地看着孩子，向孩子做出各种表情，抚摸孩子的身体，发出各种声音逗孩子玩。这时，婴儿就会感受到母亲的爱，用眼睛仔细地盯着母亲的脸，有时会发出无意义的音节回应母亲。当婴儿做出一些动作时，母亲也会做出不同的回应。这种亲子温馨互动的过程，就是婴幼儿阶段最初的应答训练。通过这一应答过程，婴儿开始慢慢地学会通过目光对视、声音应答等方式与成人互动，体验人际互动的快乐。

从小亲子互动过少的幼儿，人际互动和交往的意愿低，导致人际关注不足。比如，孤儿院的幼儿经常因为缺乏人际互动而出现人际关注不足。有些留守儿童，包括一些正常家庭中的儿童，也会因为带养人只照顾他们的吃喝拉撒睡，与他们人际互动太少，而出现人际关注不足的问题。

B．1岁之后，亲子游戏互动太少

1岁左右，幼儿运动、探索和生活自理等做事的意愿增加，这时，如果他们缺乏成人的有效陪伴，总是自己玩，那么就很少有与别人互动交往的快乐体验。久而久之，幼儿就会形成自己玩的习惯，与别人互动和交往的意愿低，缺乏人际交往技能。而人际交往技能的缺乏又会导致幼儿在与他人的互动中受挫，使他退回到自己玩的状态，导致人际关注不足。

人际关注不足的幼儿上了幼儿园之后，不愿意与教师和小朋友交往，经常脱离集体自己玩，甚至缺乏基本的倾听与表达能力，难以与别人正常交流，出现人际交往困难。

（2）人际关注过度

人际关注过度是指幼儿不喜欢或不会自己玩，总是需要别人的陪伴，期望得到别人的关注。这类幼儿在人际交往过程中过于关注自己在群体中的能力的强弱、在群体中的地位、别人对自己的评价和重视程度，从而在人际互动和交往过程中过多地表现自己、总想争第一，甚至经常因为担心自己不能得到肯定和表扬而出现焦虑或不能专注做事的现象。

与自己做事相比，人际关注过度的幼儿更喜欢和别人一起做事，而且在做事的过程中，对别人的评价非常敏感，总是希望得到别人的关注和重视。如果感觉自己做得不好或者不能得第一，他们就会出现负面情绪。人际关注过度的幼儿太在乎别人的评价，从而难以安静投入地做事，影响个人能力的发展。

这类幼儿的"快乐"通道建立在通过别人的肯定和表扬而获得社会价值感上。

①人际关注过度的行为表现

A．黏人

人际关注过度的幼儿一般不喜欢自己玩，总是想让别人和自己一起玩，经常表现出我们常说的"黏人"现象。有小朋友陪他玩的时候，他会非常开心，否则他就会缠着大人陪他玩。所以，黏人的幼儿给人的感觉是不会自己玩，总是缠着别人玩。

B．攀比

人际关注过度的幼儿总是盯着别人，别人有什么，他就要什么。事事都要争第一，得不到第一就哭，表现出好攀比的倾向。

C．引起关注

人际关注过度的幼儿总是希望引起别人对自己的关注，甚至不惜采用破坏性的、明知道别人会制止的行为。比如，2岁的幼儿故意去戳小弟弟以引起父母的关注，3岁的幼儿故意做出调皮捣蛋的行为以引起教师的关注。

D．标新立异

有些幼儿因为经常被成人否定，缺乏价值感，于是通过标新立异的行为来显示自己的能力。比如，做操的时间，一个 5 岁的男孩爬到高高的滑梯扶手上，大喊："快来看看我。"故意显示自己的能力与众不同，寻找一种价值感。

E．嫉妒

"看到别人成功，就像自己失败了一样"，这是一部分人际关注过度的幼儿经常产生的心理。因为他们非常在乎自己在群体中的地位和别人对自己的评价，所以不能坦然接受和欣赏别人的成功，缺乏为别人的成功鼓掌的胸怀和气度，表现出破坏别人的作品的行为，或者听到别人被表扬而自己心里感到难过。

F．想赢怕输

人际关注过度的幼儿特别在乎自己的输赢，在集体活动中如果确认自己赢不了就会采取逃避的态度。比如，几个幼儿一起画画，倩倩刚开始画就发现旁边的茹茹明显比自己画得好，于是把画笔一扔，说："我不喜欢画画，咱们去跳舞吧。"因为她在少年宫学了三年舞蹈，更擅长跳舞。

日常生活中，有的幼儿经常因为教师教的东西难了一点，认为自己可能做不好或者感觉自己比不过别人就放弃努力。这类幼儿表现出想赢怕输、不敢挑战的性格特点。这种性格特点不利于幼儿自身能力的发展。

G．权力争斗（证明力量）

人际关注过度的幼儿的极端行为是"权力争斗"。他们通过权力争斗获得"赢"的感觉，以此证明自己的力量和价值。比如，然然从小被爷爷奶奶溺爱，在家里说一不二，非常霸道。妈妈发现这样下去对他的成长不利，开始严格管教他，但遭到然然的强烈反抗。一家人出去吃水饺的时候，然然一会儿嫌水饺上得慢，一会儿又说怎么先上素水饺，他要吃肉的；一会儿说汤太热，他不想喝，一会儿又说装醋的碟子太小，他要大碟子。然后，他"呼"的一下把醋倒在整个盘子里，故意表现出对什么都不满意的样子，妈妈怎么劝他都不行。

②婴幼儿人际关注过度形成的原因

A．运动和探索活动受到限制，生活被包办

1岁左右，幼儿产生对运动、探索和生活自理等方面的需要。这时，如果家长因为怕危险而限制幼儿，或者因为家长包办导致他们自己做事的需要不能被满足，无聊的幼儿就会更多地通过哭闹、黏人等方式吸引成人的关注。

B．受社会价值感驱动，从支配别人中获得快乐

每个人都有对价值感的需要，1岁左右时，幼儿的自我意识发展，开始产生价值感方面的需求。如果他们不能从运动、探索和生活自理中获得自我价值感，就会从引起别人关注和支配成人中寻找社会价值感，进而获得快乐的体验。例如，玥玥从小在姥姥的宠爱下长大。姥姥什么都不让她做，大小便时，如果她不想去厕所，姥姥就把便盆端到床上。姥姥经常对她说："你是咱家的小宝贝，姥姥最疼你了，你想干什么姥姥都答应你。"后来玥玥形成了支配大人的习惯，穿衣服时，她只要伸出胳膊，姥姥就会把衣服给她穿上。如果哪一次姥爷给她穿了衣服，她就会要求脱掉，必须让姥姥来穿才行。在家里，她像个小公主一样，指挥着别人做这做那。

C．过度表扬强化了幼儿通过社会价值感获得快乐的通道

表扬幼儿是很多家长经常使用的一种教育手段。有的家长想通过表扬让幼儿更自信，有的家长把表扬当作控制幼儿行为的工具，想通过表扬强化幼儿某方面的行为。不管出于什么目的，过度表扬都会带来负作用，人际关注过度便是其一。

第二章讲到，表扬会激发幼儿大脑的"奖励回路"，增加幼儿的多巴胺分泌，让幼儿获得即时奖励的快乐。但这种方式会提高"欲望阈值"，使幼儿需要不断通过得到更多的表扬来满足快乐需求，和赌博、玩电子游戏上瘾是一个道理。幼儿一旦进入这种模式，就会极力表现自己，过度希望被表扬，导致人际关注过度。

以上三个方面同时作用，幼儿人际关注过度的程度就会更强。

（3）平衡发展的区间

人际关注不足的幼儿对人际交往不感兴趣，经常喜欢自己玩，在幼儿园里表现为不愿意参加集体活动，喜欢独来独往。人际关注过度的幼儿则希望在同伴交往和集体活动中得到别人的关注和表扬。在这两者之间，有一个比较恰当的区间就是"平衡发展"，获得平衡发展的幼儿的特点是：自己玩很高兴，能从自己做事的过程中获得自我价值感；跟别人玩也开心，能从人际交往中感受到快乐，获得社会价值感。

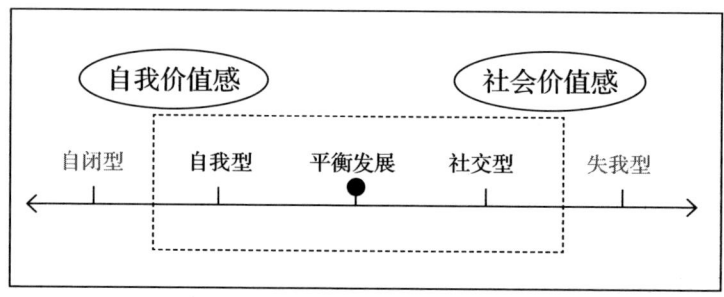

图 3—2　平衡发展的区间

在上图中，最中间的这个点叫平衡发展，从这个点向左延伸，表示幼儿越来越喜欢独处和自己做事，而不喜欢与人交往。从这个点往右延伸，表示幼儿越来越喜欢人际交往，而不喜欢独处和自己做事。在这条轴的不同位置，形成不同的发展类型。

①自我型和社交型

以平衡发展这个点为中心，向左向右一定的距离，形成一定的区间，叫平衡发展区间。处于平衡发展区间左半部分的幼儿，相对来说更喜欢独处和安静地做事，不喜欢人非常多的社交场合。比如，与出去跟小朋友玩相比，5岁的明明更喜欢在家里看书、搭积木。在人际交往中，他属于慢热型的孩子，一开始会有些害羞、不自在，不会主动说话，交往技能也不娴熟，但熟悉之后也能正常地与别人交往。处于这个区间的幼儿，我们把他们叫作"自我型"

幼儿。

处于平衡发展区间右半部分的幼儿，我们把他们叫作"社交型"幼儿。与自我型幼儿相比，社交型幼儿更喜欢与人打交道和人际交往的场合，而不喜欢独处。比如，大鹏是一个5岁的帅气男孩，有着炫酷的发型。他很有礼貌，逢人便主动打招呼，很受邻居们的喜欢。同时他还是个小暖男，对女孩子很温柔、贴心，对女老师更是撒娇卖萌。平时他有什么新鲜事儿，也会积极地和老师或小朋友说。

应该说，自我型和社交型的幼儿各有自己的特点和优势，他们一般都能比较专心地做事，也能正常地与人交往。他们对自己做事和人际关注的不同偏好都在正常的发展区间之内，不会影响他们完成学习任务和参与正常的社会生活。不同的偏好形成了他们不同的性格特点，也展现出人类世界的丰富多彩。

②自闭型和失我型

如果一个人对自己做事或人际关注中的某一方面偏好太多，而对另一方面的需求又太少，甚至影响他参与正常的社会生活，那么就需要通过引导和矫正来帮助他回到正常的发展区间。

比如，一个幼儿过于喜欢独处，不能与别人进行目光对视和正常的交流，别人喊他，他也不回应，或者别人一靠近他，他就会紧张和不舒服，这种情况就需要进行引导和矫正。这类幼儿的典型特点是喜欢生活在自己的世界里，表现为自闭倾向。我们把这类幼儿称为"自闭型"幼儿。自闭型的幼儿，需要他人帮助尽快增加人际互动，引导他们与同伴交往，帮助他们获得人际互动和交往的快乐体验，提高他们与人打交道和人际交往的兴趣，从而使他们回到正常的发展区间。

而一个幼儿过于喜欢人际交往和受到别人的关注，不愿意自己玩，或者在人际交往中过于喜爱表现自己和总是想赢怕输，甚至采取逃避的态度，也会导致他失去很多提高自己能力的机会，或者在人际交往过程中因为过于讨好别人而不敢表达自己内心的需求和想法。对于这类幼儿，我们称其为"失我型"幼儿。从个人生活的角度来讲，失我型的幼儿会为了迎合和讨好别人以及在群体中获得别人的认可，而让自己受委屈。从个人发展的角度来讲，失我型的幼儿找不到自己的定位和方向。所以，失我型的幼儿需要他人的引导，一方面帮助他们在独处和自己做事的过程中获得良好的体验，另一方面需要减少对他们的表扬和评价，避免他们人际关注过度。

③怎样判断人格发展异常

只要幼儿做事和人际交往的兴趣处在正常的发展区间，就没有问题。处在正常的发展区间以外，即处在左边的自闭型和右边的失我型区域，我们把它们叫作"人格发展异常"。如果不及时对其进行有效的引导和矫正，长期发展下去的话，幼儿就会形成心理问题，如自闭症和人际交往障碍等。

怎么判断某个幼儿的人格发展是否异常？有下面两个判断标准。

A．是否影响正常的社会生活

自闭型的幼儿因为过于喜欢独处和自己做事，所以整天"宅"在家里，不能与别人进行正常的应答和互动，拒绝参与正常的集体生活。

B．是否感到痛苦

失我型的幼儿，在别人面前表现得不自然，总是想讨好别人，经常做一些并非自己真正愿意做的事，从而内心感到痛苦；或者因为担心不被表扬，不能赢得第一名，而在做事时不能专注和投入。在与人交往和集体活动中，他们经常感到紧张和焦虑。

1. 幼儿有社会性退缩行为怎么办

儿童情况

然然，男孩，4岁，小班。

行为表现

然然早晨来幼儿园时，低着头走进教室，不向老师问好，到教室后一言不发，拘谨地坐在旁边的椅子上。他眼睛不看老师，老师问什么话他都不说，上课从来不回答老师的问题。基本不与小朋友交往，午睡时还经常尿床。

老师一度怀疑这个孩子语言发展迟缓，智商可能也有问题。

家庭情况

与然然的妈妈交流后知道，孩子在家里完全是另外一个样子。

在家里，然然特别爱说话，经常又唱又跳，跟大人"争斗"起来总是据理力争，寸步不让，讲起"道理"来也是一套一套的。可是让妈妈不明白的是：在家里这么"厉害"的儿子，一出家门就判若两人——他紧紧地跟在妈妈身后，眼睛从来不看人，也不与别人打招呼。妈妈说："打一声招呼有那么难吗？别的孩子能做到，他怎么就做不到？"

然然的爸爸妈妈都是独生子女。然然从小由奶奶带大，奶奶非常疼爱孙子，生活上完全包办，然然什么事都不需要做。同时，奶奶对然然百依百顺。在家里，然然说一不二，如果然然嫌奶奶做的饭不好吃，奶奶就会马上按他的要求重新做。有时生气了，然然就会打奶奶，奶奶也毫不介意，还是乐呵呵地为他服务。奶奶年龄大了，行动不方便，所以从来不带孩子出去玩，孩子在3岁前基本没有出过家门。

案例分析

然然的行为，在心理学上被称为"社会性退缩行为"。社会性退缩又被称作社交敏感性障碍，指对新环境或陌生人产生恐惧、焦虑情绪和回避行为并达到异常程度。一般来说，儿童的社会性退缩行为有生理、心理与社会方面的原因，如先天体弱多病、性格内向、早期不良的生活经历、电视等传播媒介的负面影响以及现代社会人际淡漠的影响等。其中，父母的不良教养方式影响最大。有些父母对孩子的心理需求漠不关心，拒绝、限制多，期望、要求高，家庭气氛紧张；还有些父母对孩子过分保护与放纵，满足他们的一切要求（哪怕是不合理的），包办一切生活事务，使孩子养成唯我独尊的性格，独立性与生活自理能力差，不能承受一点点委屈和挫折，不被同伴接受，在人际交往中屡屡失败。许多儿童在家尚能和父母愉快相处，但到学校就表现得过分退缩。

对比分析然然的行为表现和从小的家庭教养情况，我们可以发现有两个方面的原因导致然然出现这样的问题。

一是，然然从小都是在熟悉的家庭环境中生活，对家庭以外的陌生环境和陌生人有恐惧感。所以，一离开家门，他就变得非常拘谨和刻板。

二是，由于家人的溺爱，然然在家里和家人互动的方式与正常的人际互动方式有比较大的差距。在家里，老人以他为中心，对他百依百顺，这种互动方式在家庭之外的人际交往中完全行不通，所以他离开家庭之后，很难适应人际交往，导致他出现在家里能说会道，在外面却极端地胆小、老实的反差表现。

案例中然然的问题归因于家庭教养方式。

教师应对策略

（1）帮助幼儿克服焦虑和紧张的情绪

一般来说，社会性退缩幼儿在家庭之外会产生畏惧和焦虑的情绪，这种情绪带给他们的压力会让他们难以走出社会交往的第一步。即便他们知道应该怎么做，但行动上就是做不出来。有一个小时候性格特别内向，具有社会性退缩行为的成年人告诉笔者，他清楚地记得自己小时候经常因为不能礼貌地叫人而被父母严厉地批评。其实，他知道见了老人要喊："爷爷好，奶奶好。"但每次面对他们时都非常紧张，嗓子就像被卡住了一样，怎么也喊不出来。所以，教师要理解此类儿童面临的心理困难，想办法帮助他们调节紧张的情绪。

教师说话时要亲切和蔼。每天早晨入园时向幼儿主动问好，让幼儿感受到老师的亲切和对他的喜爱，让幼儿在潜移默化中模仿学习。教师不要急于要求幼儿有礼貌，可以告诉幼儿："如果你准备好了，就可以大胆地说，做不到也没有关系。"教师的宽容和信任有利于幼儿摆脱紧张和焦虑的情绪，在放松的状态下突破自己。

（2）帮助幼儿掌握人际交往技能，提高人际交往能力

教师可以通过绘本故事帮助幼儿掌握与人交流、交往的技能，如《对不起，没关系》《爱发脾气的菲菲》《我喜欢我自己》《勇敢的克兰西》等；也可以组织亲子童话剧表演，儿童文学作品所营造的轻松、愉快、诙谐的氛围会让幼儿忘却紧张，更自在地与成人和同伴交往。

教师还可以开展一些活动，为幼儿提供与同伴交往的机会。比如，自我介绍活动、角色扮演游戏、师幼一起跳舞等，让幼儿练习交往技能。组织活动时，教师可以安排社交能力强的幼儿主动发起与社会性退缩幼儿的互动，由前者向后者提供榜样示范和帮助；对他们在社交中出现的合群现象，及时给予表扬和奖励。

这些方法主要以社会学习理论为依据，目的是通过增加互动的快乐体验、培养互动的技能、激发互动的动机来提高社会性退缩幼儿的互动频率，改善幼儿退缩的状况。

（3）千万不要使用激将法

社会性退缩的幼儿与家庭之外的人接触时的第一反应往往是胆小、羞怯、回避。对于这样的幼儿，教师一定不要使用激将法，比如，"你太胆小了！""你敢试试吗？"这会让他更加紧张和有压力。比较合适的做法是：先让他旁观，再鼓励他参与，如果他无论如何都不想加入，也不要批评他。如果遇到具有挑战的情况，要详细解释给他听，让他有心理准备，不要突然让他面对。同时，不要随便改变他的生活习惯，这样他会很难跟上节奏。此外，还可以多让他参加一些不太显露自己同时又能在大众面前表现的活动，如小合唱、集体朗诵等。

家长指导策略

（1）建立平等的亲子关系，让幼儿学到正确的人际交往技能

幼儿的人际交往是从亲子互动和亲子交往开始的，幼儿会把亲子互动的方式和方法复制到家庭之外的社会交往中。所以，在亲子互动和交往的过程中，父母跟孩子要像朋友一样交往，建立平等的关系。凡是在社会人际交往中不允许的行为，在亲子交往中也不能允许，比如，不能独占玩具、不能乱动别人的东西、不能什么事都自己说了算、任何情况下都不能打人等。平等的亲子交往能让孩子学到正确的交往技能。

一位妈妈下班回家后，发现孩子把自己的梳妆台和书架上的东西弄得乱七八糟。妈妈很生气，把孩子叫过来，严肃地对他说："我不喜欢别人乱动我的东西，希望你下次在动我的东西之前和我说一声。现在请你把我的东西整理好。"孩子看到妈妈的态度很严肃，便开始卖力地整理起来，直到把书和化妆品都归纳整齐。当时，孩子的奶奶不以为然，觉得孩子这么小，不用那么较真。第二天，邻居家的女孩到家里来玩，趁这个孩子出去拿东西的时候，一下子把摆得整整齐齐的一橱子玩具给弄翻了。当这个孩子回来看到乱七八糟的玩具时，他严肃地说："我不喜欢别人乱动我的东西，下次在动我的东西之前要和我说一声，现在请你把我的玩具整理好。"说话的语气和妈妈要求他的时候一模一样。看来，妈妈对他的严格要求也让孩子学会了维护自己的边界。

（2）经常带幼儿外出参加各种社会活动，让幼儿习惯陌生的环境

家长应想办法创造条件，带孩子参加各种社会活动，让孩子习惯接触陌生的环境和陌生的人。比如，带孩子到超市，让他自己购买玩具；参加朋友的家庭聚会；参与亲子夏令营等。开始时，孩子可能因为恐惧不愿意参加，或者参加活动时比较拘谨，但是有父母在身边，孩子更容易克服恐惧、接受改变。

建议家长每学期至少带孩子外出旅游一次，这种完全放松的环境最容易让孩子突破自己，克服社会交往障碍。

（3）增加户外体育运动，克服离家焦虑

案例中，然然一离开家就拘谨地跟在妈妈身后，变得紧张和焦虑。建议家长多带孩子进行体育运动，因为人的身心是合一的，当幼儿在体育运动中感受到自己身体的力量和能量时，有助于缓解压力，变得更加自信，也更有安全感。所以，多参与亲子户外体育运动和体育游戏，可以帮助然然减少面对陌生环境时的压力，提高他适应各种环境的能力。

（4）不要反复要求幼儿跟别人打招呼

社会性退缩的幼儿见到家庭之外的人会产生恐惧感，如果父母总是想让他像其他孩子一样与别人礼貌地打招呼，这对于他来说是非常困难的，而且会给他增加心理压力。所以，父母不能因为好面子而总是逼迫孩子，也不要反复尴尬地向别人解释："这个孩子就是不愿意说话。"父母这种不接纳的态度会让他更加退缩，更加不愿意与人交往。

（5）教给幼儿与人面对面沟通的方式和语言

社会性退缩的幼儿在见到外人时往往感到紧张，表情、动作僵硬，显得手足无措，不知道要说什么和怎么说。所以，父母可以教给孩子在与人打招呼时要做出什么样的表情、手放在哪里、怎样站立、与人保持多远的距离，以及见到不同年龄的人要怎样称呼、怎样问好等。父母可以通过和孩子玩角色扮演游戏的方式进行演示和练习，比如，父母可以扮成不同年龄、不同性别的人，让孩子走过来打招呼；也可以让孩子扮演不同身份的人，父母主动过去跟他打招呼，给孩子做示范。此类练习活动也是亲子游戏，既能带来快乐，也能让孩子在游戏中掌握与人面对面沟通的技能，克服社会性退缩障碍。

父母只管做好自己能做的，剩下的就是耐心等待。随着孩子年龄的增长，只要他们心情放松、能量足够，就会自然地与别人打招呼。当然，父母还要清醒地认识到，这类孩子可能永远也不会像社交型的孩子一样在人际交往中游刃有余，但这就是他的性格特点。只要不影响孩子正常的生活和学习，就不必过于担心。

2. 幼儿兴趣单一怎么办

儿童情况

迪迪，男孩，4.5 岁，中班。

行为表现

迪迪不喜欢体育运动，不喜欢画画，也不喜欢做手工，动手能力比较差。除了阅读绘本故事之外，很少有活动能吸引他的注意力。他对绘本的兴趣非常大，每当老师讲绘本故事时，他都会一动不动地坐在那里听。老师一讲完，他就会迅速跑掉。

家庭情况

迪迪从小跟着奶奶在老家长大，奶奶年纪大了，腿脚不灵便，所以很少带孩子出去玩。爸爸妈妈给孩子买了很多书，在家里，老人经常给孩子讲绘本故事，有时也让孩子看动画片。等把孩子接到身边之后，爸爸发现迪迪只喜欢听别人给他讲绘本故事，对搭积木、拼图、画画等都不感兴趣，也不喜欢和小朋友玩。爸爸妈妈看到迪迪如此喜欢读绘本，就每天在家里花大量的时间给他讲绘本故事，迪迪怎么听都听不烦。

案例分析

案例中的迪迪兴趣过于单一，只喜欢听绘本故事，对其他活动一律不喜欢。这种兴趣单一、不愿意尝试新的活动等特点，容易导致幼儿出现不合群、同伴交往困难、难以适应集体生活等问题。

从案例中可以看出，迪迪之所以兴趣单一，很大程度上跟他的家庭生活内容不丰富，家长只给孩子讲绘本故事有关。而且，迪迪从小跟着奶奶长大，一般来说,跟着老人长大的幼儿容易安全感不足。安全感不足的幼儿往往拒绝接受变化,只做自己熟悉的事。这两个方面的原因导致迪迪一直沉浸在绘本的世界里,人际关注不足,不愿意与人交往,也不愿意参与其他类型的活动。

教师和父母要想办法引导幼儿,为幼儿创造更多的机会,帮助幼儿参与丰富多彩的社会活动。

教师应对策略

(1)循序渐进,引导幼儿参与幼儿园各种有趣的活动

幼儿园五大领域的活动丰富多彩。教师在组织各种活动的过程中,要有意引导迪迪慢慢参与进来,可以通过让迪迪回答简单的问题,邀请他与别人拉手、合作等方式吸引他的注意力。因为兴趣单一的幼儿接受变化的过程比较慢,所以开始的时候,教师不要对迪迪要求太高,也不要要求他积极参加各种活动。如果他不愿意参加,可以先让他在旁边观察,等他表现出对某种活动的兴趣,再鼓励他参加。当迪迪熟悉了各种活动内容或玩具之后,自然就有兴趣参与活动了。

(2)因势利导,根据幼儿的兴趣扩展游戏

既然迪迪喜欢绘本故事和动画片,那么教师就可以通过引导他画绘本或动画片中的人物、续编绘本故事、根据绘本故事进行角色扮演等方式吸引他参与活动。手巧的教师还可以根据绘本人物或者动画人物制作一些玩偶,并投放到娃娃家等区域中,吸引幼儿更多地参加区域活动。

(3)帮助幼儿在幼儿园交到好朋友,享受同伴交往的快乐

迪迪的同伴交往经验少,缺乏交往技能。所以,教师要帮助迪迪与其他小朋友互动和交往。比如,区域活动时,教师可以扮演妈妈,带着迪迪去娃娃家做客,进门时,要主动向主人问好,离开时要礼貌地说再见。

教师也可以将交往能力强的幼儿和迪迪分到一组,让交往能力强的幼儿主动与迪迪分享玩具,一起进行有趣的建构游戏,帮助迪迪体验与同伴交往的快乐，提高人际交往的意愿。

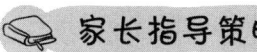 **家长指导策略**

（1）把幼儿的单一兴趣当作奖励，引导幼儿尝试不同的活动内容

迪迪特别喜欢听绘本故事，父母可以告诉他："等你拼完这幅拼图，我才能讲一个绘本故事。""等你画完一幅画，我才能讲一个绘本故事。""我们在操场上跑两圈，就回家讲一个绘本故事。"通过这种方式，引导迪迪参与各种类型的活动。家长要注意，开始的时候，其他活动内容可以少一些，讲绘本多一些。等到幼儿对其他活动内容不再排斥，开始有一些兴趣时，再增加其他活动内容的时间，减少读绘本的时间。

这个方法的原理是：将幼儿喜欢的玩具或者活动与幼儿不感兴趣的玩具或者活动搭配起来，先后有序（先尝试一下不喜欢的，再玩喜欢的）。久而久之，当幼儿感受到这些玩具或活动的乐趣时，兴趣就会变得越来越广泛。

（2）在日常生活中，鼓励幼儿用语言表达自己的想法和要求

需要注意的是，在引导幼儿拼拼图、画画或者跑步的时候，父母要挖掘活动本身的乐趣，让幼儿发现这些活动的迷人之处，这样他们才能真正喜欢上这些活动。比如，拼拼图和画画之后，父母和迪迪一起欣赏图画中美丽的色彩、生动的形象，再根据画面编一个精彩的故事。跑步的时候可以不断变换形式，如慢跑、快跑、直线跑、折线跑、往返跑、圆圈跑、追着跑等，这种"花样跑"一定会让迪迪爱上跑步，走出兴趣单一的模式。

兴趣单一的幼儿一般也不愿意说话。所以，日常生活中，父母要多与幼儿聊天，多征求幼儿的意见，引导幼儿多用语言表达自己。当幼儿有游戏和生活方面的需求时，父母即使知道幼儿的需求，也不要直接满足他，要引导幼儿用语言表达自己的想法，等他表达清楚之后，再去满足他，这样做有助于强化他的语言表达。

（3）丰富家庭生活内容，拓宽幼儿的人际交往范围

家长每天把孩子从幼儿园接回家之后，可以让孩子和小区里的小朋友一起进行各种户外游戏；家长还可以利用周末的时间，邀请一些同样有孩子的朋友一起到户外踏青，或者邀请孩子班里的家长和小朋友一起活动。当迪迪有了玩伴并享受到同伴交往、运动和游戏的快乐时，他的兴趣单一和人际关注不足的问题就能得到改善。

3. 幼儿有自闭倾向怎么办

儿童情况

骏骏，男孩，3岁2个月，小班。

行为表现

骏骏是一个非常帅气的小男孩，刚上幼儿园的时候，别的小朋友都哭得很厉害，骏骏却不怎么哭。后来老师发现，骏骏在幼儿园里总是不和别人交往。老师喊他的名字，和他说话，他的眼睛不看老师，也不做回应。游戏时，老师故意把他领到小朋友多的地方玩，结果他依然不和小朋友玩，别人和他说话，他也不回应，久而久之，没有小朋友主动找他玩了。在集体教学活动中，骏骏不会按照老师的要求好好地坐在座位上，不参加集体活动，经常在教室里毫无目的地乱走，这里看看，那里摸摸，不理会任何人。老师说，没有听见骏骏说过完整的句子，他不高兴时就会哭或者大叫。

有一次活动时,老师把他抱在怀里,用手轻轻地抚摸他的后背和胳膊,他竟然非常乖地躺在老师的怀里,一动不动享受着抚摸,好像睡着了一样。

家庭情况

骏骏的妈妈从事计算机编程工作,上班非常忙。骏骏不到四个月时,妈妈就上班了,晚上和周末也经常加班,所以陪伴孩子的时间非常少。

妈妈上班后,奶奶来到济南,孩子就一直由奶奶负责照顾,晚上也跟着奶奶睡。奶奶性格内向,行动不方便,跟周围的人也不熟悉,很少带孩子出去玩。奶奶非常疼爱骏骏,生活上精心照顾孩子,经常一边让孩子看电视一边喂孩子吃饭,有时也会追着孩子喂饭。奶奶忙家务时,骏骏除了看电视,就是自己玩。

爸爸不出差时周末正常休息,有时爸爸会带骏骏出去爬山或者在小区花园里散步,不过,爸爸和奶奶一样,说话少。他陪孩子玩的方式就是孩子在前面走,他在后面跟着。

妈妈告诉老师,她以为生了孩子之后,把孩子交给老人,自己的任务就完成了。儿子小时候,奶奶经常说:"孩子吃饱了,让他自己躺着就行,千万别抱他,也不要和他说话,否则孩子不好带。"所以,从小一家人都不怎么逗孩子玩,也很少与孩子说话。骏骏一直比较乖,很少哭闹。

老师向妈妈反映了骏骏的各种问题,建议家长带孩子去医院检查。检查之后,医生告诉她,骏骏有自闭倾向,妈妈一听非常崩溃。她不明白孩子怎么会有自闭倾向,从小奶奶就很仔细地照顾他。

案例分析

20世纪五六十年代,美国心理学家哈利·哈洛(Harry F. Harlow)和他的同事们用恒河猴做了一系列实验,力图探索母爱的本质是什么以及什么样的成长环境才能保证一个孩子正常健康地成长。

他们发现,"母爱的本质是温暖的触摸、运动和玩耍。"恒河猴94%的基因和人类基因相同，它对外界刺激所做出的反应和人类非常类似或相近。由此，实验者推断：父母对孩子的养育，不能仅仅停留在喂饱的层面上，要想让孩子健康成长，就一定要为他提供触觉、视觉、听觉等多种接触性关怀，要抱着他、摇着他、逗他玩耍，这是孩子能够健康成长的必要条件，因为温暖的拥抱能给他提供安全感，运动和玩耍能够促进他的脑部发育。否则，人类的成长就会出现不可逆的损伤。

上面案例中，妈妈在骏骏不到 4 个月大时就上班了，陪伴骏骏的时间短。受奶奶带养观念的影响，大人很少哄抱骏骏，很少与骏骏进行面对面的交流与互动；骏骏从小生活在一个孤寂、封闭的环境里，导致他认知水平低、语言发展水平低、不会倾听、与人没有目光交流以及缺少正常的应答和互动训练。所以，他的人际关注不足，既缺乏人际交往的技能，也缺乏人际交往的兴趣和意愿，总是生活在自己的世界里。

当教师把他抱在怀里，用手轻轻地抚摩他的后背和胳膊时，他竟然非常乖地躺在教师的怀里。这充分说明教师温暖的拥抱和抚摩满足了幼儿对母爱的需要。

笔者多年接受幼儿家庭教育咨询，接触过一些有自闭倾向的幼儿。笔者发现，幼儿的自闭倾向几乎都是由家庭教养问题导致的。对这类问题的矫正主要取决于父母，特别是母亲。总体原则是：给予幼儿大量的抚触，增加亲子互动和游戏玩耍的时间，让幼儿体验与别人互动和交往的快乐，把他从自己的世界中拉出来，尽快弥补幼时亲子互动的不足。

教师应对策略

（1）关注幼儿的人身安全，给予幼儿更多的爱

有自闭倾向的幼儿一般不能正常地参加集体活动，经常到处乱跑，所以教师首先要注意保证这类孩子的人身安全。集体活动时，可以让他坐在自己的旁边，尽量吸引他的注意力。当他突然跑开时，要请保育员跟着他，引导他尽快回到自己的座位上。

尽管有自闭倾向的幼儿会给教师的日常管理工作带来很大的麻烦，但是教师还是要以极强的包容和责任心去接纳他，耐心对待他，多给他一些爱。当接触的时间稍长一些之后，教师就会发现，这类幼儿也是很可爱的。方便时，教师可以抱抱幼儿，让他感受到教师的温暖和爱，更加信任教师。集体教学活动时，可以请保育员把骏骏抱在怀里听讲，帮助骏骏完成学习任务。

（2）在日常生活中引导幼儿与人互动和交流

教师与骏骏说话时，可以拉着骏骏的手，让骏骏看着自己的眼睛。开始时，如果骏骏不会说，可以引导他用点头、摇头或手势动作回应教师。慢慢地，当骏骏与教师配合得比较默契之后，教师可以通过语言示范，引导骏骏用语言表达自己。当骏骏能够按照教师的要求做出正确的回应时，教师要通过拥抱和口头表扬的方式肯定他，让他获得美好的互动体验，强化他的互动行为。

需要注意的是，有自闭倾向的幼儿往往生活在自己的世界里，喜欢按照自己的喜好玩，所以教师可以借助幼儿对某一事物的兴趣，和他聊一些他喜欢的话题，做一些他喜欢的事。当幼儿乐于参与时，互动和交往就会变得更加顺利。

家长指导策略

（1）增加亲子抚触，弥补幼时亲子陪伴不足

奥地利心理学家玛格丽特·马勒（Margaret S. Mahler）经过多年的研究，提出"心理诞生"这一概念。她认为，婴儿刚出生的第1个月，属于正常的封闭期，大部分时间用来睡觉，对自己和客观世界都一无所知，生活在一个混沌的世界里。出生的2—6个月，属于正常的共生期，婴儿把自己和母亲视为一体，把母亲当成自己的一部分。6个月之后，婴儿发展进入分离期，当母亲无限温柔地抚摸婴儿的身体、胳膊、腿和脚，同时以温柔的眼神看着他时，婴儿感受到爱抚的舒适感，切实地体验到原来这只胳膊、这只脚是他自己身体的一部分，让他把自己的身体和自我联结起来，逐渐认识到作为独立个体的自我存在，形成一个完整的自己。孩子就在母亲不断地爱抚中实现身体的分化，从身体上认识到母亲是另外一个人。这一身体的分化过程主要在婴儿6—10个月大时完成。

像骏骏一样从小缺乏父母爱抚的幼儿，身体分化不完整，自我意识没有得到很好的发展，好像生活在半混沌的世界里。所以，在家里，父母可以抱着幼儿，轻轻地抚摸幼儿的全身，让幼儿获得温暖舒适的感觉。父母可以边抚摸边温柔地告诉幼儿："我在摸你的胳膊，你的胳膊很光滑；这是你的小手，这是你的小肚子，这是你的后背、你的腿、你的小脚丫……"边说边看看幼儿的眼睛，与他做目光交流。这种抚摸过程既可以让幼儿感受妈妈的爱和温暖，弥补从小亲子陪伴的不足，又可以增进幼儿对自己身体的认知，提高幼儿的语言理解能力。

（2）与幼儿进行专门的应答练习

应答是人际互动的基本方式，是人际交往的前提。在家里，父母可以和骏骏进行专门的应答练习。比如，妈妈可以告诉骏骏，当妈妈喊"骏骏"的名字时，骏骏要用洪亮的声音回答："哎！"妈妈在确认骏骏真正理解之后，就可以尝试进行练习。妈妈可以间隔不同的时间，在不同的位置，高声喊"骏骏"，然后让骏骏回答"哎"。时间间隔由短变长，距离由近及远，训练骏骏有意注意并进行应答的能力。为了增强趣味性，妈妈也可以和骏骏互换角色，让骏骏喊"妈妈"，妈妈来回答"哎"。这个游戏虽然没有难度，却是训练有自闭倾向幼儿非常好的活动。此外，在声声呼唤中，母子之间的感情增进了，孩子也产生美好的互动体验。

当骏骏完全掌握之后，家长可以增加应答的难度。比如，妈妈问："骏骏，你在哪里？"骏骏答："哎，我在沙发上。"妈妈问："骏骏，你在干什么？"骏骏答："哎，我在搭高楼。"

这种应答练习既可以帮助幼儿提高倾听和及时应答的能力，又可以让幼儿在反复应答中循序渐进地掌握正确的语法结构，提高逻辑思维能力。

（3）与幼儿玩有目光对视的游戏

眼睛是心灵的窗户，目光交流在人际互动和交流过程中是必不可少的。但是，眼睛不看人，是有自闭倾向儿童的典型特点。所以，建议家长多与孩子进行有利于促进目光对视的游戏。比如，妈妈和孩子玩"你拍一，我拍一，一个小孩子坐飞机"的游戏，妈妈和孩子一边进行目光对视，一边相互拍手说话，比较强的节奏感和身体接触可以帮助幼儿维持注意力，让幼儿全身心地参与游戏，获得亲子互动游戏的快乐体验。除此之外，"请你跟我这样做""听指令，做动作"等游戏也可以起到增加幼儿目光对视的效果。

游戏开始时，妈妈可以先让幼儿把头转向自己，让幼儿与自己四目相对，再开始游戏。如果妈妈发现幼儿目光转移，可以利用声音的高低变化和拍手动作的强弱来吸引幼儿用眼睛重新看着自己。

需要注意的是，父母在与幼儿做此类游戏时，要温柔地看着幼儿，按幼儿能理解的节奏和幼儿玩，让幼儿的动作和语言都能跟上自己，不能做得太快；如果发现幼儿的注意力转移了，就要变换形式，继续吸引幼儿。

（4）通过日常交流和阅读，为幼儿提供丰富的语言环境

语言是人际互动和交往的工具，丰富的语言环境可以为幼儿提供足够的语言刺激，帮助他们在潜移默化中学习。

首先，家长可以结合实物和日常生活环节，多与幼儿进行语言互动，提高幼儿的认知，丰富幼儿的词汇，增强幼儿的语言理解和表达能力。

其次，家长可以和幼儿一起读书，通过儿歌、绘本故事等，帮助幼儿积累词汇，增加幼儿的语言理解能力。需要注意的是，在语言互动的过程中，家长要引导幼儿更多地表达。对语言表达能力比较差的幼儿，父母可以问："这是什么？""那是什么？"让幼儿回答一个词。然后再问："他们在做什么？"……不断增加句子的成分，帮助幼儿练习语言表达，提高他的互动和表达能力。

(5) 从幼儿的兴趣出发，引导幼儿参与更多的人际交往活动

有自闭倾向的幼儿往往有自己的兴趣偏好。为了激发孩子对人际交往的兴趣，家长可以先从他感兴趣的事物入手，引导他参与人际交往。比如，个别有自闭倾向的幼儿喜欢玩各种各样的门，家长就可以引导他认识各种门的材质，例如，这是木头门，木头门是黄色的，比较厚，不透明；那是玻璃门，玻璃门是无色的，比较薄，是透明的；大门口的门是蓝色的，叫防盗门，是用铁做的，铁门很结实，不容易让坏人进来……当然，这个引导过程最好是一问一答式的，形成自然的对话和交流的过程。

(6) 平时多带着幼儿外出游玩、散心

在外出游玩和散心过程中，家长要多跟孩子说话，不要在意孩子听不听得进去。

4. 幼儿过度攀比怎么办

儿童情况

马克，男孩，4.5岁，中班。

行为表现

马克在上幼儿园、与别人交流、参加幼儿园集体活动方面都没问题，就是把第一看得非常重要，吃饭要得第一，和小朋友玩要得第一。如果得了

第一,他就非常高兴;没有得第一,他就发脾气。他经常因为老师没有表扬他而生气乱跑。

"六一"儿童节,幼儿园搞亲子活动,其中有一个环节是孩子跑过去给妈妈递东西,一分钟之内传递得最多的孩子获胜。当老师宣布"停"时,马克高兴地跳起来,说:"我是第一,我是第一。"后来,当他发现老师宣布的第一名不是他,而是另外一个孩子时,他一下子非常生气,冲着第一名小朋友的筐踢了一脚,把里面的东西全部踢撒了,然后大哭起来。马克妈妈把他领到隔壁房间哄了好一会儿才哄好。

手工课上,马克做完自己的手工作品之后,发现旁边一个小女孩菁菁做得非常好,就一把抢过人家的作品扔在地上,还踩了一脚。后来,老师问他为什么要这样做。他说:"她比我做得好一点点。"

马克不能接受别人的批评。在游乐场玩时,马克胡乱摆了一堆积木,管理员阿姨走过来说:"宝贝,不能这样摆。"马克立马就不高兴了。

家庭情况

马克的家庭条件比较好,一家人都非常关注孩子。孩子从小跟着爸爸妈妈长大,爸爸妈妈经常带他出去玩,到高档饭店吃饭。妈妈给马克买了许多玩具,马克自己能玩很长时间。妈妈工作忙的时候,马克经常去奶奶家。奶奶特别疼爱孙子,经常说:"我的孙子是最棒的。"奶奶尤其不能看孩子哭,马克一哭,奶奶就马上满足他的要求。妈妈有点完美主义,对孩子比较严格,孩子犯错时,会严厉地批评他。而且妈妈性格有些孤傲,特别期望自己的孩子是最好的,一旦孩子做得不够好或感觉孩子受了委屈,她就特别不能接受,经常在外人面前替孩子解释。比如,当老师告诉妈妈马克把别人的手工作品弄坏了时,妈妈马上说:"他一般不会这样,肯定是因为他今天心情不好。"马克的爸爸脾气比较温和,但对孩子也是百依百顺。

案例分析

从上述案例中可以看出，马克的行为是典型的人际关注过度。马克喜欢攀比，爱争第一，会因为别人做得比他好而心生嫉妒，破坏别人的作品，不愿意接受别人的批评。

导致马克人际关注过度的原因，有以下几个方面：

（1）奶奶过分溺爱和赏识，导致幼儿人际关注过度

奶奶特别疼爱孙子，经常说："我的孙子是最棒的。"生活中，奶奶和爸爸都对马克宠爱有加，百依百顺。过多的表扬和宠爱导致马克过于希望得到别人的关注和表扬，人际关注过度。在集体中，他总要争取得第一，不能得第一就发脾气。教师不关注他，他就生气乱跑。"六一"儿童节活动中，他发现自己不是第一名就崩溃大哭，破坏别人的物品。别人做的东西比他的好一点，他就破坏掉。

（2）妈妈完美主义、好面子，导致幼儿心理压力大

马克妈妈有两个突出的性格特点：一方面，她是完美主义者，特别期望自己的孩子是最好的，对孩子要求很严，一旦孩子犯了错误就严厉批评孩子，给孩子造成巨大的心理压力；另一方面，她性格孤傲、好面子，不能接受别人说自己的孩子的缺点。当孩子出现某种行为问题时，她不仅不能接受，还经常在教师面前帮孩子开脱，让马克感觉自己的行为是可以理解和接受的，导致他规则界限不清晰，不知道自己到底应该怎么做，增加了孩子的心理压力。压力太大会使幼儿的"欲望阈值"上升，需要更多地刺激多巴胺的分泌，期望获得更多的表扬，从而造成人际关注过度。

孩子是非常敏感的。因为妈妈不能接受教师反映的孩子的行为问题，所以孩子也不能接受别人的批评。在游乐场里，当管理员阿姨说玩具不能那样摆时，他就不高兴了。

教师应对策略

（1）安抚幼儿的恶劣情绪

人际关注过度的幼儿是非常敏感的，他们特别希望得到教师的积极评价。一旦他们觉得教师不喜欢他们，或者得不到教师的表扬，他们就会产生巨大的心理压力，导致行为混乱。而教师的接纳和理解会帮助他们放下对评价的期待，接纳自我。所以，当幼儿因为没有得到第一名而情绪崩溃时，教师不要批评幼儿，而要对幼儿说："我知道你想做得更好，如果你很难过，我就抱一抱你，一会儿你就会感觉好多了。"让幼儿感觉教师能够理解他、接纳他。

（2）关注幼儿的努力而非结果

教师可以引导幼儿做事，肯定幼儿做事的努力和专注，减少对结果的评价。给幼儿提供的信息是，不必过于在意结果如何，只要努力做了，就是值得肯定的，以减少幼儿对结果的关注，避免其人际关注过度。

在集体游戏中，幼儿会经历一些挫折和失败。当幼儿失败时，教师可以单独与幼儿交谈，引导幼儿勇于正视问题。在接纳和安抚幼儿之后，引导他学习别人的长处和优点。比如，案例中，马克发现菁菁的手工作品比自己的好，这时，教师可以引导他欣赏菁菁的作品，看她哪里做得比自己好，有哪些好的方法值得自己学习，然后用到自己的作品中。

（3）利用集体教学活动时间，对幼儿进行适当的抗挫折教育

事情不可能都按照自己期待的方向发展。在幼儿成长的过程中，当事与愿违时，幼儿必然会感到受挫。因此，对幼儿实施挫折教育是非常有必要的，教师要引导幼儿掌握应对受挫心态的方法。在日常教学工作中，教师可以通过阅读绘本故事的方式对幼儿进行挫折教育，如《阿立不怕输》《不怕犯错再试试》等。

家长指导策略

（1）减少过多的表扬和评价

在上一章中我们讲过，社会价值感的获得是不稳定的，因为它来自别人的评价。家长过多的表扬和评价，会让幼儿的做事动机发生异化，导致幼儿人际关注过度。

有一位老人非常喜欢清静，有一天，突然有一群孩子来到他家窗户下面玩，很吵，老人感到很烦。他采取的办法是：走出去告诉他们："你们在这里玩，给我带来了很多快乐。为了感谢你们，我给你们每人3美分。"孩子们很高兴。第二天，孩子们又来玩，他只给了他们每人1美分，孩子们有点生气。第三天，老人什么也不给了。孩子们说："老人不给钱，我们就不来玩了，不能给他带来快乐。"这个故事说明：玩是快乐的，玩就是孩子们的动机。因为老人的奖励，他们玩的动机发生了变化。当不再有钱作为奖励时，他们就不再来玩了。

幼儿做事本身就可以获得价值感，感受到快乐。大人如果经常表扬幼儿，使幼儿产生为了得到表扬而做事的动机，容易把幼儿做事的动机功利化。所以在家庭生活中，要减少对幼儿过多的表扬和评价，更多地让幼儿在做事的过程中获得价值感和快乐的体验。

（2）保持平常心，避免幼儿压力过大

案例中，妈妈的完美主义给幼儿带来巨大的压力，对幼儿的成长是一种极大的伤害。这种心态直接让幼儿感觉自己不好，不被妈妈接纳。所以，建议妈妈要克服完美主义，保持平常心，既积极主动、尽力而为，又顺其自然、从容淡定，不苛求事事完美。

成长中的幼儿犯错误是正常的，要多看幼儿表现良好的行为，多肯定幼儿的努力和进步，相信每一个幼儿都是独一无二的。

当教师向家长反映孩子某方面的问题时，家长在孩子面前要配合教师，

接纳孩子的问题。回家之后，可以安抚孩子："我知道，你看到别人做得比你好，就觉得不舒服。"停顿一下，继续说："但是，你不能破坏别人的作品，那是不对的。你破坏了菁菁的作品，她会很难过。""如果你想做得和她一样好，咱们可以向她学习。"第一句话是对孩子情绪的安抚和表达妈妈对他的理解和接纳。第二句话有两个作用：一是帮助孩子明确规则，让孩子知道，破坏别人的作品是不对的；二是培养孩子的同理心，让孩子体察作品被破坏后，菁菁会很难过。第三句话是一种引导，给孩子传递的信息是，"你想做得更好，咱们可以向她学习"。这才是克服攀比、努力提高自己的正确态度。

（3）帮助幼儿减压

减压是一种矫正人际关注过度的有效方法。家长可以在家里用以下方式帮助孩子减压：

a. 听 α 波音乐：研究表明，α 波音乐是节拍在 60—70、频率在 8—14 赫兹的音乐。当幼儿听 α 波音乐时，大脑内会分泌一种化学物质——内啡肽，它有利于促进幼儿的情绪稳定，保持他进入右脑潜意识活动的积极状态，促进幼儿的创造力和想象力，同时能改变幼儿的睡眠质量，缓解幼儿的压力。所以，家长可以在网上下载这样的音乐，晚上和孩子一起听。

b. 按摩：轻柔地给孩子按摩全身，可以帮助孩子缓解压力。

c. 泡脚：每天晚上睡觉之前，用温水给孩子泡脚，可以帮助孩子缓解压力，让孩子很快进入梦乡。

d. 腹式呼吸：腹式呼吸是让横膈膜上下移动。由于吸气时横膈膜会下降，把脏器挤到下方，因此肚子会膨胀。吐气时横膈膜将会比平常上升，吐出较多易停滞在肺底部的二氧化碳。这种深度呼吸运动可以帮助孩子缓解压力。

e. 运动：每天接孩子回家之后，家长可以带孩子在小区里跑步、踢球，让孩子全身心地投入运动。当他全身微热、血流加快、呼吸加快时，压力就会得到释放。

5. 幼儿害怕挑战、想赢怕输怎么办

儿童情况

伟伟，男孩，5岁，大班。

行为表现

伟伟个子很高，很有礼貌，一进教室就非常热情地向老师问好。集体教学活动时，他非常活跃，一直要求回答老师提出的问题，但回答的内容却经常不着边际。日常生活中，老师发现伟伟经常说大人话，与小朋友交往时显得有点格格不入，很多小朋友都不愿意和他玩。

手工活动时，老师发现他动手能力不强，但是嘴巴却一直闲不住。他一边做一边不停地说话，一会儿问老师："老师，你看我做的对吧？"一会又问："老师，你看我做的好吧？"在老师的帮助下，他才完成任务，用纸杯做了一个大嘴娃娃。做完之后，他非常高兴，拿着自己的作品到处展示，嘴上不停地说这说那。第二次手工课上，老师带着小朋友做了一个新的手工作品。伟伟一看，觉得有点难，就说："我还要做上次的大嘴娃娃。"从那以后，在一连几次手工课上，他都拒绝学习制作新的作品，一直坚持做大嘴娃娃。

家庭情况

老师跟伟伟的妈妈交流之后了解到，爸爸妈妈生伟伟时已经快35岁了。爸爸妈妈大龄得子，全家人都很高兴。伟伟每一次微小的进步都会得到大家的表扬，姥姥和姥爷对他更是疼爱有加、赞不绝口。伟伟从小就特别会讲话，嘴巴甜，到哪儿都没有陌生感。爸爸学历高，是单位领导，伟伟多次到爸爸单位玩，经常逗得一些叔叔阿姨哈哈大笑。爸爸反复说这孩子数学好，小脑瓜儿灵，学东西快。

听到老师反映伟伟在手工课上的表现后，妈妈说："这个孩子就这样。上学期我们给他报了一个围棋班，一开始他挺喜欢，过了一段时间就怎么也不愿意去了。"后来妈妈了解到，原来围棋班开始搞比赛了，伟伟说他怕自己赢不了。

案例分析

案例中的伟伟是一个典型的过度希望得到别人的关注和表扬，又不敢挑战、想赢怕输的孩子。集体教学活动时，他总想回答教师提出的问题；手工课上不停地向教师问这问那；拒绝学习新的手工作品；一看围棋班要搞比赛了，害怕自己输就选择逃避。从案例中可以看出，伟伟人际关注过度形成的原因是：

（1）从小得到成人的过度关注

爸爸妈妈大龄得子，伟伟受到一大家子人的关注。嘴巴甜、特别会讲话的他来到爸爸的单位也成为大家关注的焦点。可以想象，小小的伟伟经常被一群大人围在中间夸奖的场景。经常生活在这样的环境中，导致他养成喜欢热闹、过度希望被别人关注的习惯。

（2）被过度表扬

伟伟每一次微小的进步都会得到大家的表扬，姥姥和姥爷对他更是疼爱有加、赞不绝口。而且，会讲话、嘴巴甜的伟伟不仅得到爸爸同事的一片夸奖，而且作为领导的孩子，他可能还会得到许多讨好式的表扬。此外，爸爸总是表扬孩子数学好、脑瓜儿灵、学东西快。盛赞之下的人往往内心不够宁静，伟伟小小年龄就受到如此多的赞誉，很容易形成人际关注过度的心理。

（3）动手和做事能力不强

人际互动和交往太多的孩子，自己专注做事的时间自然会减少，而缺乏自己做事的反复练习，动手能力就会比较差。伟伟就属于这种情况。

从案例中可以看出，伟伟与一群成人之间的互动，更多的是浅层次的取乐和逗弄，而不是在游戏和做事的过程中深入地观察、尝试和探索。后一种活动更符合幼儿的年龄特点，有利于幼儿动手能力和思维能力的提高，促进幼儿身心和谐、平衡地发展。幼儿教师说伟伟的动手能力不强，而且经常说大人话，与小朋友交往时显得有点格格不入，回答教师的问题也有点不着边际，伟伟的这些行为表现都和他与成人交流太多、与同伴交往太少、动手做事不足有关。

如此发展下去，伟伟一方面会因为成人的过度表扬而盲目自大，而且经常说大人话，会与同伴的语言和思维不在一个频道上，受到同伴的排斥；另一方面会因为想赢怕输而逃避做事和接受挑战，导致自己动手做事的能力越来越差，从而无法产生真正的自信。这会让他在即将到来的小学生活中遇到各种困难。

教师应对策略

（1）寻找幼儿的兴趣点，引导他从做事中获得快乐体验

意大利著名教育家玛利亚·蒙台梭利在她创办的"儿童之家"中，利用自己发明的"蒙氏教具"让孩子们玩得不亦乐乎，实际上是将幼儿从通过新奇感、社会价值感寻求快乐引导到通过意志感寻求快乐上。

蒙台梭利不强迫幼儿玩某个蒙氏教具，而是在教室里摆上一百多种玩具，让教师分别详细地介绍各种玩具的玩法和规则，然后让幼儿根据自己的喜好，选择自己喜欢的玩具进行操作。幼儿总有自己喜欢的玩具，不喜欢这种，可能会喜欢另一种，关键看幼儿是不是真正理解了玩具的玩法和规则，能不能在玩玩具中获得快乐。

许多以追求新奇感和社会价值感为主的幼儿，一开始可能沉静不下来，玩蒙氏教具玩得不深入。但是，一旦有一天，幼儿玩了某件玩具并体验到深入的玩法给他带来的快乐，他的"意志感之门"就一下子打开了。他会在反复操作玩具的过程中变得越来越专注，也更加自律和自信，成为蒙台梭利所描绘的"儿童之家"中沉静的幼儿。

蒙台梭利提出，当幼儿安静地玩的时候，教师不要再去干预幼儿，让幼儿自己按照游戏和玩具的规则深入地玩，教师更多的工作是"观察"。蒙台梭利反复强调，深入且投入地玩，就是儿童成长阶段的"工作"。

将幼儿的兴趣和快乐通道引导到意志感上来，这是蒙台梭利教育思想的一个核心，虽然当年她没有提出"意志感"这个概念，但她一直是这样做的，这也是利用意志感矫正孩子不良行为的一种有效方法，教师和家长可以借鉴。

所以，教师要在幼儿园各区域投放丰富的活动材料，引导伟伟寻找自己的兴趣点，让他在游戏和做事中获得快乐体验。

（2）引导他和同伴交往，提高同伴交往技能

由于家庭的原因，伟伟与成人交往太多，与同龄伙伴交往太少。所以，他与他人交流互动的方式更具有成人的特点，不被其他小朋友理解和接受。所以，在幼儿园里，教师要注意引导伟伟多与同伴交往，多参与同伴游戏，在与同龄伙伴的交流和游戏中唤醒童心，让伟伟更多地使用儿童的语言，更好地被同伴理解和接纳。

家长指导策略

（1）让伟伟回归儿童的世界

当成人想和孩子平等交流时，成人需要蹲下来与孩子保持目光平视，而不能要求孩子踮起脚来达到成人的高度。成人只有蹲下来与孩子平等地交流，才能让孩子感受到尊重和自信。同样，在亲子陪伴的过程中，成人只有放下身段、找回童心，主动进入儿童的世界，才能与孩子同频互动，让孩子在符合他们年龄特点的游戏和活动中获得身心的健康发展，并感受到亲子陪伴的快乐。如果反过来，让孩子进入成人的世界，就是让孩子踮起脚来达到成人的高度，就像拔苗助长一样，违背了儿童成长的自然规律，必然导致孩子在成长中出现各种各样的问题。

案例中的伟伟经常在成人的世界生活，面临着同伴交往困难和人际关注过度的问题。所以，父母要改变家庭陪伴方式，更多地陪孩子走进大自然，观察天空树木、花鸟虫鱼，也可以搜集各种各样的树叶，做一幅美妙的树叶粘贴画，感受创造的快乐；到小区里找同伴交游，玩笑逗趣、追逐嬉戏……这才是儿童的世界。

（2）减少过度的关注和表扬

在多年的咨询和研究工作中，笔者发现，小家庭更有利于幼儿健康成长。因为婴幼儿阶段最重要的任务是自我发展，他们需要将更多的时间投入到专注地运动、探索和自己做事的过程中，从而发展自己的感官，提高自己各方面的能力。大家庭中成员较多，过多的人际关注会影响孩子自我的发展。

案例中的伟伟经常得到成人的过度关注和表扬，所以自己动手和做事的能力不强，建议伟伟父母要回归小家庭，避免孩子受到过多的干扰。

（3）陪幼儿进行丰富的游戏和探索活动，让幼儿在做事中获得快乐体验

案例中爸爸反复说伟伟数学好、脑瓜儿灵、学东西快，由此反映出爸爸特别重视孩子的知识学习，有忽略孩子动手和做事能力发展的倾向。这是当前很多高学历的父母容易出现的问题，原因是他们没有真正了解幼儿教育的目标。所以，像前面一些案例一样，父母可以学习《3—6岁儿童学习与发展指南》，深入了解幼儿阶段的教育目标和教育内容，掌握幼儿学习的特点，给孩子安排符合他们年龄特点的游戏与活动，帮助孩子在自己做事中提高能力，获得意志感和自我价值感。

6. 幼儿总是挑战权威怎么办

儿童情况

田田，男孩，5岁3个月，大班。

行为表现

田田已经成为让老师"头疼"的孩子。区域活动时，小朋友们把用纸黏土做的漂亮的作品放在橱子上展览，他却把小朋友们做的作品全部扔到地上，甚至用剪刀剪坏。他平常还会把区域里的其他东西弄乱或扔到地上，然后在教室里跑来跑去，很开心的样子。

这一天，田田将老师的墨水瓶打翻，弄得满手都是墨水，并把钢笔拆掉。老师告知家长后，家长说孩子是因为对墨水瓶和钢笔感兴趣。他经常故意躺在其他小朋友身上，摇其他小朋友的头；在老师的考勤表和小朋友的本子上乱涂乱画，以此为乐；故意打老师，用大头针扎老师，踢老师；经常跑到放杂物的小屋里藏起来，让老师找；把老师的东西藏起来；把跳竹竿游戏用的竹竿拖出来，瞄准小朋友，说玩打仗的游戏；抠屁股给老师闻，觉得很好玩；突然趴在地上或跪在地上，觉得这样很好玩；故意用脚踩老师穿的新鞋；喜欢用剪刀乱剪，经常把有用的东西剪坏；上课钻到桌子底下，把小朋友的鞋子脱掉。

老师观察后发现，田田会在有遮挡的地方或者是别人看不见的地方欺负其他小朋友；不能正常参加集体教学活动，自由散漫；老师与他交流时，他不正面回答问题，岔开话题；吃饭比较好，但会把不爱吃的食物往地上扔，老师教育多次都不管用。

田田只有在看书、吃饭时比较安静，专注力高，不受打扰。他看书只看字，而且认识很多字，甚至很生僻的字都认识。

> **家庭情况**

老师和田田的妈妈沟通，妈妈答应配合教育孩子，但孩子没有任何改变。可以看出，妈妈对教育孩子感到很无助，但又什么都不愿意说。老师了解到的一点是，田田的父母关系不好，对孩子教育要求不一致，妈妈在教育孩子的时候，爸爸会当着孩子的面粗暴地打断妈妈，说妈妈不对。爸爸打孩子，孩子挨打后在幼儿园里会情绪不稳定，破坏性行为增多。

> **案例分析**

案例中的田田像是一个"坏孩子"，通过各种破坏性和怪异的行为来证明自己的力量，获得社会价值感。他破坏班里的物品，欺负其他小朋友，攻击老师……没想到一个5岁多的孩子就有这么大的破坏力。

从家庭教养情况可以看出，导致田田出现行为问题的主要原因是：

（1）妈妈不坚持原则，不能正确地引导孩子

案例中，关于田田的家庭情况写得不多，因为教师看出田田的妈妈对教育孩子感到很无助，但又什么都不愿意说。从字里行间，我们还是能够感觉出妈妈很溺爱孩子，家庭教养中缺乏明显的是非界限。面对田田如此多的违反规则的行为，她却用一句"因为孩子好奇"为孩子开脱。田田把老师的墨水瓶打翻，把钢笔拆掉，家长却说孩子是对墨水瓶和钢笔感兴趣。在非常"善解人意"的妈妈眼里，儿子的这些恶劣行为都是在尝试和探索，全然忘记了探索也要遵守社会规则。可以想象，在家庭生活中，妈妈对田田缺乏基本的规则约束和引导，在无原则地尊重孩子的"好奇心"的理念下，田田什么都可以做。家庭教育中，妈妈不坚持原则直接导致田田毫无规则意识，在幼儿园里行为混乱。

（2）爸爸打孩子，导致他与老师故意对抗

从田田的家庭情况可以看出，爸爸在家里比较强势，不仅会当着孩子的面批评妈妈，还会打孩子，田田挨打后在幼儿园里就会情绪不稳定。

爸爸打孩子会带来以下后果：

①田田模仿爸爸，出现打人等暴力倾向

幼儿是通过模仿学习的，爸爸的打人行为会让田田学到，从而导致田田也出现打人、欺负别人等暴力行为。

②田田的压力增加，导致破坏性行为

以下两种情况导致田田心理压力大：第一，抚养过孩子的人都有这样的经验：家庭生活中，当爸爸批评妈妈或者与妈妈吵架时，年龄很小的孩子会本能地保护妈妈。因为在孩子的心目中，妈妈和他是一体的，是他最亲密的人。所以，爸爸批评了妈妈，就等于批评了他。案例中，田田妈妈教育孩子的时候，爸爸当着孩子的面粗暴地打断妈妈，说妈妈不对。爸爸的这种行为会让孩子感到迷惑和内心混乱。一方面，父母教育要求不一致，让田田不知道自己到底要怎么做；另一方面，当妈妈批评他时，他可能不愿意接受，内心里想远离妈妈；而爸爸批评妈妈，他又本能地去保护妈妈，想和妈妈站在一起。他到底要远离妈妈还是保护妈妈？这些困惑和矛盾让他内心混乱、压力加大。

第二，爸爸对孩子的暴力打骂，导致田田心理压力大，产生攻击和对抗的心理。在家里，他打不过爸爸，于是就在幼儿园里挑战权威，故意与教师对抗，故意不听教师的话，做出各种破坏性行为，释放压力，证明自己的力量。

③田田的自尊受损，故意对抗

从案例可以看出，田田应该是一个精力充沛、自尊心很强的孩子。一是，妈妈比较顺从他，会让他经常感受到自己的力量，形成自我中心；二是，他认识很多字，连很生僻的字都认识，懂得知识多。这种能力会使他在日常生活中因经常受到表扬而产生自豪感。而如此高自尊的孩子却遭到爸爸的打骂，必然引发孩子的逆反和对抗心理。这种想证明自己力量和挑战权威的需要就导致他在幼儿园出现各种破坏行为。

④破坏师幼关系

如果爸爸在打孩子的过程中，指责孩子在幼儿园不听老师的话，告诉他老师又说他在幼儿园搞破坏、欺负其他小朋友等，就会破坏师幼关系，导致孩子把自己挨爸爸的打这件事记在老师的头上，从而故意对老师发泄、跟老师对抗。

（3）父母关系不和谐，不能给孩子做出榜样

一方面，爸爸当着孩子的面批评妈妈，一定程度上削弱了妈妈的教育力量，导致幼儿不愿意听从妈妈的教育和引导，不听话、不遵守规则；另一方面，父母关系不和谐，导致田田从父母身上无法学到友好交往的技能。笔者相信，每一个孩子都有向好心，都喜欢在友好、和谐的关系中生活。但是，田田不知道，或者从来没有体验过良好的人际关系是什么样子的，他的家庭没有为他提供这些。

（4）父母的教养观念不对，片面强调知识的学习

田田认字比较多，连很多生僻的字都认识。像前面几个案例一样，田田的家庭教养也有过于偏重知识学习的问题。田田的父母可以借鉴前面几个案例的内容进行调整。

应该说，田田是一个精力充沛、能量强大的孩子。这类孩子要么成为积极能干的精英，要么成为破坏社会的力量，因此教师和家长必须把他的强大能量引导到正常发展的轨道上来。

教师应对策略

（1）接纳幼儿，帮助他重塑自我

田田的行为让老师崩溃，老师以前可能批评过他很多次，所以与他形成了对抗的师幼关系。建议老师与田田和解，找一个合适的时间，单独和田田深入友好地交流。老师可以这样说："以前我对你批评有点多，一定让你很难过，我决定以后努力不再批评你。以后我会好好和你说，希望你能配合。其实，老师非常喜欢你，你身上有许多优点。从现在开始，咱们做好朋友吧！"说完，老师可以抱一抱孩子，和孩子"拉钩上吊一百年不许变"。

对一个已经 5 岁的大班孩子来说，他能够感受老师语言中的接纳、友好和善意，也许他还不能完全听懂老师的话，但他的内心会受到一些触动，从此他们的关系会掀开新的一页，老师的尊重和友好也许会让他努力做出一些改变。为了不让老师失望，他也许会重塑自己的形象。老师的和解策略就是改变对抗关系的一个契机。

这种证明自己力量的幼儿一般自尊心都比较强，吃软不吃硬。在幼儿园里，教师要细心观察田田，努力寻找他的优点和向好行为，及时表扬。老师也可以请田田帮忙做一些事，让他在老师的真诚感谢中获得自我价值感，感受积极美好的力量。

就这样，一点点引导他用正确的方式获得老师的表扬，证明自己的价值和力量。当田田体验到友好人际关系的和谐与快乐时，他就会更喜欢这种美好的生活，而不愿意成为破坏的力量。

（2）引导幼儿进入区域活动，帮助他寻找做事的兴趣点

幼儿园玩具多样，活动内容丰富。教师可以有意识地引导田田掌握多种玩具的玩法，引发他动手操作和参加游戏的兴趣。当他找到自己感兴趣的玩具，沉浸在游戏的快乐中时，他就会找到新的快乐通道，形成新的行为模式。

家长指导策略

（1）建立平等、和谐、相互支持的家庭关系

平等、和谐的家庭关系是孩子感受人际友好和学会平等交流的基础。田田的爸爸也可以和孩子和解，向孩子道歉，保证以后不再打孩子，请求与孩子做好朋友，以后有事要好好商量。但同时也希望孩子能够做出改变，努力做一个优秀的孩子。一般来说，爸爸的表态会让孩子感动，孩子会当场表现出积极的配合。

为了给孩子树立榜样，爸爸和妈妈也要共同努力，阅读有关夫妻关系调适和沟通方面的书籍，掌握沟通技术，建立平等、尊重、友好的夫妻关系，为孩子树立友好交流的榜样。

爸爸一定要注意，不要在孩子面前批评妈妈，要维护妈妈的威信，提高妈妈对孩子的影响力，毕竟妈妈是陪伴孩子时间最长、管教孩子最多的人。如果和妈妈的教育意见不一致，要避开孩子与妈妈进行沟通，从而形成教育合力。

（2）提供高质量的亲子陪伴，让幼儿在游戏和生活中获得价值感

田田是一个精力旺盛的孩子，家长要引导他把这些旺盛的精力用在合适的地方。建议田田妈妈阅读《3—6岁儿童学习与发展指南》，掌握幼儿学习的特点，也可以参加亲子互动培训班，学习怎样给孩子安排丰富的家庭生活，怎样引导孩子在各种有益的活动中深入探索和游戏。具体的活动内容可以在网上搜集，或参照前面的一些案例，也可以阅读本书的后记。

生活中，妈妈还可以经常请田田帮忙，如提菜、搬东西、打扫卫生、做饭等。日常生活活动可以让孩子马上看到自己的劳动成果，产生更大的价值感。

（3）要分清是非界限，严格要求幼儿

幼儿的好奇心应该受到保护，但不能违背基本的社会规则。比如，上课时不能到处乱跑、不是自己的东西不能拿、不能破坏公共物品，不管什么时候都不能随便打人、不能随地乱扔垃圾等。社会化是家庭教育的重要责任，父母一定要保证孩子离开自己后，能顺利地融入集体生活。

（4）要掌握正确的亲子沟通方法，不打骂幼儿

田田的爸爸要多学习，多阅读一些沟通技巧方面的书，学习如何温柔地坚持，怎样用不带愤怒的"我信息"表达自己。日常生活中，笔者经常听到大人声色俱厉地呵斥孩子，这种不尊重孩子的做法会让孩子的自尊心严重受伤。游戏是孩子的天性，爸爸可以学习一点儿童心理学方面的知识，学习用游戏引导孩子，让孩子乐于配合。比如，爸爸可以对孩子说："咱俩当清洁工吧，我负责客厅，你负责卧室，看谁能最快地把自己负责的区域里的玩具整理好，放回玩具橱里。现在，你来说1、2、3，咱们开始。"然后，两人认真地做出准备的架势。

第四章 运动
——幼儿综合发展的发动机

人的身心发展是合一的，对于婴幼儿来说，运动不仅可以让他们身体强健，还可以促进他们的大脑形成更复杂的神经网络，帮助他们建立身心连接，提高大脑对感官信息的收集、处理，实现感觉统合。同时，运动也能帮助幼儿缓解紧张的情绪，提高专注力。更重要的是，运动是婴幼儿发展意志和形成良好个性品质的重要方式。

（1）运动可以促进婴幼儿大脑发育和身体功能的完善

人体是一个功能复杂的机器。人类的遗传基因只给初生的婴儿准备了能够完成各种复杂功能的器官和可能性，而器官的功能和各种器官之间相互配合才能完成的复杂动作，却是在后天的各种活动和运动中不断形成和发展的。所以，对于婴幼儿来说，各种各样不断重复的运动和活动有利于促进其神经细胞不断生长和联结，形成日益复杂的神经传导通路，并建立复杂的大脑神经网络。现代脑科学研究表明：运动可以提高人脑中"脑源性神经营养因子"的含量，而"脑源性神经营养因子"不仅能给神经细胞提供充足的营养，还能促进神经树突的生长。此外，运动还可以增加大脑中血清素等神经递质的含量，帮助完成神经之间的信息传导；而更复杂精准的神经传导可以帮助幼儿进行各种思维和智力活动，控制冲动、愤怒等情绪及攻击性行为。

早期运动不足的幼儿，则容易形成感觉统合失调。他们在动作的准确性、自控能力、语言发展、情绪的稳定性和人际交往等方面都表现出各种问题。

（2）运动可以强健幼儿的体魄，促进幼儿的身体协调和平衡能力的发展

运动既能促进幼儿身体发育，使幼儿长高，也能使肌肉更加有力量、心肺功能更好、肠胃能力增强，使幼儿体格强健。体格强健的幼儿能较好地保持身体与外界环境的平衡，减少生病。

在各种形式的运动中，幼儿的大脑和四肢协调活动，左右脑的交替使用促使神经系统建立了更复杂的连接，提高了大脑对身体的控制能力，促进了身体的协调和平衡能力的发展。

（3）运动是增强幼儿意志感的重要方式

正如第二章的分析，意志是指自觉确定目的，并根据目的来支配、调节自己的行动，克服各种困难，从而实现目的的心理活动。婴幼儿都是好动的，在成长的过程中，受好奇心的驱使，他们会尝试全身努力往前爬去拿放在眼前的物体，1岁左右的幼儿会手脚并用努力爬上高高的楼梯，1岁多的幼儿会想办法爬到椅子上取放在桌子上的玩具……他们不断地产生各种探索和尝试的愿望，克服自身能力的不足和种种困难想办法达成目的，这就是意志感发展的过程。如果大人不让幼儿运动，就会阻碍幼儿意志感的发展。

此外，随着年龄的增长，在有目的、有规则、有竞争的体育运动中，克服困难完成任务的过程，不仅可以增强幼儿的意志感，还可以培养他们吃苦、坚持、不轻易放弃、自律、自控、承担责任、敢于挑战、勇往直前等良好的个性品质。

（4）运动可以缓解幼儿的压力、焦虑和抑郁情绪

运动是一种积极的生命状态，运动之后的人往往比较兴奋，这与运动刺激大脑内啡肽的分泌有关。内啡肽亦称安多芬或脑内啡，是一种内成性（脑下垂体分泌）的类吗啡生物化学合成激素。它能与吗啡受体结合，产生跟吗啡一样的止痛作用和快感。因此，内啡肽相当于天然的镇痛剂，并且因为内啡肽可以帮助人保持年轻快乐的状态，也被称为"快感荷尔蒙"或者"年轻荷尔蒙"。医学上，医生经常用药物帮助心理疾病患者增加内啡肽的分泌。

根据脑神经科学的研究，运动可以刺激大脑内啡肽的分泌，使大脑内啡肽的分泌增多。在内啡肽的激发下，人的身心处于轻松愉悦的状态。但专家提示：并非所有的运动都可以产生这种效果。内啡肽需要一定的运动强度和一定的运动时间，才能分泌出来。现在一般认为，中等偏上强度的运动，如健身操、跑步、登山、打羽毛球等，需要持续30分钟以上才能刺激内啡肽的分泌。体育运动后，大脑合成和释放的内啡肽增加，使人感到心情舒畅。如果有一天不去运动，内啡肽分泌减少，人就会变得无精打采。

幼儿由于年龄小、身体能力不足、对环境掌控能力差，经常会安全感不足，产生紧张、焦虑等情绪。多运动可以帮助幼儿释放紧张和焦虑的情绪，缓解压力，帮助幼儿保持轻松、愉快的心理状态。

（5）运动可以增强幼儿的专注力，提高幼儿的学习能力

脑科学研究表明，大脑的"去甲肾上腺素"水平影响人的专注力。去甲肾上腺素水平低时，专注力也会跟着下降。慢性压力或大脑疲劳会使去甲肾上腺素减少，如忧郁症患者的大脑内部去甲肾上腺素几乎陷入枯竭状态。而运动能够提高大脑去甲肾上腺素的水平，达到提高人的专注力的目的。专注力是幼儿最重要的学习品质。多运动可以提高幼儿的专注力。

（6）运动可以增强幼儿的自信，培养幼儿良好的个性品质

体育运动以其丰富多彩的内容、生动活泼的形式吸引着孩子们。当面对一个自己从未尝试过的新运动项目时，幼儿往往要克服自己的恐惧才能完成。而一旦完成，幼儿就会体验到一种前所未有的成就感。以走平衡木为例，许多从未走过平衡木的幼儿一开始都不敢站上去，就算勉强站上去，也会心慌、紧张、摇摇晃晃。在成人的鼓励和帮助下，当幼儿克服紧张和恐惧，勇敢地走过去时，这种直接而强烈的成功的体验会对幼儿产生极大的鼓舞和激励作用，增强幼儿的成就感和自信心。这种挑战自我的过程同时也帮助幼儿形成勇于克服困难、顽强拼搏、坚持不懈的优秀品质。团队合作的体育运动，还可以培养幼儿的交往、合作能力和团队精神，提升幼儿的个人影响力等。

可以说，在婴幼儿阶段，体育就是智育和德育。大部分婴幼儿阶段的保育和教育目标都可以通过体育运动和体育游戏来实现。但是，随着人类社会生活节奏的不断加快，人们的生活和工作压力加大，运动的时间和质量反而下降了。家长没有养成良好的运动习惯，导致幼儿也不喜欢运动。一方面，很多家长对幼儿呵护过度，怕幼儿运动时累着、摔着、碰着，不让幼儿运动，甚至包办幼儿的基本生活，导致幼儿运动量普遍不足。另一方面，动画片和电子游戏占据了幼儿大量的户外运动时间。而且，由于家长普遍低估了运动在幼儿成长中的作用，培养幼儿的运动习惯在相当一部分家庭中成为教育的"盲点"。所以，运动不足已经严重地阻碍了幼儿的身心发展。

本章通过幼儿园提供的一些案例，对幼儿因运动不足而产生的一系列问题进行分析并提供了解决方案，供教师和家长参考。

1. 幼儿运动量不足怎么办

儿童情况

林林，男孩，5岁，大班。

行为表现

林林是班里最胖的孩子。他平时不爱运动，走路时身体左右摇晃、脚步不稳、动作笨拙。户外活动时，他总喜欢做些安静的活动，有时和小朋友们活动一会儿就气喘吁吁，出一身汗。特别是下楼梯时，他表现得十分紧张，虽然已经上大班了，但每次下楼梯时都要用手紧紧地抓着栏杆，一直弓着身子，脚试探着往下迈，每次都跟其他小朋友落下一大段的距离。

有一次练习早操时，老师要求所有的小朋友伸直胳膊，两手斜上举，尽量去靠近耳朵。其他小朋友都做得很到位，只有林林胳膊肘有点弯，于是老师走到林林身边，打算手把手地帮助他纠正胳膊的姿势。老师一摸，发现林林的胳膊异常绵软，给人一种十分无力的感觉。老师帮他把胳膊抬到准确的位置，结果不一会儿，他的胳膊又掉了下来。

家庭情况

与林林的妈妈深入交流之后了解到：林林的爸爸妈妈平时工作忙，林林从小由爷爷奶奶带大。爷爷奶奶对林林百依百顺，不让他做一点事情，衣来伸手，饭来张口。林林虽然已经上大班了，但是在家里依然是奶奶给他穿衣服，吃饭还要奶奶追着喂。老人极少带孩子到外面玩，上下楼梯都是爷爷背着。

案例分析

在爷爷奶奶的精心照顾和过度保护下，林林吃得好、长得胖，但是不运动。虽然已经是 5 岁的大班男孩了，但他上下楼梯还让爷爷背着，听起来让人匪夷所思。难怪他走路时身体左右摇晃、脚步不稳、动作笨拙，活动一会儿就气喘吁吁，下楼梯都害怕，胳膊异常绵软无力呢！这样发展下去，会严重影响他的身体能力、智力和个性的发展。

未来的竞争是综合能力的竞争，让幼儿拥有强健的体魄是幼儿所有能力发展的基础。如果不尽快改变当前的家庭教养方式，带动林林更多地运动，将会严重影响他未来的成长和发展。

教师应对策略

（1）鼓励幼儿参加体育活动，激发他的运动兴趣

林林比较胖，胖的孩子一般不愿意运动。教师要根据他的兴趣和爱好，想办法引导他尽量参加各种体育活动，包括跑步、拍皮球、蹬小轮车、扔沙包、走平衡木、攀爬等，不拘形式，只要能让他积极运动就可以。此外，还有重要的一点是，要循序渐进地增加他的运动量，引导他长时间运动。体育活动，既能帮助他减掉过多的脂肪，又能增加他身体的耐力，提高他身体的平衡性和灵活性。

（2）在日常生活中，培养幼儿的各项生活技能

与同龄的幼儿相比，林林的各项能力已经远远地落后了。在幼儿园的日常生活中，教师可以把林林带在自己身边，随时帮助和引导他完成各项生活自理任务，并及时肯定他的努力和进步，提高他独立做事的兴趣。当林林的自理能力有一定的提高时，也可以选林林当小帮手，让他整理玩具、图书等，帮助身边的小朋友，获得大家的肯定，激发他主动做事的兴趣和自信心，同时让他在这个过程中练习各种技能。

需要注意的是，前期以培养林林自己做事的兴趣、让他获得自己做事的美好体验和成就感为重点，至于他做得怎么样不重要。在这个年龄段，他的生理机能已经具备，只要肯做并反复练习，他的进步就会非常快。

📖 **家长指导策略**

（1）主动放手，鼓励幼儿自己的事情自己做

家长要放手，吃饭、穿衣、洗脸、刷牙、洗澡等事情，一定让幼儿自己做。这些生活自理活动不仅可以提高幼儿的身体平衡和协调能力，还可以帮助幼儿克服依赖心理，进一步激发幼儿自己做事的兴趣。

（2）多带幼儿到户外运动，进行耐力训练

林林的爷爷奶奶年龄大了，他们的体力已经不足以带孩子进行各种强度的体育运动。林林的父母要安排好自己的工作，每天抽出专门的时间带林林进行体育运动或体育游戏，如跳蹦床、爬攀登架、走平衡木、踢球、扔沙包、跳绳、玩滑梯等，不管什么样的运动游戏，只要他喜欢就让他尽情地玩。让他在摸爬滚打中提高身体的灵活性、平衡性和协调能力，促进他身体动作和体能的发展。

为了保持林林参与体育游戏的兴趣，家长要注意控制游戏的难度。目前，林林的身体运动能力比较差，如果体育游戏过难，林林学不会就会产生挫败感，从而失去继续游戏的信心。而如果过于简单，林林一学就会，也失去了挑战的乐趣。此外，还可以在体育游戏中设置一定的故事情境，将几种运动技能融入情境，吸引林林积极参与游戏，达到运动的效果。

林林的父母也可以利用周末时间，多带孩子进行耐力训练，如跑步、爬山等，逐渐增加孩子的活动量，帮助他消耗过多的能量，减少脂肪，增强肌肉力量。特别是林林爸爸要多带孩子运动，多陪孩子玩耍，做好积极运动的榜样。

（3）制订方案，循序渐进地开展多种运动

稍胖的孩子不适合一开始就进行剧烈的运动，家长可以根据孩子的身体情况，和孩子一起制订方案，选取适宜的运动项目，确定近期的一个小目标。制定目标时可以请孩子想一个心愿，让孩子每天记录自己的完成情况。一个月后如果目标实现，可以表扬孩子或给予孩子物质奖励，实现孩子的心愿，激励孩子继续努力。

2. 幼儿平衡能力差怎么办

儿童情况

轩轩，男孩，4岁，中班。

行为表现

轩轩身体有点胖，走起路来有点笨拙。一次户外活动中，教师组织幼儿进行跳跃练习，其他小朋友都能顺利地完成任务，可他从一个只有5厘米高的平台上往下跳时竟然崴了脚。

幼儿园新安装了一组平衡架，老师每天都带着孩子们去尝试新玩具。大部分孩子从一开始的不敢走、猫着腰走，到最后能踩着平衡架的两边轻松自如地走过去。只有轩轩每次都躲在后面不敢走。老师过来想扶着他走一次，他害怕地说："我不要，我会从上面掉下来的。"说完，就一溜烟地跑开了……这一天，又到了练习平衡架的时间，老师走到轩轩的身边轻声地对他说："轩轩，别怕！老师会一直拉着你的手，你大胆地走就行。"没等他反应过来，老师就拉着他的手让他上了平衡架。轩轩的腿一直发抖，一个劲儿地喊："老师，我害怕！""老师，我要下去！"老师一边小心翼翼地扶着他，一边安慰他："没事的，轩轩。老师这样拉着你的手，你不会掉下来的。"然后老师让全班小朋友给他加油。在同伴的鼓励声中,轩轩勉强地往前迈着步子,但整个身体的重心几乎都压在老师身上。最后,轩轩终于走到了平衡架的尽头。

家庭情况

轩轩从小体质较差,爸爸妈妈平时工作忙,由奶奶带大。奶奶总是担心自己照顾不好孩子,惹得轩轩爸爸妈妈不高兴,所以平时很精心地照顾孩子,生怕有半点磕磕碰碰,导致孩子自理能力弱,行为控制力差,怕苦怕累,大小肌肉和动作的发展均较弱。

案例分析

身体平衡是人体重要的生理机能,是人保持身体姿态和做出基本动作的基础。离开平衡就没有了重心的稳定性,人的健康和动作发展便无从谈起。平衡能力按照动静状态可以分为静态平衡能力和动态平衡能力。静态平衡能力是指维持人体重心与姿势相对静止的能力。动态平衡能力是指人体在体位改变或运动的状态下,对姿势和重心的控制与调整的能力。动态平衡能力按照自主程度又分为自动态平衡能力和他动态平衡能力。自动态平衡能力是指人体在运动状态下,为完成走、跑等姿势转换而调控自身的不平衡状态;他动态平衡能力是指受外界冲撞或干扰时,因身体重心摇摆而做出恢复身体平衡的反应能力。所以,平衡能力是人类一切动作发展的基础。

(1)平衡能力对人的重要性

如果平衡能力发展不好,体育活动中的基本动作,如走、跑、跳、投、平衡、钻、爬、攀登等,幼儿都不能顺利完成,更不能参加一些具有技巧性和一定对抗性的体育项目,甚至影响他们的日常生活,比如,容易摔倒或拿东西不稳等。

我们经常看到1岁多的孩子走路时会不小心摔倒,或者别人一碰就摔倒的情况,这是因为他们的平衡能力还没有得到很好的发展。

（2）平衡能力的发展

一个人的平衡能力，除了有一定的遗传因素外，更多的是通过后天各种身体动作的练习不断发展起来的。比如，抬头、翻身、坐、爬、站、走、跑、跳等一系列基本动作，都要经历从不稳到稳，从跌跌撞撞、摇摇晃晃到不断平衡和动作自如的过程。这一过程就是婴幼儿的各种身体器官和神经系统不断协调工作，形成复杂的神经传导和控制的过程。所以，生命在于运动，婴幼儿的成长正是通过各种各样的动作和运动促进身体器官的功能完善，提高身体控制的能力，达到灵活自如地支配自己的身体进行各种复杂活动的程序。

但目前由于家长过度保护和幼儿体育运动不足等原因，部分幼儿肌肉无力，平衡感差。严重的平衡感失调会导致很多问题出现，如容易跌倒、站坐姿势不稳、手眼不协调、不能精准地取放物品等。有研究表明，平衡能力发育不良还会导致幼儿做事不专注、与人交往不融洽，严重的还会影响幼儿的逻辑思维能力、语言能力和动手操作能力的发展。所以，家长要注意通过训练，提高幼儿的平衡能力。

案例中的轩轩多次不小心摔倒，从只有5厘米高的平台上跳下来崴了脚，不敢走平衡木等，都表明他的平衡能力发展得不好。从家庭教养情况可以看出，轩轩的平衡能力发展得不好与老人照顾太精细，不让幼儿做事和运动有关。现在轩轩已经是中班孩子了，教师和家长要抓紧时间引导他多进行平衡能力方面的练习。

教师应对策略

（1）保证平衡能力发育不良幼儿的人身安全

平衡能力差的幼儿特别容易在跑动中，或者因为外力的冲撞失去平衡而摔倒、摔伤，所以在日常生活中，幼儿教师要特别关照这类幼儿。上下楼梯时可以让保育员引领和指导这类幼儿；在跑步、跳跃等集体运动游戏中，要注意给这类幼儿足够的时间和空间，降低任务难度，协助他们按自己的节奏和能力完成任务，避免受伤。

（2）组织幼儿进行专门的平衡能力练习

①单脚站立练习

单脚站立，也叫金鸡独立，可以增强幼儿脚的稳定性和力量。开始时可以让幼儿靠墙单脚站立，之后慢慢增加难度，远离墙面单脚站立。练习的过程中可以配上儿歌或者音乐，增加活动的趣味性。此外，踮着脚尖上台阶也可以起到同样的练习效果。

②走直线练习

教师可以在一个比较开阔的运动场地上，画两条20—25厘米宽的白线，让幼儿在两条线之间做行走练习，规则是行走时不要踩到白线。一段时间的练习之后，可以增加难度，把白线之间的宽度变窄，减为15厘米。由易到难，逐渐增强幼儿的平衡能力。除了走直线，还可以让幼儿脚跟对脚尖走，或者走平衡木、走马路沿等。随着幼儿平衡能力的增强，闭目走也是增加难度的练习方法。

③双脚连续跳

让幼儿将双手置于耳旁，类似兔子的姿势，双脚跳起前行，保持身体平衡。为了增加练习的趣味性，也可以配上音乐或儿歌。

④传统游戏

教师可以组织幼儿玩跳房子、踢毽子、蒙眼走路、踩小高跷、跳竹竿、滚铁环等传统体育游戏，发展幼儿身体的平衡和协调能力；也可以鼓励幼儿进行跑跳、钻爬、攀登、投掷、拍球等活动。

（3）充分利用幼儿园的多种器械让幼儿进行平衡能力的练习

教师可以协助轩轩在幼儿园玩诸如平衡车、滑板车、滑板、摇摇板、梅花桩、滚筒、独脚椅等器械，当轩轩在这一系列平衡运动器械上行动自如时，他的平衡能力就得到了提高。

家长指导策略

（1）利用户外体育器材，锻炼幼儿的平衡能力

目前，很多小区广场和游乐园中都有运动器材。家长可以多带幼儿走平衡木、站梅花桩、玩滑梯、坐转椅等，锻炼幼儿的平衡能力。尤其是平衡能力特别差，需要一对一保护和指导的幼儿，在父母的陪伴下练习的效果会更好。幼儿都喜欢玩滑梯，其实滑梯是训练平衡觉的好工具。在下滑的过程中，幼儿的身体一直在为保持平衡而做努力。另外，平衡木不仅是体育器材，还是感统训练器材。幼儿走在窄窄的木板上面，会不自觉地将手臂打开，前庭器官接收到刺激并发出积极信号。

（2）与幼儿一起跳蹦床

很多家长不喜欢幼儿在床上蹦来蹦去，其实蹦床可以训练幼儿的平衡觉、本体觉和触觉等。有条件的家庭可以给幼儿买一张蹦蹦床，帮助幼儿进行练习。现在大型商场也有蹦床等运动项目，家长可以经常带幼儿去活动。平衡感差的幼儿一开始可能不敢跳，父母可以与幼儿手拉着手一起跳。

（3）上下坡训练

在家里，家长可以用被子搭一个小坡，幼儿一定非常喜欢。上下坡有多种玩法，比如，走上去、爬上去、走下来、蹦下来、正向爬下来、反向爬下来、倒着走下来……丰富的训练方式会让幼儿感到刺激好玩，平衡觉也能够得到训练。

（4）摇摇篮

对于小、中班幼儿，家长可以在家里玩摇摇篮的游戏，即将床单放在床上，让幼儿躺在上面，然后父母分别拎着床单的两头，同方向摇晃床单，节奏可慢可快，父母也可边念儿歌《摇摇篮》——"天蓝蓝，海蓝蓝，小小摇篮像小船；左摇摇，右摇摇，前摇摇，后摇摇，小娃娃要睡觉；呼呼呼，呼呼呼，小娃娃，睡着了"——边摇晃。这个过程还可以增进亲子感情，融洽家庭关系。

（5）接送幼儿时寻找练习的机会

在保证安全的情况下，家长可以在接送孩子的路上带领孩子练习倒着走、走马路沿儿等，在生活中有意识地锻炼孩子的平衡能力。

3. 幼儿感统失调怎么办

儿童情况

阳阳，男孩，3.5岁，小班。

行为表现

阳阳从来到幼儿园开始，行为上就与其他的孩子有很大不同。试园时，有老师与孩子拥抱的环节，阳阳妈妈带着阳阳走到老师面前，阳阳并没有看老师，只是从妈妈怀里比较被动地走过来搂了老师一下。

正式入园后，阳阳的各种行为问题逐渐表现出来。比如，哭闹不理人；喊他的名字没有反应；走路不稳，两只脚走起路来比较别扭，经常走得歪歪扭扭的，有时甚至会冲撞到别的小朋友；坐小椅子时，没有办法坐好，而是以一种奇怪的姿势坐在椅子上，有时候会坐在椅子一边，把身体再斜到椅子上。

进餐时间，阳阳不能独立完成进餐任务，他拿勺子的方式很别扭，常常是老师手把手地教他拿好了，他自己又会反过来拿。

家庭情况

与阳阳的妈妈沟通得知，阳阳是剖腹产，体弱、易生病，并且有些感统失调，一直在上感统训练课。从1岁以后，阳阳就没有午睡过。上幼儿园之前，阳阳基本不会与他人互动、交流，更不会触碰他人。感统训练之后，他才能去抱抱别人。现在妈妈已经辞掉工作和姥姥全职在家里看护他。对于孩子的这些行为，妈妈有时也很费解。阳阳的爸爸妈妈都在体育用品公司工作，妈妈说阳阳1岁之前并没有异常表现。后来家人发现他走路不稳，接受事物比较慢时，才开始注意。

案例分析

（1）什么是感觉统合

感觉统合简称感统，是美国南加利福尼亚大学安娜·吉恩·爱尔丝博士于1972年提出的概念。感觉统合是指个体在日常生活中，将来自视觉、听觉、嗅觉、味觉、触觉以及前庭觉、本体觉等不同感觉通道的信息，通过大脑中枢神经的前庭觉进行过滤和辨识，然后把重要的信息传递给大脑，通过大脑对信息进行加工处理、协调整合之后，形成知觉，再指挥身体做出正确的反应。这个过程是吸收有效信息和做出适应性反应的过程，即感觉统合。

感觉统合的发展是婴幼儿身心发展的重要基础，是他们对感觉刺激的接受、调节、统合、运作的过程，表现在动作能力、情绪调节和日常行为上，影响他们的姿势动作、认知学习能力、沟通能力与情绪调节能力等。

（2）感统失调的原因

感统失调是指外部的各种感觉刺激信息无法在幼儿的大脑系统中进行合理筛选和有效整合，所以大脑对身体各个器官失去正确的控制和指挥能力，导致机体不能和谐运作的现象。感统失调的幼儿可能会出现注意力不集中、平衡能力差、黏人、磨蹭、胆小、暴躁等问题。我们可以从幼儿的外在表现中初步判断他是否存在感统失调的情况。

感统失调的主要原因大致有以下几个方面：第一，遗传因素，即幼儿个体感觉系统发育不完整或生理机能的协调统合有问题；第二，母亲怀孕期间不良的生活习惯（如酗酒、抽烟）和剧烈的情绪失控等；第三，在母亲生产的过程中，婴儿缺氧、头部受到挤压、遭到外力损伤等；第四，剖腹产，孩子出生的过程是最早的本体感学习过程，快捷的剖腹产则剥夺了孩子最原始也是最重要的本体感学习机会；第五，家庭环境因素，比如，家长对幼儿过度保护、包办代替，或者家长对孩子寄予过高的期望，过早让孩子接受教育，或者让孩子在学校学习之余上各种培训班和补习班，忽视了孩子应有的户外活动。幼儿长期缺乏感觉刺激和应对能力，进而出现感统失调；第六，幼儿园忽视室外运动。有的幼儿园由于害怕出安全事故而减少室外活动；第七，电视、电脑、手机等过多地进入幼儿的生活，导致幼儿原有的活动减少了。

（3）怎样对幼儿进行感统训练

感统失调可以在专业的感统训练中得到改善。感统训练主要是指针对幼儿感觉统合发展的水平，精心设计感统活动项目，丰富幼儿的感觉刺激，让幼儿做出适应性反应，以促进他们大脑功能的完善。

那么，如何对幼儿进行感统训练呢？教师和家长掌握一些原理，可以更好地帮助幼儿。

在七大感觉系统中，前庭觉、触觉、本体觉属于三大基础感觉，是近端系统。儿童发展的规律是从近端到远端，从躯干到四肢，从粗大到精细。所以我们不要本末倒置，一定要遵循儿童发展的规律，优先发展孩子的近端系统，即三大基础感觉。

前庭觉存在三大刺激形式：垂直刺激、旋转刺激、水平刺激。前庭神经系统的主要作用是维持身体平衡和侦测身体的动态（头的速度、方向变化），前庭神经影响个体的姿势、平衡、肌肉张力、身体两侧的动作协调、视觉和个体警醒程度。家长可以带孩子进行跳蹦床、玩滑梯、荡秋千、跳羊角球等涉及加速度改变的训练，提升孩子的前庭觉功能。

　　触觉是指分布于全身皮肤上的神经细胞接受来自外界的温度、湿度、疼痛、压力、震动的感觉。触觉的接收器是皮肤。触觉有两大非常重要的功能，即保护和辨识。在家庭中，家长可以用抚触、按摩、洗澡、玩沙子、玩水、卷被子、触觉箱等小游戏提升孩子的触觉功能。

　　本体觉是指人体肌肉、关节运动神经组织、身体神经组织在和大脑长期互动的过程中，调节出的自动身体能力，又被称为身体地图。医学上还把它称为人体深度觉。本体觉是一种高度复杂化的神经应变力，也是大脑可以充分掌握自己身体的能力。本体觉发展最为缓慢，只有前庭觉和触觉发展正常，本体觉才可以得到良好的发展。从简单的穿衣、吃饭、写字、学习到高难度的体操及体能动作都需要本体觉。在日常生活中，我们可以用被动操、模仿操、爬楼梯、骑车、爬山等活动来提升孩子的本体觉功能。

　　上述案例中的阳阳走路动作不稳、自我行为控制能力差、人际互动能力差等都是感统失调的典型特征。阳阳已经在专业机构进行感统训练，如果父母能掌握感统失调的原理，在日常生活中配合训练，有效增加训练时间，给幼儿更多的训练机会，效果将会更好。

教师应对策略

（1）密切关注感统失调的幼儿

　　感统失调幼儿行为的目的性和身体控制能力都比较差，动作不稳、突发性行为多。所以，在幼儿园，教师要特别注意这类幼儿的安全。带这类幼儿做户外体育游戏时，要让他们始终在教师的视线之内，避免他们受伤或伤到别的小朋友。

（2）在集体运动中练习

　　幼儿园户外体育游戏和活动特别多，教师可以引导这类幼儿通过各种游戏进行感统练习，比如走平衡木、推平衡车、玩滑梯、爬攀登架等，玩"我是木头人""老狼老狼几点了"等游戏。这些集体进行的体育活动和体育游戏既可以增强游戏的趣味性，也可以让幼儿在相互模仿中学习。

家长指导策略

（1）增加亲子抚触训练

家长可以在幼儿睡前和运动之后，为幼儿做温柔的抚触和按摩，既有助于缓解幼儿的疲劳，帮助幼儿休息和入睡，也可以刺激幼儿的感觉，提高幼儿的感受力。

（2）开展有肢体接触的游戏和其他亲子游戏

感统失调的幼儿一般注意力不集中，与人互动能力差。家长和幼儿玩有肢体接触的游戏既可以提高幼儿的触觉感受能力，也可以帮助幼儿集中注意力，提高幼儿的语言倾听、理解和表达能力，增进亲子互动。比如，阳阳妈妈可以和阳阳玩"毛毛虫爬呀爬"等游戏。这些游戏在网上易于搜集，家长可以提前准备，再带动幼儿放松自如地玩起来。

此外，家长还可以和幼儿玩其他亲子游戏，对幼儿进行感统训练。

①拔萝卜

幼儿躺在床上当萝卜，家长拎起幼儿的双脚脚踝往斜上方边举边有节奏地唱："拔萝卜，拔萝卜，嘿哟嘿哟，拔萝卜！嘿哟嘿哟，拔萝卜！"随着节奏反复弯曲和伸直幼儿的膝盖。最后一边说"拔出来喽"一边拉直幼儿的腿，然后搓搓幼儿的小脚丫，说："萝卜洗干净啦，妈妈要来吃萝卜喽。"再不配合的幼儿都会喜欢这个游戏。

②投球

把家里的废报纸揉成球（最好当着幼儿面或是让幼儿一起帮忙），把一个脸盆或纸篓放在不远处，向幼儿示范"投球"。这个游戏可以一直玩，当幼儿大一些后，适当调整球的大小和筐子的远近就可以了。此外，还可以滚、踢、丢、捡报纸球，家长可以自行开发游戏玩法。

③百变纸箱

玩法1：当幼儿把玩具装到大纸箱里时，家长可教幼儿边推动纸箱边说："嘀嘀嘀，大卡车开来了，给你送货来啦！"

玩法2：大纸箱去掉盖和底（这里需要超大号的纸箱），像山洞一样，引导幼儿钻隧道；也可以让幼儿和家长同方向并列趴在纸箱里面，两人脸对着纸箱内壁同时向前爬行，就像大车轮在转动一样。

狭窄的空间可增强幼儿的好奇心，提高幼儿的空间知觉和方向感，提升幼儿的大肌肉运动能力，锻炼幼儿的前庭觉，增强幼儿的本体感。空间知觉的发展会让幼儿情绪更加稳定。

④坐篮球

篮球是可以滚动的，让幼儿把篮球当座椅有助于提高幼儿的平衡能力、注意力和耐力。家长可以让幼儿双腿与双脚并拢，坐在篮球上面边保持平衡边听故事、欣赏音乐、头顶书等。当然，要注意安全、避免幼儿摔倒。

⑤听指令做动作

听指令做动作可以提升幼儿的听觉注意力和听觉辨别能力，提高幼儿的听觉和动知觉统合能力。家长可以在家里带着幼儿玩指令游戏，比如，"说哪指哪"，家长说出某个身体器官，让幼儿迅速地用手指出来。为了增强游戏的趣味性，家长可以和幼儿一起做，看谁的反应速度快，快者为胜；玩过几次之后，幼儿了解了游戏规则，也可以让幼儿说，家长来指。

可以增加游戏的难度，比如，举手弯腰，可以先举手后弯腰，也可以反过来。家长每次发出的指令都不一样，让幼儿听到后做出正确的反应。

能力强的幼儿也可以尝试听指令做相反的动作，比如，一步指令是摸左耳朵，幼儿听到后就要摸右耳朵；二步指令是用右手捂住左眼，幼儿听到后就要用左手捂住右眼。

⑥袋鼠跳

袋鼠跳可以提升幼儿的平衡感，增进亲子情感。家长找一个不用的大口袋，让幼儿在袋子里站直，双手抓住袋口的两边，做原地起跳和向前袋鼠跳。家长可以给自己准备一个更大的口袋，跟幼儿一起进行袋鼠跳。同时，一边跳一边唱："我是袋鼠妈妈，你是小袋鼠，一起钻进袋子，快乐跳跳跳。"

⑦手脚着地走

家长可以将废旧纸箱通过切割、粘贴等方式排成小路的形状，并在纸板上画出手、脚的形状。玩游戏时从起点出发，手脚着地向前行进，遇到手的图案时就要把手放在上面，遇到脚的图案时就要把脚放在上面，手脚对应准确并到达终点算成功。家长和孩子在家里可以随时练习这个游戏。

⑧荡秋千

让孩子坐在秋千上面，家长前后左右摇晃孩子。

4. 幼儿动手能力差怎么办

儿童情况

豆豆，男孩，3.5岁，小班。

行为表现

小班下学期，班里转来一个小朋友——豆豆。他性格很乖巧，但个子小小的，比正常孩子几乎矮了半头，就像两岁多孩子的身高。慢慢地，老师发现豆豆的动手能力比同龄孩子差很多。手工活动时，老师发现豆豆的小手很笨拙，不会用剪刀，不能成功地撕下双面胶，不会折纸，连撕纸都撕不好；

吃饭时，如果不是很饿，他自己绝不动手，即使动手吃饭也是满手攥着勺子，吃得满桌子都是饭菜；午睡时，他等着老师帮忙脱鞋、脱衣服，起床后也是坐在床上，等着老师给他穿鞋。

家庭情况

老师经深入了解后得知：豆豆从小体质差，跟爷爷奶奶一起住。担心孩子生病，老人很少带孩子外出活动。在家里，老人也不会陪孩子玩，只是让孩子骑骑小车，看看电视。生活上，老人对孩子非常照顾，每次吃饭都是由奶奶喂豆豆，连上厕所、穿衣服等事情也都是由大人包办，使他失去很多动手的机会。

案例分析

精细动作，是指手指的随意动作，主要包括手眼协调、手指屈伸和指尖动作等。科学研究表明，人体动作的灵活协调能力与大脑发育有关，尤其是手指的精细动作，它是大脑反应敏捷程度的标志。反过来，培养或发展幼儿的精细动作能力，实际上就是促进幼儿的大脑发育。古话说"心灵手巧"，幼儿的聪明反映在手指尖上，就是这个道理。另外，有关精细动作的训练还可以提高幼儿的生活能力，增强幼儿的自信心，为幼儿日后的发展打下良好的基础。

因此，从小让幼儿进行手部小肌肉的练习非常重要。但是当前的家庭教育中，因为家长的包办，导致大多数幼儿习惯于"动口不动手"，造成幼儿的手部小肌肉极度缺乏锻炼。如果家长不能有意识地陪幼儿进行一些诸如画画、做手工等动手方面的练习，那么就会导致幼儿的动手能力更弱。案例中的豆豆从小跟着爷爷奶奶长大，老人不会陪孩子玩，包办孩子的吃饭、穿衣服、上厕所等生活自理活动，使豆豆失去了很多练习手部精细动作的机会。

教师和家长要尽快想办法帮助豆豆，以免动手能力差的问题影响他的其他方面的发展。

教师应对策略

（1）在动手操作活动中激发幼儿的兴趣，培养幼儿动手操作的技能

因为动手能力差，所以豆豆对动手操作类活动不感兴趣。因此，教师在游戏活动中，要有意引导豆豆多参与动手类活动，如撕纸、折纸、夹弹珠、穿绳、编绳等。开始时，教师可以手把手地教给他动手操作的方法；教师也可以做一半，然后让豆豆做一半。比如，撕纸时，教师可以先撕开一个小口，让豆豆接着撕；折纸时，先折出痕迹，再让豆豆折。等豆豆动作熟练后，再增加难度。当掌握了新的技能，成功地完成作品之后，豆豆就会获得成就感，产生进一步动手操作的兴趣。

（2）在区域活动中投放各种材料，吸引幼儿参与动手操作类活动

教师可以在区域中投放各种材料，引导豆豆参与动手操作类活动，提高他的动手能力。比如，在美工区投放画笔、橡皮泥、油画棒、棉签、各种形状的彩色纸、纸盒及漂亮的食品袋等许多材料。豆豆在活动时根据自己的兴趣自由选择，可以捏橡皮泥，可以粘贴图画，也可以用彩色纸装饰图画等。这些活动都可以帮助豆豆提高动手能力。

在益智区投放穿线板和穿珠等材料。例如，在指导豆豆操作穿线板时，首先要激起他的兴趣，使他产生强烈的学习欲望，然后教给他玩穿线板的方法。经过一段时间的学习，豆豆的小手变得灵巧起来。这不仅促进了他的手部小肌肉发展，开发了他的智力，还促进了他的记忆力、想象力、创造力和思维能力的发展。

在建构区投放各种建构材料。不同的材料有不同的玩法，比如，拼插小雪花片就需要用小手指，玩较大的插塑玩具则要借助手掌肌肉的力量。这时，教师要及时指导豆豆，让他发挥自己的想象力、创造力搭建自己喜欢的造型，充分锻炼他的手部小肌肉。

（3）提供恰当的帮助，肯定幼儿的努力和进步

幼儿不愿意参加手工活动有三方面原因：一是不会做；二是怕自己做得不好，受到批评和嘲笑；三是不感兴趣，不喜欢做。无论是哪种情况，教师都不能批评他，也不能为了赶上其他幼儿的进度而代替幼儿做，而是应该先了解幼儿属于哪种情况，再提供适当的帮助。

当幼儿能够动手操作并基本完成任务时，教师就要肯定他的努力和进步，激发他参与手工活动的兴趣，让他在手工活动中提高动手能力。

家长指导策略

（1）在生活自理活动中培养幼儿的动手能力

研究表明，自理能力的培养对幼儿的精细动作发展有促进作用。所以在家庭生活中，爷爷奶奶要放手让豆豆自己做事，自己拿勺子吃饭，自己穿衣服、扣扣子和拉拉链，自己穿脱袜子和鞋子，自己大便后擦屁股等，促进幼儿手部小肌肉的发展。当豆豆的动手能力有所提高之后，可以鼓励他洗自己的袜子、内裤，准备自己的书包等。这种将训练过程和生活相结合的方式，更有实际意义，会给幼儿带来更大的成就感。

（2）在画画、做手工、搭积木、拼图等活动中训练幼儿的动手能力

在家里，家长给豆豆留出一个可以让他动手操作、玩耍的空间，让他在自己的空间里画一画、搭一搭、折一折、剪一剪、拼一拼等。这些活动可以有效地锻炼幼儿的手部小肌肉，提高幼儿的动手操作能力。

（3）在家务劳动中培养幼儿的动手操作能力

生活即教育。贴近生活的内容与材料，会让幼儿感觉特别亲切。家长可以让豆豆做一些力所能及的家务，让他在做家务的过程中获得动手操作的乐趣和成就感。比如，剥花生、剥毛豆、择菜、洗手帕、刷鞋、剥蛋壳、给家里的花浇水、帮忙拿东西等。如果家长能和幼儿一起做，而且边做边聊，还会让幼儿感受到家庭生活的温馨和快乐，增进亲子之间的感情。

为了激发孩子做家务的兴趣，家长可以采用请孩子帮忙的方式向孩子提出做家务的要求。当孩子完成任务之后，家长要表示真诚的感谢。即使孩子做得不好，也不要苛责，应肯定孩子的帮助和努力做事的态度。

5. 幼儿身体力量不足怎么办

儿童情况

图图，男孩，5岁，大班。

行为表现

图图在幼儿园里不爱说话，也不太爱动，总是坐在自己的小椅子上，有时索性趴在座位上，有些事情能不做就不做，总是一副懒懒的样子，缺乏一个大班男孩应该有的活力。老师问他为什么总是趴着，他说自己太累了。他平时经常生病，不来幼儿园。

户外活动时，小朋友都在外面玩沙子，突然有个小朋友过来告状："老师，老师，图图扬沙子……"图图很委屈地和老师说："老师，我没有。"经过观察发现，原来是图图手部控制力量不足，有时玩得激动了会不小心把沙子扬到别的小朋友身上。

进入大班后，小朋友们开始学习书写简单的数字，这周学到了"3"的书写，老师还布置了让小朋友们回家练习的小任务。第二天，其他小朋友都将书写的"3"拿给老师看，只有图图没有拿来。后来图图妈妈告诉老师，妈妈教他写字，他又哭又闹，说写字太累了，他的手没力气。这个孩子在家里什么也不愿意干，太懒了，不像一个5岁的男孩。

家庭情况

图图的爸爸妈妈都是独生子女，因为工作忙，图图从小到大一直由姥姥负责照顾。姥姥是非常勤快的老人，心甘情愿地为子孙服务，把孩子的饮食起居安排得井井有条，图图什么也不需要做。

案例分析

一般来说，形容五六岁男孩的词语都是蹦蹦跳跳、精力充沛、生龙活虎、朝气蓬勃，表明这个年龄段的幼儿充满生命的朝气和活力。而案例中的图图却是一副懒懒的样子，身体没有力气，不爱做事，不爱动，没事就趴着，手部也没有力量。这是不正常的。

身体和肌肉力量的增加需要一定负荷的科学训练。人可以在一定时间内，通过走、跑、跳绳、爬山、游泳、滑冰和各种球类运动让肌肉变得发达，更有力量。长时间不运动的人，由于肌肉处于持续松懈的状态，因此会感觉全身没有力气，容易疲劳。幼儿的身体正处在不断发育的过程中，适量的运动可以促进幼儿的心肺功能的发育，增强其肌肉的力量，让其保持一定的活力。

当前，大多数家长由于工作繁忙，无暇照顾幼儿，只能将幼儿交由老人照看。由于年龄的原因，老人的体力不足以满足幼儿身体运动的需要，往往导致幼儿身体运动不足，肌肉没有力量。因此，父母应更多地陪伴幼儿，尤其是父亲要参与幼儿的成长，为幼儿树立阳刚、坚强以及力量的榜样，满足幼儿活泼好动的身体发展需要。但是现在社会中的很多幼儿与父亲之间缺少互动，不能和父亲一起玩很多充满野趣的游戏，这也减少了幼儿参与此类活动的次数，降低了幼儿参与此类活动的兴趣，在一定程度上影响了幼儿身体力量的发展。

案例中的图图从小跟着姥姥长大。老人的过度保护和包办导致图图从小缺乏体育锻炼，不仅身体力量不足，而且心肺功能得不到锻炼，所以经常生病，请假不来幼儿园，从而影响他参加幼儿园正常的生活和学习活动，不利于他的身体健康成长。

教师应对策略

（1）设计适合幼儿年龄特点的早操

幼儿园早操是孩子们每天都要进行的一项活动。合理的早操设计能改善幼儿的运动系统功能，让幼儿舒展自己的身体，精神愉悦，使幼儿的肌肉群得到锻炼。早操中设计的游戏环节还可以唤起幼儿对体育活动的积极情感，激发幼儿参加体育活动的兴趣。

（2）组织丰富多彩的体育活动，吸引幼儿参加

《幼儿园工作规程》规定，幼儿园要保障幼儿每天不少于 2 小时的户外活动时间。教师可以充分利用幼儿园现有的大型玩具设计一些情境性游戏，也可以组织幼儿开展传统体育游戏，激发幼儿参与的兴趣。比如，传统游戏"砸鸭子"，既可以让幼儿在奔跑中增强腿部力量，又可以通过扔沙包增强幼儿的手臂力量。具体玩法如下：

游戏规则与玩法：将参加游戏的幼儿分为两组，一组幼儿扔沙包，另一组幼儿躲沙包。扔沙包的幼儿再分两组站在场地的两端，躲沙包的幼儿站在中间。两头扔沙包的幼儿轮流砸中间躲沙包的人，如被砸中则退到游戏场地外。如果躲沙包的幼儿接住沙包，则可以救活前面被砸下去的人，让他重新入场。如此进行下去，直到躲沙包的幼儿全部被砸下，两组幼儿互换，游戏重新开始。

引导策略：可以先由两位教师分别站在场地两端扔沙包，所有的幼儿躲沙包。两位教师要掌握扔沙包的节奏和速度，可以先慢后快，逐渐增加游戏的难度，提高幼儿游戏的兴趣，训练幼儿的专注力和快速反应能力。这个游戏的规则很简单，只要求幼儿躲开沙包即可。再加上教师的参与和带动，比较容易激发幼儿的兴趣。正式游戏时，可以让图图和另外一个小朋友扔沙包，锻炼其手臂力量。

（3）邀请爸爸参与幼儿园体育活动

爸爸和幼儿一起游戏比妈妈、爷爷、奶奶与幼儿一起游戏更有挑战性和趣味性。幼儿教师可以设计一些适合父子参与的有利于促进幼儿肌肉力量发展的游戏。专门邀请爸爸们来园与幼儿一起活动，不仅能够激发幼儿的运动兴趣，促进其肌肉力量的发展，还能够增进父子之间的感情。

案例中的图图爸爸是独生子，他把图图完全交给老人带，似乎没有进入爸爸的角色。幼儿园在组织此类活动时，一定要邀请图图爸爸参加。父子热火朝天的游戏场面会激发他的角色意识，尤其是看到别的爸爸能够和幼儿默契互动，而自己做得不够好且图图的各方面能力也不够强时，会增加他的责任感，帮助他尽快进入爸爸的角色，履行好自己的职责，更多地带领图图进行有趣的父子游戏，帮助图图健康成长。

家长指导策略

（1）让幼儿参与家庭日常生活活动

家庭生活中，家长不仅要引导图图自己的事自己做，还要让图图帮忙做家务，如倒垃圾、搬东西等。此外，买菜时，姥姥还可以请图图帮忙提菜，增强他手臂的力量。当图图能帮忙时，家长要对图图表示感谢，以激发他的成就感和做事的兴趣。

（2）陪伴幼儿进行有关耐力训练的活动

父母要经常利用下班后和周末的时间带图图进行有关身体耐力训练的活动，比如，远足、游泳、爬山、踢球等。幼儿跟爸爸妈妈在一起会非常开心和快乐，活动起来也更有兴致。长时间的体育运动既能增强图图的肌肉力量，又能提高他的兴奋度，促使他成为乐于运动的孩子。

当然，刚开始运动时，父母要注意量力而行、循序渐进，一点一点地增强图图身体的力量，避免他过度疲劳。

第五章　语言
——幼儿社会性发展的基础

语言发展在幼儿的认知、学习、个性和社会性等领域的发展过程中发挥着重要的作用,是幼儿全面发展的重要组成部分,是学前教育阶段的重要内容。

学前儿童的语言能力以口语为主。出生以后,儿童在正常的人类语言环境中经过比较长的语言准备阶段,最后达到会听、会说、会与别人进行正常的语言交流和互动的程度。这个过程是儿童通过模仿自然习得的过程。但是,如果家庭语言环境太差,家人之间、家人与幼儿之间语言交流少,或者家人不重视结合生活场景与幼儿进行语言互动,甚至让幼儿生活在几乎无声的世界里,那么幼儿的语言发展就会出现问题。

每年新生入园之后,教师都会发现一些互动和语言交流困难的幼儿。比如,与他人交流时目光不对视;听不懂别人说话;发音不准,等等。随着年龄的增长,也有一些幼儿会出现像"话痨"一样说起来没完没了,或者热衷于说脏话等现象。

在幼儿园里,教师应该如何看待这些幼儿的语言发展问题呢?更重要的是,怎样尽早帮助这些幼儿弥补语言环境不良带来的语言缺失,改善他们的语言发展状况，提高他们的语言表达能力，避免因为语言发展问题而影响他们的认知、学习、个性和社会性等方面的发展，甚至给他们带来心理伤害呢？

要想有效地帮助这些幼儿，教师首先要了解儿童语言发展的过程，正确地诊断幼儿语言发展问题的原因，对症下药才能有效地帮助幼儿提高语言表达能力，使幼儿走上正常发展的轨道。

结合苏联心理学家维果斯基（Lev Vygotsky）的思想，笔者梳理了幼儿从会听、能听懂、会讲到正常的语言互动所要经历的几个阶段。

（1）语言准备阶段（0—9个月）

婴儿从一出生就会在尿了、饿了和困了等各种身体状态下，本能地发出各种咕咕声或啼哭声，父母只能根据自己的理解对这些声音进行判断，比如，一边检查，一边自言自语地说："怎么哭了，是不是尿湿了？不舒服了？啊，真的尿了。好，别哭了，现在给你换干净的尿布，一会儿就好了……现在，换好了，舒服了吧，小宝贝。"这一阶段一般被称为解释性的交流阶段。

在这一阶段，虽然婴儿是没有意识的，也听不懂大人说的话，但父母还是要把婴儿当作可以交流的个体，对婴儿做出照顾性应答。当妈妈边做边说，用简单的词汇和句子伴随着较高的音调和夸张的表情与婴儿说话时，婴儿就会在这种温馨的亲子互动中懂得观察和寻找交流对象，产生目光对视，感受与妈妈互动的快乐。随着月龄的增长，婴儿渐渐学会了有意识地与父母应答和互动，比如，饿了或尿湿了时会发出声音寻求父母的关注，用哭声要求父母抱等。

随着颈部的发育和睡眠时间的逐渐减少，当4个多月大的婴儿能用眼睛盯着父母所指的事物时，父母可以抱着他一起观察周围环境中的各种物品，对婴儿不断说出物品的名称："这是电视机，那是大树，树上有一只小鸟……"婴儿开始慢慢地把父母所指向的事物和父母发出的声音结合起来，从而开始了事物认知的过程。婴儿在七八个月大的时候，开始学会用交流性的目光注视他人。他不仅会注视物体，还会转向父母，注意父母说话的过程，观察父母嘴部发音的动作，这一能力的出现意味着婴儿与父母开始进行有意识的信息传递，开始理解物体和语言的关系。婴儿在八九个月大时开始能够听懂大人说的一些话，并能做出正确的应答。比如，大人问："爸爸在哪儿？"他会用手指向爸爸。大人问："电视机在哪儿？"他会用手指向电视机。家里来了客人，他会在大人的要求下，笑着拍手欢迎；当客人离开时，他会挥手与客人再见……从此，婴儿开始从混沌无知走进我们人类的有声交流世界。

这个相对漫长的过程就是婴儿语言准备阶段，虽然他们还不会说，但他们学会了倾听，学会了目光对视，认识了很多事物，体验到与成人进行互动交流的快乐，能够听懂成人简单的指令并做出适宜的动作和表情应答。这一系列的语言发展过程，在正常的人类生活环境中，在父母家人饱含爱意的肢体和语言抚慰中自然地、默默地进行着，为接下来的开口表达做着充分的准备。如果家人对婴儿的关注、抚慰和语言交流不够，那么婴儿正常的语言发展就会出现问题。

（2）语言模仿学习阶段

①单词句阶段（9—18个月）

9个月左右或之后的某一个时间，婴儿开始在一些情境中尝试使用一些单词音来表达自己。他们通过模仿和重复，从开始的无意义音节到有意表达，先名词后动词，逐渐掌握一些简单的词汇，如"爸爸""妈妈""桌子""沙发""走""跳"等。

婴儿的语言模仿先从名词开始，结合少量的动词，这与婴儿的思维发展有直接的关系。婴儿所具有的具体形象思维特点，使他们只能理解简单的、与真实的事物和动作相对应的词汇。然后，才是代词、形容词、介词和助词等。

②双词句阶段（18—24个月）

这个时期的幼儿能用简单的双词句说出自己想做的事情和当前的情境，有了最初的句子形式。如"爸爸走""妈妈抱抱""宝宝喝"等。

③早期造句阶段（24—36个月）

2岁之后，幼儿的语言进入高速发展期。幼儿通过模仿，学习一些简单的句子；通过重复运用，并结合不同的场景稍加变动，变换出各种相类似的表达；通过不断练习来确认掌握这些句子。最后，幼儿不仅能描述眼前的事物，还能描述不在眼前的事物。开始学会使用代词"你、我、他"，介词"上、下"，形容词"好、坏、多、少"等。到36个月大时，幼儿能用短句表达自己的想法，开始进入完整的造句阶段。

本阶段的语言学习主要是在日常生活场景中，通过模仿与重复进行的。所以，丰富的家庭语言环境，成人与孩子交流时注意用完整的句子给孩子提供良好的语言示范，以及成人有意识地对孩子进行语言表达的引导等，显得尤为重要。如果家庭语言环境不够丰富或者成人不去有意识地对孩子进行语言表达的引导，那么孩子的语言表达能力的发展就会出现问题。

（3）语言与思维链接阶段（3—6岁）

语言与思维的发展息息相关。当时间窗口来到3岁时，思维才真正参与了语言的发展。我们都知道幼儿记不住3岁之前的事情，这是因为幼儿大脑皮层的发育比较晚，大脑皮层正是人类意识的载体，而意识完全发育才会产生比较复杂的思维。所以，3岁之后，语言与思维的链接成为幼儿语言发展过程中非常重要的任务。

语言与思维的链接，是指幼儿开始能用语言表达自己的感受、情绪、要求和愿望。这一过程开启之后，幼儿会改变过去不会说话时用哭闹、发脾气和肢体动作来表达自己的习惯，开始更多地用语言清晰地表达自己的各种想法。

自言自语是思维与语言链接过程中的一种表现。我们经常看到3岁左右的幼儿边做、边想、边自言自语，这是他们在用语言加强自己的思维的表现，是语言与思维建立链接的一个过渡过程。

语言是人类特有的功能，语言和思维的链接开启了人类发展的伟大旅程。

语言和思维链接良好的幼儿，不仅能用语言流畅地表达自己的想法和感受，还可以有效地控制自己的冲动，减少哭泣、发脾气和攻击他人等行为。语言与思维链接不好的幼儿，会出现阶段性口吃、哭泣、频繁发脾气、好冲动、攻击性行为多、不能自控、不遵守规则等各种问题。

这一阶段容易出现两个方面的问题，需要成人正确对待。

①语言与思维链接受阻，用哭泣或动作表达

在成人正确的引导下，如果幼儿能够学会用语言表达自己的所听、所看、所感、所想并从中获得成就感，那么他就能顺利地完成语言与思维链接的过程，成长为一个乐于表达的幼儿。反之，如果缺乏成人正确的引导，或者幼儿尝试用语言表达之后，因为发音不清晰或表达不正确，引起别人的嘲笑，那么幼儿语言与思维的链接就会受阻，他就会更多地用下面两种方式来表达：

◆ 用哭泣表达：幼儿不会用语言表达自己的想法，更多地用哭泣来表达。这时，家长就要猜测幼儿的想法。一般来说，家长对幼儿非常熟悉，幼儿一哭，家长基本上就能猜到他想要什么，就能把问题解决掉。家长即使猜不到幼儿的想法，也会不断地追问，确认幼儿的想法。长久下去，幼儿就更习惯于用哭泣而非语言来表达自己的想法，这非常不利于幼儿语言的发展。

◆ 用动作表达：有的幼儿有想法时，不会用语言来表达，而是用动作来表达，比如，用手指指、跺脚、扭身体、打人、拍打桌子或发脾气扔东西等。家长猜起来有一定难度。如果家长经常对幼儿的这类行为做出回应，而不是有意识地引导幼儿正确地使用语言来表达，就会让幼儿的动作与思维建立链接，导致幼儿养成一有想法就用动作来表达的习惯。

通过对一些幼儿园案例的分析，笔者发现，有这种"动作与思维链接"问题的幼儿不在少数。这与当前家庭教育中老人带孩子、猜孩子的想法、不给孩子语言表达的机会，有直接的关系。

②急于验证语言的力量，出现"话痨""诅咒"等问题

幼儿在非常小的时候就渴望获得和成人相同的能力。因此，幼儿对成人，特别是父母，非常崇拜。语言的发展，使幼儿又一次感受到了成长的快乐，因此他们需要不断地验证语言表达的力量，享受获得新能力的喜悦。就像婴儿刚学会走路时，一定要通过到处跑、到处去探索来验证自己获得的这种新能力，体验这种新能力给自己带来的快乐一样。

有许多语言能力快速发展的幼儿像个"小话痨"，不停地说呀说。这个时期，也是幼儿口语表达能力发展的关键期。成人可以通过认真倾听和丰富幼儿的生活来给幼儿提供充分的表达机会，引导幼儿在各种场景中进行语言表达的练习，既满足幼儿的表达需要，也促进幼儿语言和社交技能的发展。

沉溺于语言表达快乐的幼儿，非常乐于看到自己的语言表达给周围的人带来影响。某一天，当幼儿说了脏话、诅咒语，或是各种各样让成人比较敏感且产生明显态度变化的词语时，成人的反应越强烈，幼儿越会觉得这些词语有力，就越不断地重复使用这些词语，反复感受语言的力量。这时，成人能否正确地理解和回应幼儿，将影响幼儿进一步语言发展的方向。成人引导正确，幼儿就会用更文明和有修养的方式表达自己，否则幼儿可能会脏话连篇。具体的应对方法，我们会在随后的案例中进行详细分析。

语言与思维链接的阶段，一般从3岁开始，有可能持续到5岁、6岁或者更晚。在正常的语言环境中，在成人的正确引导下，随着思维能力的不断发展，4岁以后的幼儿开始逐渐掌握各种复杂的语法结构，积累更多的词汇，理解词汇的抽象关系和更复杂的表达句式，其语言表达能力将获得突飞猛进的发展，说起话来俨然是个"小大人"。5岁以后，幼儿就将进入文字的阅读和书写阶段。

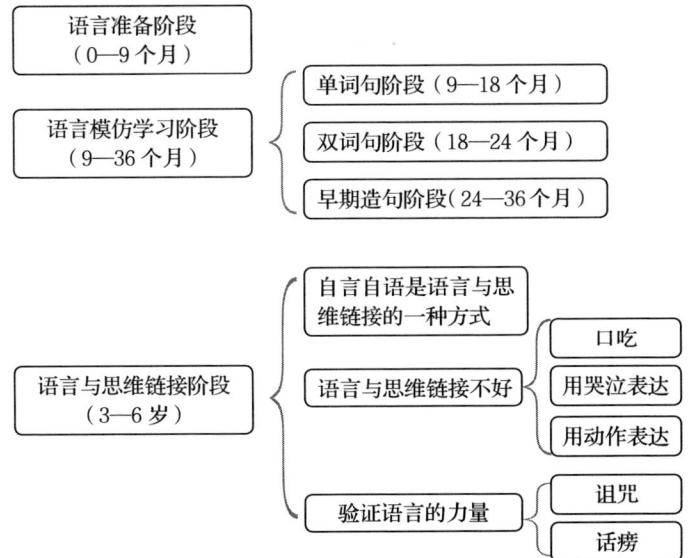

图5—1 婴幼儿的语言发展阶段及其可能出现的主要问题

本章,笔者提供了几个在幼儿园里经常出现的幼儿语言发展问题的相关案例,并以上面的语言发展阶段理论为基础,对其进行分析并给出了解决方案。

1. 幼儿语言发展迟缓怎么办

儿童情况

同同,男孩,3岁,小班。

行为表现

同同上幼儿园之后,老师通过观察发现,这个孩子作为一个独立个体的"自我"意识好像还没有被唤醒,语言理解能力比较差,不会倾听别人说话,也不会清晰地表达自己,与别人没有目光交流,经常一个人呆呆地坐着,不能与他人进行正常的应答和互动。如果别人惹到他,他就会"啊啊"地大叫、发脾气。当老师发出集体活动的指令时,不知道他是没听见还是听不懂,反正不予理会,好像和他没有关系一样。

家庭情况

同同的妈妈工作非常忙,周六也上班。孩子出生两个月时,妈妈就把孩子交给奶奶带,自己开始上班了。奶奶的性格内向,很少说话,几乎不与别人交往,也很少带孩子出去玩。奶奶在家里照顾孩子吃喝,但很少抱孩子,也很少逗孩子玩,只要孩子不哭不闹,奶奶就让他躺在那里,不理会他。再长大一点,同同经常是一个人在家里玩,奶奶忙于做各种家务。爸爸是做财务工作的,平时只跟数字打交道,很少说话。

案例分析

根据前面幼儿语言发展阶段理论可以看出,幼儿的母语学习和发展是在正常的语言环境中,通过与家人进行正常的语言互动获得的。9个月之前,孩子经历了一段漫长的语言准备阶段。八九个月大的孩子虽然不会说,但开始能够理解大人的语言和实际事物之间的关系。所以,在幼儿1岁前家长要做到:给孩子足够多的语言刺激,多和孩子说话,做什么就说什么,让孩子把抽象的语音和实际事物或实际的动作联系起来。家庭语言环境是否丰富直接影响孩子的语言理解和语言表达能力的发展。如果在孩子1岁前,大人认为孩子听不懂就不和孩子说话,不引导孩子观察生活中的各种事物并与孩子进行语言互动,经常让孩子生活在无声的世界里,那么就很可能会导致孩子的认知、语言和互动能力低下。

上面案例中的同同的妈妈在同同出生两个月时就上班了,同同的奶奶性格内向不爱说话,家庭语言环境贫乏,亲子互动少,导致同同在语言准备期没有积累足够的语音元素,缺少交流和互动的快乐体验,不习惯与成人目光对视,也缺乏对周围生活的基本认知和词汇积累,而这些都严重地影响他后续的语言和互动交流能力的发展。所以,上了幼儿园之后,同同不会与教师和小朋友互动与交流,遇到问题只会"啊啊"叫,不会用语言表达。

教师应对策略

(1)耐心对待幼儿,把他安排在自己身边

语言理解和表达能力是幼儿学习、社会交往和个性发展中的重要能力。一个不会倾听、不会说话的幼儿在幼儿园往往会遇到比较大的困难。但是,这不是他的错,教师要做的是帮助他而不是责备他。所以,在幼儿园里,教师要耐心地对待这类幼儿,可以安排他们坐在自己的旁边。教师在发出集体活动的要求和指令时,可以拉着幼儿的手,以引导幼儿注意倾听教师说话,帮助幼儿理解教师的语言指令,进而执行任务。当幼儿成功地完成任务之后,教师要给予表扬,以此提高幼儿应答的兴趣,训练幼儿掌握倾听和应答的能力。

教师对待同同的态度,不仅让同同本身有安全感和信任感,还为其他幼儿提供了榜样和示范,引导其他幼儿在与同同交流时多一点耐心,共同营造

一个和谐的语言氛围，逐步提高同同的语言表达能力。

（2）寻找一切机会帮助幼儿练习说话

教师可以利用区域活动或日常生活环节，主动找同同说话。说话之前，教师可以请同同看着老师的眼睛，询问他正在做什么，并根据场景引导他回答老师的问题。必要时，教师可以模仿同同的声音先表达一遍，再请同同自己说出来。当同同能够清晰表达之后，要拥抱和表扬他，让他获得成就感。教师也可以拉着同同的手，和同同一起参与区域活动。

（3）在集体活动中引导幼儿学习语言

教师可以组织全班幼儿诵读儿歌、讲故事，让同同在集体诵读儿歌和讲故事的过程中练习表达，感受语言表达的乐趣。集体教学活动中，教师可以向同同提问简单的问题，比如说一句简单的儿歌、重复故事中的一个对话等，用难度较低的问题逐步引导同同在集体面前开口说话，发展同同的语言能力。

（4）选择内容简单、朗朗上口的绘本故事

在幼儿进餐前或午睡前，教师可以为幼儿讲述绘本故事。教师可以不断地重复讲述同一个绘本故事，最初让幼儿听教师讲故事，然后让幼儿和教师一起讲故事，最后请幼儿自己来讲故事。在这个过程中，同同可以了解更多的句式、优美的词语等。为了激发同同的积极性，教师可以提供头饰，请同同来扮演绘本故事中的角色，练习故事中的简单语言。

（5）为幼儿提供及时的奖励

教师可以利用小贴纸、拥抱、赞赏性的语言等，及时给同同奖励，始终积极对待同同，帮助同同建立自信，让他愿意开口说话。

同时，创设轻松、愉悦的语言环境也十分重要。教师要积极营造师幼、幼幼之间亲密、和谐、融洽的氛围。当幼儿信任教师并与同伴相处愉快时，他们就能主动表达、敢于表达。

家长指导策略

（1）学习幼儿语言发展理论，了解幼儿的语言发展问题

同同的语言表达和互动能力已经远远地落后于同龄幼儿。在幼儿园的集体生活中，教师大部分时间需要面对全班幼儿组织活动，单独引导和关注同同的时间有限。因此，要想帮到同同，教师还要对同同的家长进行专业的指导，让同同的父母在家庭生活中一对一指导同同，这才是最迅速和有效的途径。

教师要与同同的父母约谈，介绍幼儿语言发展的阶段，引导家长重视同同当前的语言发展问题。建议同同的父母安排好自己的工作，增加陪伴同同的时间，注意在日常生活中有效引导，尽快给同同补上语言发展方面的缺失。提示家长，幼儿3岁之前的发展问题，在3—6岁还有弥补的机会。因此，家长一定要抓紧时间帮助幼儿。幼儿只有在家里能够与父母进行正常的语言互动和交流，才能做到与幼儿教师和小朋友正常地交流与交往。

（2）掌握正确的语言指导方法

①多与幼儿进行语言互动和应答，培养幼儿语言表达和交往的兴趣

同同的爸爸妈妈在日常生活中应增加与同同的肢体接触和语言互动，让同同感受到与别人互动交流的快乐。与同同说话的时候，家长要配合实物和动作，用词简单，语速放慢，确保同同能听懂。家长说话的时候，可以要求同同看着自己的眼睛并做出应答。比如，妈妈问："同同要吃棉花糖吗？"同同可能只是点点头。这时，妈妈可以让同同用语言来回答自己。比如，答："我要吃棉花糖。"如果同同不会说，妈妈可以先示范一遍，再请同同跟着说一遍。亲子沟通的重点在于完成一个沟通和应答的过程。当同同"啊……啊……"地表达自己的要求时，妈妈即使猜到同同的意思，也不要马上满足他，要引导同同用语言说出自己的想法，比如，"我想要那辆小汽车""我想看动画片"等。家长要多为同同提供表达的机会，并用微笑及时地肯定他的表达行为。

幼儿的语言发展是一个模仿学习的过程，对于一个不太会表达的幼儿，家长的示范会让幼儿更快地学习。家长要注意引导幼儿掌握基本的互动应答技能，一方面引导幼儿学会倾听，一方面让幼儿练习表达。

游戏是幼儿的天性。妈妈可以和幼儿玩有肢体接触的互动游戏，比如，"你拍一，我拍一""请你跟我这样做""我说你做"等。这些游戏既有肢体动作、目光对视，也有语言应答，可以同时锻炼幼儿的语言表达和交往能力。

②帮助幼儿迅速积累词汇，提高幼儿的语言表达能力

语言表达能力差的幼儿，其认知水平也比较低，长此以往，会影响幼儿的智力发展。因此，父母可以在生活中有意识地引导幼儿认识各种事物，给幼儿讲解各种词汇的意思，引导幼儿模仿表达，让词汇丰富和语言表达同时进行。

家庭语言环境丰富的幼儿，开始说话的时间要比一般幼儿早且质量要高很多。建议家长在和幼儿一起玩玩具的时候，对于幼儿想要的东西，先告诉他这是什么、干什么用的、怎样玩等。家长带幼儿外出的时候，要经常给他讲讲街上的人、车、景物，多和幼儿谈论周围的事物，这些都将有助于丰富幼儿的词汇，提高幼儿的语言表达能力。此外，无论是在室内还是户外，幼儿视线所及总会有很多吸引他眼球的事物，家长可以随着幼儿的目光，和幼儿谈一谈他的所见所闻，如他喜欢的小动物、邻家的小弟弟、马路上穿梭的汽车与人流、五彩缤纷的树林花草……这一切都是增加幼儿词汇量，提高幼儿语言理解和表达能力的好时机。

孩子们都喜欢观看动画片，而且对动画片里的台词大都很熟悉，因此家长可以选择孩子比较喜欢、熟悉的动画片的片段，让孩子自己选择动画片里的角色，根据自己的想法当小小配音员给动画人物配音。家长也可以参与进来，用动画人物的角色与孩子对话，在情境中锻炼孩子的语言表达能力。

睡前讲故事能使孩子感到温馨、放松。孩子幸福地依偎在妈妈或爸爸身边，在不知不觉中感受到语言的熏陶。同时，家长可以通过简单的提问引导

孩子理解故事并表达自己内心的想法，孩子理解了故事自然会有想说的欲望。对于孩子的想法，家长要耐心倾听，并及时给予肯定。

③耐心倾听，激发幼儿说话的动机

家长要在日常生活中鼓励幼儿大胆地用语言表达。比如，礼貌地向别人问好，离开时对别人说"再见"，向别人发出游戏的邀请等。

幼儿刚开始说话时，需要一个语言组织的过程。他要考虑怎样发音、怎样选择词汇、怎样组织句子，所以说话速度会比较慢。这时，家长不要着急，要有耐心，等待幼儿慢慢地表达，一定不要随意打断他，或者用语言和行动代替幼儿说话。如果幼儿出现长时间的言语停顿，那么家长可以根据当时的场景稍加提示；一旦幼儿开始表达，家长就要把说话的机会还给幼儿，让幼儿多多锻炼自己的语言表达能力。如果幼儿一直不能准确地表达自己，又很着急，这时家长可以尝试着说出幼儿的意思，然后等待幼儿确认，并请幼儿自己再说一遍。

当幼儿说错话时，家长不要讥笑或责备幼儿，但要有策略地纠正幼儿不正确的发音或用词。如果幼儿发音错误，家长不要重复和模仿幼儿的错误发音，也不要评价幼儿的错误发音，只将正确的发音再说一遍就可以了。比如，幼儿把"小哥哥"说成了"小丢丢"，这时家长没必要去纠正他说"不是小丢丢，是小哥哥"，而应该柔声地对幼儿说："是小哥哥。"如果幼儿用词不当，家长只需用提醒的口气平和地告诉幼儿这里要用哪个词，原来那个词是什么意思，需要用在哪个地方就可以了。

如果幼儿只说了几个简单的词语，家长可以有意识地根据当时的活动情境扩展幼儿的句子。比如，幼儿想要妈妈帮他拿柜子上的布娃娃，幼儿说："妈妈，娃娃。"妈妈就可以对幼儿说："哦，你想要那个漂亮的布娃娃，对吗？"在得到肯定的回答后，妈妈可以告诉幼儿："你可以这样说，妈妈，我想要那个布娃娃，请你帮我拿过来，好吗？"家长通过这种扩充句子的方式与幼儿交流，就能让幼儿慢慢地学会更好地表达自己的要求了。

在生活中，家长可以多请幼儿帮忙。比如，对幼儿说："请你帮我拿张纸巾好吗？""请你帮我把拖鞋拿过来可以吗？""宝贝，你能来分一下碗筷吗？"当幼儿乐意帮忙或及时回答时，家长要给予肯定，可以对幼儿说："谢谢你，宝贝！"……实际生活中的这种对话，有助于幼儿了解言语表达的实际运用。

随着幼儿年龄的增长，家长在家与幼儿说话时可以尝试使用略微复杂的完整句子，主谓宾结构齐全，并适当配上一两个生动有趣的形容词或副词，幼儿的语言表达就会丰富多彩起来。

④家庭成员统一教育方法，鼓励幼儿用语言表达

和孩子共同生活的家庭成员要先统一教育方法，了解孩子出现这种情况的原因以及对其成长的不利影响，约定好必须在孩子能够用语言表达想法时才能满足孩子，不要轻易妥协，以免造成教育方法的不一致。

建议家庭成员每周召开一次家庭会议。会议上，每个成员都要发言，分享好玩的事情，说说自己的想法等。当孩子发言时，大家要慢慢地引导、耐心地倾听，不要着急打断或者代替孩子说话，并及时送上鼓励的掌声。

家长还可以定期举办家庭故事会或者儿歌会，每个人分享一个故事或儿歌，然后评选出大家最喜欢的故事或儿歌，并给予美食奖励。家长也可以在休息时间，与幼儿一起玩"小小邮递员""手指谣"等语言游戏，在快乐的游戏中发展幼儿的语言表达能力。

2. 幼儿发音不清晰怎么办

儿童情况

宁宁，男孩，4.5 岁，中班。

行为表现

宁宁是中班才入园的孩子。老师发现，宁宁明显地发不准某些音，老师和小朋友们有时听不懂他说的话。下面是他说的一些话：

"我给你说（fo）个话……你走（gou）吧。"

"你在（gai）什么地方，我这（ge）里离你那里很远。"

"你在（gai）干什（heng）么呢，你在看电视（he）？"

"李白乘（keng）舟（gou）将欲行，忽闻岸上（hang）踏歌声（heng），桃花潭水（fei）深千尺（ki），不及汪伦送（hong）我情。"

刚来幼儿园时，宁宁性格活泼开朗，爱说爱笑，能与老师进行正常的应答和互动，除上述发音不清晰外，语言表达流畅，理解能力也比较强，能按要求拼摆小型玩具，身体运动能力也基本正常。但是，每当别人听不懂他说什么时，他就很着急。有的小朋友偷偷地笑话他说："宁宁是大舌头，说话不清楚。"慢慢地，宁宁开始不愿意讲话，性格好像也不那么活泼了。

家庭情况

据妈妈讲：宁宁是早产儿，在妈妈怀孕七个月时就出生了，刚出生时肺功能有点发育不全，经常因感冒住院，10 个月之前多次住重症监护室，由医生和护士照顾，护士主要喂他喝奶粉。1 岁多之后，他的身体慢慢好转，2 岁多才开始慢慢学习说话，到现在还有些音发不清楚，但家人都能听懂。此外，宁宁的咀嚼能力不强，吃饭时嚼几下就咽，小时候也爱流口水。

案例分析

医学研究表明，幼儿吐字不清晰的原因有很多。比如，早产、黄疸、低体重等引起的口腔肌肉运动和协调能力弱，容易造成幼儿语言发展落后，并常伴有流口水、不能很好地吞咽、不会咀嚼、咬手指等问题。再如，总吃软烂的食物，也会导致幼儿的口腔肌肉发育不好。此外，舌系带过长也会导致幼儿发音不清晰，说话时下颚骨上下左右移动。

详细分析宁宁说话的一些音节之后可以发现，他明显地发不准"z、c、s、zh、ch、sh"几个卷、平舌音。宁宁除了发不清楚部分语音外，性格活泼开朗，语言表达流畅，与人互动和应答没有问题，而且大肌肉和小肌肉发展情况也正常。所以，宁宁在语言发展方面存在的主要问题应该是由口腔肌肉的控制和协调能力差导致的。

究其原因，一是宁宁是早产儿，口腔肌肉发育和协调性不好，影响了他的发音；二是宁宁从小肺功能不全，呼和吸等运动不强，影响发音；三是宁宁从小经常生病住院，在医院里喝奶粉的时间比较长，四五个月大之后，在一般婴儿添加辅食和练习咀嚼肌的时期，他却一直在喝奶粉，使其口肌运动和协调能力没有得到正常的锻炼，影响了发音的清晰度；四是他经常住院，缺乏正常家庭生活中亲子一对一的发音训练和互动，导致音节转换能力偏弱。

所以，宁宁的语音发展问题是由缺乏正常的发音锻炼造成的。随着宁宁慢慢长大和正确的口腔肌肉训练，他发音不清晰的问题应该会得到解决。

教师应对策略

（1）自然地与幼儿交流，避免幼儿产生心理问题

现在有一些幼儿吐字不清楚，在家里家人可以听懂他们说的话，但是到了幼儿园以后，小朋友们和教师往往无法理解。其他小朋友也很有可能因此嘲笑他们，久而久之，会给这些幼儿带来比较大的心理压力。慢慢地，他们

可能会变得不合群、不说话，甚至是不自信，严重的还会影响其同伴交往和社会性发展。因此，教师必须正确对待发音尚不清晰的幼儿，避免给这些幼儿带来负面影响。

一般来说，吐字不清晰的幼儿其心理都是非常敏感的，因为他们怪异的发音走到哪里都可能引来别人异样的目光，甚至是一些逗弄和嘲笑。所以，在幼儿园里，教师要接纳像宁宁一样吐字不清晰的幼儿，听到宁宁怪异的发音，教师要表情自然、态度平和。教师自然而然的态度和接纳行为会影响全班小朋友对待宁宁的态度。

特别需要说明的是：教师一定不能因为好玩而在全班小朋友面前故意学宁宁说话。否则，一方面可能会伤害宁宁的自尊心，让宁宁从此闭紧嘴巴，不再说话，不与人交流，甚至不愿意来幼儿园；另一方面也很可能引得其他小朋友模仿，这不仅对宁宁的伤害更大，还容易导致模仿的幼儿出现语言发展倒退的现象。

当教师发现其他小朋友嘲笑宁宁时，可以温和地对他们说："你也感觉他说话的方式很奇怪，是吗？咱们一起来帮助他吧。"然后，引导小朋友抱抱宁宁，告诉宁宁："没关系，慢慢就好了！"

（2）采取正确的纠正方法，帮助幼儿纠正发音

教师可以利用日常交流的机会，帮助宁宁纠正发音。但纠正他的发音时，教师不需要重复他错误的发音，避免对他形成负强化。正确的做法是，当教师听到他某个音发错了时，只需要把他的话用正确的发音自然、清晰地重复一遍即可，不需要反复纠正，从而减少其他幼儿对宁宁发音不清晰问题的过度关注。

比如，当幼儿说"我走（gou）了"时，教师不要说"不是 gou 了，是走了"，而要说："你走了，好的，再见！"正确的发音听多了，当有一天宁宁的口唇肌肉足够有力量时，他就能把音发对了。

除此之外，教师也可以组织小朋友排练小故事、简单的童话剧，或与幼儿玩说童谣的游戏，边表演边说，让宁宁在集体游戏的环境中，放松地练习发音和表达。特别是全班小朋友一齐朗诵儿歌、童谣时，集体的声音会给宁宁比较强的刺激，帮助他慢慢纠正自己的发音。

当然，要想纠正宁宁的发音问题，最关键的是在家庭生活中一对一地进行。教师要正确地指导家长，想办法给宁宁提供更多练习的机会，促进他的口腔肌肉的发展，提高他的准确发音的能力。

（3）创设良好的语言环境，开展丰富的语言活动

在幼儿园里，教师和同伴是幼儿学习语言的主要对象。教师要以良好的语音去影响幼儿，与幼儿对话时语速要稍慢，嘴形要稍微夸大，让幼儿既能听清正确的发音，也能看清正确发音的嘴形。同时，要鼓励幼儿用普通话交流。

教师可以利用晨间、餐前、离园前等时间开展唐诗诵读活动。诗歌精练又朗朗上口，既丰富了幼儿的词汇，又锻炼了他们的发音，对全脑的发育有很大的帮助。

教师要重点引导幼儿学说平舌、翘舌的儿歌、绕口令，与幼儿一起交流、辨析正确的发音、舌头的状态等。开始时引导幼儿吐字要清晰，语速要适宜，熟悉了之后，语速可以逐步加快，循序渐进地通过各种富有趣味性的朗诵方式复习、巩固正确发音。

家长指导策略

（1）在游戏中带领幼儿进行舌部和口腔肌肉的训练

①做舌操游戏，提高舌头的灵活性

- ◆ 将酸奶涂到幼儿嘴的四周，让幼儿用舌头将这一圈酸奶舔下来。
- ◆ 父母和幼儿轮流玩弹舌游戏。父母和幼儿面对面就座，父母先用舌头做出各种各样的动作，如嘴部张开，舌头快速伸出缩回，同时发出声音；舌头翻转等。
- ◆ 其他四指合拢，将食指放在嘴前做"嘘"状，并重复练习发出长长的音"嘘——"。

- 将舌头置于上门牙与下门牙之间，反复练习发出长长的音"嘶——"。

②做口腔肌肉练习，提高幼儿发音器官的力量

- "开汽车"：家长和幼儿每人手里拿一面小镜子，引导幼儿将嘴唇肌肉放松，从口腔里吹气，让嘴唇随着气流抖动，发出"嘟嘟嘟嘟"开小汽车一样的声音，达到练习唇部肌肉的灵活性和弹性的目的。
- 练习吹、吸气，引导幼儿做口腔肌肉训练。
  - 吹泡泡：现在的泡泡各种各样，最好买最简单的那种，让幼儿练习吹泡泡。
  - 吹纸片：在桌子上放一些撕碎的纸片，幼儿站在桌子的一边，家长站在另一边端着筐子，让幼儿把纸片吹到筐子里，看看能吹进去多少。家长积极参与，增强互动性。
  - 吸卡片：准备画有水果、蔬菜的小卡片以及盘子和吸管。父母和幼儿轮流当顾客和服务员。当"顾客"说"我想要苹果"时，"服务员"就用吸管吸起相应的卡片放到盘子里。

（2）在饮食中让幼儿进行咀嚼练习

发音不清晰的幼儿，一般口唇肌肉不够有力量。所以，家长在家里要多让幼儿吃固体食物，给幼儿提供更多练习咀嚼的机会，增强其口唇肌肉的力量。

（3）多为幼儿提供语言表达的机会

家长可以和幼儿在家里排练小故事、简单的童话剧，说童谣和绕口令，增加幼儿语言表达的机会，训练幼儿的口肌力量和灵活性。

练习时，家长要提醒幼儿放慢语速，和幼儿一起慢慢重复他所说的话，帮助幼儿养成正确的语言表达习惯。

（4）创设良好的家庭语言环境

家庭是孩子学习语言的重要场所。有的年轻父母忙于工作，把孩子长期

交给老人照顾,忽视了对孩子的陪伴,而老人有可能普通话发音不标准或方言味儿浓重;有的年轻父母自己发音不标准,在和孩子的对话中没有注意这一点,给孩子的发音造成了不良的影响。

家庭成员应该从自身做起,如果爷爷奶奶发音不准,那么他们可以减少陪伴孩子的时间,由父母多陪伴孩子。父母要坚持说普通话,给孩子树立良好的语言榜样。父母在与孩子交流时语速要慢一点;若孩子发音不对,在给孩子纠正时,可以先向孩子解释这个词语或这句话的意思,再请孩子重复一遍。孩子理解了意思,更有利于清晰地表述。

当孩子发出一些错误的音时,家长不要嘲笑和重复他的错误发音,以免对孩子形成负强化,伤害孩子的自尊心,导致孩子不愿开口讲话。家长要让孩子把说话当成一件愉快的事,孩子只有喜欢说、想说,才能更好地练习说话。

3. 幼儿不习惯用语言表达怎么办

儿童情况

凯凯,男孩,3岁3个月,小班。

行为表现

凯凯刚上幼儿园,老师发现他不爱讲话,什么事都用动作来表达。连想小便时,他都是用手指指自己的裆部来示意老师。

家庭情况

凯凯的妈妈告诉老师:她和凯凯的爸爸工作都比较忙,孩子从小由奶奶一手带大。奶奶是一位既善解人意又特别勤快的老人。她非常善于体察孩子,把孩子照顾得特别精细,有很多事不需要孩子说,奶奶就帮他做好了。对此,奶奶非常有成就感。奶奶总是说:"我最懂宝宝的心思了!你们不用管,专心做好你们的工作就好了。"妈妈曾经为有这样会照顾孩子的老人感到幸运,但没想到奶奶的做法反而影响了孩子语言的正常发展。妈妈说,其实孩子什么都懂,只是不想说而已。

案例分析

根据前面阐述的幼儿语言发展阶段理论可知,凯凯属于典型的思维和动作链接的孩子,进而养成了用动作表达的习惯。

有些家长,特别是祖辈家长,把幼儿照顾得太周到了。他们总能很快猜到幼儿的想法,在幼儿还没有用语言表达要求时,就已经帮幼儿把问题解决了,既使幼儿失去了练习语言表达的机会,又使他错失了语言与思维链接的发展阶段。久而久之,幼儿的思维与动作建立了链接,养成了用动作表达的习惯,就更少用语言来表达自己的想法了。

引导幼儿用语言表达自己的过程最好融入日常生活,结合日常生活内容进行,这样既能帮幼儿理解和掌握语言,又能让幼儿在日常生活中通过反复练习完成思维和语言建立链接的过程,养成正确的语言表达习惯。

教师应对策略

(1)引导幼儿用语言表达

对习惯于用动作表达的幼儿,教师即使理解他的意图也要装得迟钝一点,"逼"他想办法用语言表达。教师也可以明知故问,引导幼儿用语言说出自己的想法。

一天，老师正在喂凯凯吃饭，凯凯指指自己的裆部，老师装作没看见，继续喂他吃饭。他用眼睛看着老师，又指了指自己的裆部，老师还是装作没看见。最后，他轻轻地说了两个字："尿尿。"这时，老师才说："噢，你可以这样和老师说：'老师，我想去小便。'你跟着老师说一遍。"在凯凯小便回来后，老师笑着对他说："小孩子在还不会说话的时候，有什么要求会用手指给大人看。不过，你现在上幼儿园了，是大孩子了，有什么要求要大声地说出来。"从那之后，老师经常告诉他："你可以这样说……"由此，凯凯的语言表达能力一点点地发展了起来。

（2）组织集体诵读活动

幼儿园是一个集体生活场所，教师可以利用集体的氛围引导和教育幼儿。凯凯之所以不愿意张嘴说话，是因为他没有形成用语言表达的模式和习惯。只要经常让他张嘴表达，时间长了，他就会形成新的表达模式。所以，在幼儿园里，教师可以组织儿歌诵读等活动，让幼儿一起大声朗读一些朗朗上口的儿歌，激发凯凯的语言表达兴趣。

家长指导策略

（1）做"不太善解人意"的家长，引导幼儿更多地用语言表达

案例中凯凯的奶奶总是非常体察孩子，很多事不等孩子说就帮孩子做好了，她还为自己能够准确猜出孩子的心思而感到自豪。没想到她好心办了坏事，由此剥夺了凯凯练习用语言表达自己的机会。所以，奶奶也要改变自己，学会做一个"不太善解人意"的家长，引导孩子用语言表达。

在这个引导过程中，家长需要注意的是不能焦虑和着急。习惯用动作表达的幼儿，一般语言表达能力不强，因此家长要给幼儿时间，耐心地等待幼儿寻找合适的词语清晰表达。需要的时候，家长也可以给幼儿做出正确的语言示范。

(2)和幼儿玩"我做,你猜"游戏

玩法是:妈妈把自己当作一个小朋友,和幼儿面对面地坐着。其中,一个人做动作,另一个人猜这个人做的是什么。比如,妈妈用手做出喝水的动作,让幼儿说出"你想喝水",猜对为赢。如果猜不对,可以继续猜两次。游戏双方轮流做动作和猜答案。这个游戏可以引导幼儿正确地进行语言表达。

这个游戏借助了幼儿用动作表达的习惯,对幼儿来说没有太大难度,幼儿会比较喜欢参与。此外,在这个游戏过程中,家长可以多做幼儿平时经常做的动作,以引导在游戏中练习用语言表达。

4. 幼儿口吃怎么办

儿童情况

丞丞,男孩,4岁,中班。

行为表现

丞丞是在上中班时才转到这所幼儿园的。刚开学,班级开展的主题活动是"相亲又相爱"。教师问小朋友们:"你们的妈妈是怎样关心你的?"很多小朋友都表达了自己的想法,这时丞丞也举起了小手,当老师请他回答时,他"妈妈妈……"了半天也说不出后面的字,而且小脸已经憋得通红。孩子们哄堂大笑,好几个男孩子笑着说:"张老师,丞丞结巴,你别让他说了!"这时丞丞的小脸憋得更红了,他无奈地坐下,紧紧地闭起了小嘴,一副落寞

的表情。其他小朋友不再理他，争着抢着回答问题。慢慢地，他不再愿意和他人交流，经常自己一个人玩耍，能不说话就不说话。

家庭情况

经了解，丞丞以前语言表达方面没有问题。最近，妈妈发现，丞丞偶尔会有口吃的情况。每当丞丞说话结巴时，奶奶都非常着急，一遍遍地大声问丞丞："你跟谁学的？怎么磕巴起来了，好好说话！"爸爸还为此打过丞丞，说他不学好。

案例分析

口吃是指说话时言语中断、重复、不流畅的状态，是幼儿语言快速发展过程中常见的现象。许多幼儿在5岁前出现过口吃问题。

根据前面的幼儿语言发展阶段理论可知，三四岁的幼儿正处于语言与思维逐渐链接但尚未完全链接好的阶段，如果幼儿一时找不到合适的词语和语句来表达自己的意思，那么他的语言就会与思维脱节，出现"口吃"的现象。这说明幼儿的语言发展水平和他的思维难以完全匹配。所以，对于一个4岁的幼儿来说，偶尔或者阶段性的口吃是正常现象，教师和家长不必过于着急。过一段时间，随着幼儿词汇量的不断丰富和语言理解能力的进一步发展，口吃现象将会自然消失。当然，如果幼儿5岁之后依然长期存在口吃问题，那么家长就要考虑幼儿是否有生理方面的问题，最好带幼儿去医院进行专业的检查。

幼儿出现阶段性的口吃现象本身并不是问题，但问题是，幼儿在这一时期如果因为口吃而遭到同伴的嘲笑或成人的批评和打骂，或者成人把这个现象当作幼儿的一种疾病，给幼儿乱贴标签，那么就会给幼儿带来巨大的心理压力，伤害幼儿的自尊心，导致幼儿的口吃现象更为严重，使幼儿更加不愿意运用语言表达，进而阻碍幼儿正常的语言发展。

案例中的丞丞以前没有语言表达方面的问题，暂时出现的口吃现象，应该属于语言与思维链接阶段的正常现象。没想到，这不仅引来了同伴的嘲笑，还让他遭到奶奶、爸爸的训斥和打骂，对他的语言发展非常不利。

教师应对策略

（1）接纳幼儿，帮助他建立表达的自信心

幼儿特别重视外界对他的评价，尤其需要教师的肯定和表扬。所以，教师平时态度要亲和，试着和丞丞建立一种朋友般的关系，减少他的压力和紧张。教师要多观察和留意他的兴趣爱好，从他喜爱的事物入手和他交流，激发他与教师进行语言交流的积极性。

当他愿意说话时，教师要耐心倾听。在他的口语表达稍见进步的时候，教师要抓住机会，及时表扬他。即使他偶尔没有表达清楚，教师也不要嘲笑和批评他，要耐心等待，给他时间让他调整自己。

（2）引导其他小朋友不要嘲笑口吃的幼儿，让他敢于讲话

案例中，丞丞一开始是乐于表达和分享的，是同伴的嘲笑伤害了他的自尊心，让他慢慢地闭上了嘴巴，不再讲话。所以，教师要注意，当丞丞因为说不出来而把小脸憋得通红的时候，尝试用语言引导他继续说出后面的话，帮助他顺利地表达。同时要告诉其他小朋友不要着急，别人说话的时候自己要耐心等待，笑话别人是不礼貌和不友好的行为，更不能说别人结巴，因为别人只是还没有想清楚要怎么说而已。

此外，教师还可以通过讲故事、做游戏等方式，引导小朋友理解，嘲笑别人是不对的以及小朋友之间要友好相处。

家长指导策略

口吃的矫正疗法一般包括心理治疗和语言矫正训练。教师可以指导家长，

从以下两个方面做好工作。

（1）营造轻松、愉快的家庭生活氛围

父母平和的心态是促进幼儿语言发展的重要因素，如果父母一天到晚以焦虑的目光注视幼儿，甚至当着幼儿的面议论幼儿的口吃问题，那么就会在无形中给幼儿压力，降低幼儿言语表达的自信心。家长要为幼儿营造轻松、愉快的氛围，消除其思想负担，减少其心理压力。当丞丞出现口吃时，丞丞的家长尤其是丞丞的爸爸与奶奶不能表现出急躁情绪或粗暴地打断丞丞讲话，要相信丞丞在轻松愉快的氛围中很快就能调整好自己，顺利表达。

（2）对幼儿进行正确的语言表达训练

- 和丞丞玩机器人的游戏：让丞丞扮演机器人，减慢讲话的速度。当丞丞一字一句地表达时，口吃现象就会减少。当丞丞不再口吃时，再让他慢慢地加快说话的速度。

- 让丞丞说话时降低音量，因为轻柔地说话能防止口吃。家长可以和丞丞玩"说悄悄话"的游戏，当幼儿在放松的状态下悄悄说话时，可以减少口吃现象。

- 对于每一个短语的第一个字，家长要引导丞丞慢慢地、轻轻地说出来。因为口吃幼儿往往对短语的第一个字发音困难，如果发音过急过重，容易口吃。

- 多讲多练：家长在日常生活中要利用一切机会与丞丞交谈和练习，不要间断或半途而废。家长还可以让丞丞多唱歌、念儿歌、讲故事或复述令他感到愉快的事，锻炼他连贯说话的能力，纠正他的口吃。

5. 幼儿说脏话怎么办

儿童情况

卓卓，男孩，4.5岁，中班。

行为表现

卓卓在幼儿园里是一个比较调皮的孩子。在集体活动中，他往往不能安静地坐在椅子上，总是左晃晃右晃晃。区域活动时，他会在各个区域间跑来跑去，可在哪里也玩不长。因为他经常搞些小破坏，所以，小朋友们都不喜欢和他一起玩。这几天，又有许多小朋友来告他的状，说他总是说脏话，比如，"臭狗屎""混蛋""打死你"等。当老师为此批评他的时候，他却是一脸洋洋得意的样子。

家庭情况

卓卓的爸爸是出租车司机，妈妈在超市工作，夫妻俩平时工作的时间都比较长，很少能在家里陪伴孩子，卓卓主要由奶奶照看。奶奶忙于家务时，卓卓就看动画片。当老师询问卓卓的爸爸有关孩子说脏话的问题时，卓卓的爸爸对老师说，他也发现了这个问题。卓卓的爸爸接着反思说，卓卓说脏话可能是受小区里几个大男孩的影响，卓卓最近特别愿意去找他们玩，有一次他听到那几个大男孩用这一类话骂人，卓卓和他们一起玩了之后，就开始说脏话了。卓卓的爸爸还因此打过卓卓，但是情况并没有得到改善。

案例分析

卓卓说脏话主要有两个原因：

（1）模仿

如果幼儿所在的生活环境中有人说脏话，那么幼儿就可能模仿。据卓卓爸爸的描述，小区里有几个大孩子说脏话，卓卓和他们玩了之后也开始说脏话，所以卓卓说脏话很可能是一种模仿行为。

（2）验证语言的力量

根据前面阐述的幼儿语言发展阶段理论可知，幼儿在他们的语言与思维建立了链接之后进入语言高速发展期，词汇量越来越丰富，语言表达能力迅速提高。这时幼儿非常兴奋，认识到自己掌握了新的语言能力，感受到自己的语言表达带给别人的影响，并从中获得巨大的成就感，进而急于验证语言的力量。而说脏话经常会引起家长和教师的极大关注，在某种程度上来说，成人的过度反应更让幼儿感受到脏话的"杀伤力"，反而强化了幼儿说脏话的行为。

教师应对策略

（1）耐心地告诉幼儿，说脏话是不对的

小孩子第一次说脏话一般是无意识模仿行为，他们可能只是觉得好玩就说出来了。所以，教师要耐心地告诉幼儿，这些话是脏话，脏话不好听，说脏话是不对的，请他以后不要再说这些话。通过这样的方式，教师可以让幼儿理解是非对错，从而改变他的说脏话行为。

（2）不要过度关注幼儿说脏话的行为

幼儿说脏话，有时也源于一种想要得到他人关注的心理。别人越关注他，越会让他兴奋。所以，当教师判断出幼儿说脏话是试图引起别人的注意时，只要平静地告诉他"你说的是脏话，我不喜欢听"然后快速走开就好了。教师这样的反应会让幼儿感觉说脏话无聊，进而减少说脏话的行为。

案例中的卓卓因为说脏话而引得许多小朋友向老师告状，老师批评他的时候，他却一脸洋洋得意的样子。这说明卓卓是故意说脏话的，他说脏话的

行为成功地引起了小朋友们和教师的关注。所以，当教师和其他小朋友采取忽视的态度时，他可能就会觉得说脏话无趣了。

（3）引导幼儿掌握文明的语言表达方式

当幼儿说脏话时，教师可以根据当时的语言情境，引导幼儿用文明的语言表达自己。比如，当卓卓在区域活动中说"臭狗屎""混蛋""打死你"等不文明的语言时，教师可以引导他这样说："我和你们一起玩，好吗？""请给我一个玩具，好吗？"……当卓卓文明的语言使用得越来越多时，说脏话的行为就会越来越少。

家长指导策略

（1）创造文明干净的语言环境

幼儿的模仿能力是很强的，这也是孟母为什么要三迁的原因。一个长期处在充满污言秽语的环境中的幼儿，怎么能学会文明的语言呢？他们更多的是有样学样。听到大人和别的孩子说脏话，幼儿觉得有趣也说脏话，然而他们根本不知道这是脏话。

想要幼儿不说脏话，首先大人要从自身做起。大人的言行是幼儿学习的榜。大人在与幼儿沟通时，一定要用最礼貌的沟通方式，营造彬彬有礼的交流氛围，给幼儿树立榜样。

如果周围生活中有说脏话的幼儿，大人一方面要建议幼儿不要和他们玩，引导幼儿结交更有修养的玩伴；另一方面，要告诉幼儿，说脏话是不对的。别人说的话，不一定要学。

（2）肯定幼儿文明礼貌的语言表达

家庭生活中，父母可以用积极关注的方法强化幼儿文明的语言表达，帮助幼儿养成文明的语言表达习惯。为了加强效果，家长甚至可以采用夸张的表情和诙谐幽默的语言表扬幼儿，比如，"我突然发现，咱们家里还有一位文明的小绅士呢！""啊，鉴于你是如此地讲文明、懂礼貌，我封你为咱们家的'文明大使'。你好,文明大使!"……这些话会让幼儿感受到,原来文明的语言也是很有力量的。

另外,对于幼儿说脏话的行为,家长要采取忽视的态度,避免消极关注对它的强化。案例中的卓卓爸爸就是在这一点上犯了错误,虽然他打了卓卓,但是卓卓的情况并没有得到改善。

6. 幼儿特别爱说话怎么办

儿童情况

婷婷,女孩,4.5岁,中班。

行为表现

婷婷在幼儿园里,没事就找老师聊天,告诉老师她昨天都去哪玩了,看到了什么,自己穿的衣服就是昨天买的,问老师好看不好看,还问老师的衣服是从哪儿买的,真好看。集体活动时,老师在给小朋友们讲故事,她就和旁边的小朋友小声地聊起来,很兴奋的样子。中午睡觉时,她的小嘴巴也不闲着,一会儿告诉老师旁边一个小朋友没盖好被子,一会儿又说另外一个小朋友总是动来动去。老师感觉她话多得已经有点影响班里的秩序了,于是就找婷婷的妈妈交流。

家庭情况

婷婷的妈妈说,在家里,她也发现女儿最近话特别多。不管你愿意听还是不愿意听,她都会把幼儿园里大大小小的事情描述一遍,还不停地问这问那。妈妈有时都感觉她太吵了,也不知道她哪来那么多话,有时也会生气地制止她,显出厌烦的样子。

案例分析

幼儿进入4岁之后,思维和语言基本上完成链接,能够用语言很好地表达自己的想法。这种新技能的掌握使幼儿无比喜悦,他们会反复运用,不停地说,在外人看起来就像小话痨。这个时期大约持续6个月到一年。这是幼儿验证语言力量的另一种重要方式。

从案例中的描述来看,婷婷正好处于这个阶段。所以教师和家长不应该把这种爱表达的现象当作问题来看待,反而要多加欣赏并正确地引导幼儿。

教师应对策略

(1) 为幼儿提供更多在公共场合讲话的机会

既然验证语言的力量是幼儿语言发展中的一个正常现象,那么教师就应该理解幼儿,尽可能利用日常生活和教育环节,为婷婷提供更多在公众场合讲话的机会。比如,上课时,请她带领小朋友们吟诵儿歌,多请她站起来回答教师提出的问题;做完手工之后,请她介绍一下自己的作品;中午吃饭前,请她给小朋友们做午餐报告,向大家介绍饭菜的营养价值;晚上离园时,请她给小朋友们讲故事等,充分满足她语言表达的需要。

(2) 引导幼儿选择合适的表达时机

在语言发展的特殊阶段,幼儿过多地希望用语言表达是可以理解的,但是如果因此干扰别人就不好了。所以,教师要引导幼儿选择合适的表达时机。比如,当发现别人正在睡觉或工作时,不要说话;在教师开展集体教学活动时,不要乱讲话;自由活动时间,可以找别人说话;下课之后,可以找别人说话。另外,教师也要告诉幼儿,在找别人聊天之前,要先问一下人家："我现在和你聊一会儿天,可以吗?"得到肯定的回答之后,再说话。这个引导的过程,最好是由教师发问,让婷婷自己思考并回答。一方面,这个引导的过程满足了婷婷爱表达的欲望;另一方面,对于自己说出来的规则,她更愿意遵守。

不管怎么样,教师都不能打击幼儿表达的积极性。如果教师正在忙,那么就可以告诉幼儿:"老师正在做别的事情,等老师空闲时,你可以过来跟老师聊天。"

(3)引导幼儿做更多的有关动手操作的游戏

幼儿阶段的发展是一种综合平衡的发展。表达能力是幼儿社会交往和思维发展过程中需要掌握的重要能力,但沉溺于表达自己,也会影响幼儿专注做事能力的发展。所以,教师一方面要满足幼儿表达的需要,另一方面也要引导幼儿做一些动手操作的练习,以引起幼儿多方面的兴趣,促进幼儿的全面发展。

家长指导策略

(1)引导幼儿掌握语言沟通技巧

家庭生活中,家长可以一对一地与幼儿进行语言交流,既要满足幼儿语言表达的需要,又要引导幼儿学会倾听别人的表达,掌握适宜的插话技巧,享受语言交流的快乐。

(2)自然地倾听,既不表扬也不厌烦

处于这个阶段的幼儿会比较兴奋,非常乐于表达自己,以证明自己语言表达的力量。家长如果表扬过多,容易让幼儿从过度表达中获得价值感,强化幼儿表达的兴趣,导致幼儿人际关注过度。所以,家长自然地倾听幼儿即可,不要过度地表扬幼儿。

对于幼儿没完没了的表达,家长也不要不耐烦。在适当地满足幼儿表达的需求之后,家长可以通过引导幼儿动手做事,从而转移他的注意力。

（3）在家里适当引导幼儿做动手操作类游戏

减少幼儿过多的语言表达的最好方法是，引导幼儿动手做事。当幼儿忙于动手做事时，他们就会自然地减少说话。比如，当孩子又开始喋喋不休时，家长可以说："哎呀，我的肚子有点饿了，咱们一起去做饭好吗？""你的玩具小熊有点脏了，咱们给它洗个澡吧。""明天爸爸要过生日了，你画一幅画送给他吧。"

第六章　生活自理
——幼儿独立的起跑线

培养幼儿的自理能力和良好的生活习惯是学前教育阶段最重要的教育内容。在幼儿所有的能力和习惯当中,生活自理能力是首先要培养的,是幼儿其他能力和良好习惯培养的基础,也是塑造幼儿良好个性品质的前提。可以说,生活自理能力才是孩子人生的起跑线,生活自理能力得不到正常培养和发展的孩子则输在了人生的起跑线上。

现实生活中,家长往往忽视培养幼儿生活自理能力的教育价值。很多家长只知道心疼幼儿,或者怕脏、怕乱、怕幼儿做得太慢,不舍得或者不愿意放手让幼儿自己做,这是当前家庭教养中的误区。幼儿教师反映,入园时能够完全生活自理的幼儿很少,有的不会自己吃饭,有的不会自己大小便,而且大多数的幼儿不会自己穿脱衣服。

随着年龄的增长,幼儿虽然最终都能学会生活自理,但错过了通过生活自理来开发智力和培养各种优秀品质的关键年龄。培养幼儿的生活自理能力不单单是一个生活问题,更是一个教育问题,家长必须看到它背后隐藏的巨大的教育价值。

（1）促进身体发育

自己吃饭、自己穿脱衣服、自己大小便、自己睡觉、自己整理物品等生活自理活动，可以有效地促进幼儿的自我身体控制能力、手眼协调能力、感觉统合能力、手部小肌肉等方面的发展。

（2）促进智力开发

生活自理有利于增进幼儿对食物、衣物、便器、玩具等物品的认知，了解各种物品的材料、颜色、软硬、大小、粗糙度等，从而促进幼儿的感知观察能力、注意力、空间想象力、思维能力以及语言理解和表达能力的发展。

（3）促进意志力发展

自主做事是幼儿发展意志力的重要方式，而意志力的发展也会带来意志感，是幼儿获得自我价值感满足的重要途径。幼儿如果不能通过自主做事获得自我价值感，就会转而通过追求新奇感和社会价值感来寻求快乐，从而产生多动、人际关注过度等问题。所以，通过培养幼儿的生活自理能力来发展意志感和自我价值感，是有效预防和解决多动、人际关注过度等问题的重要方式。

（4）培养主动性

6岁之后，儿童就要进入小学学习。这时，主动性是儿童进行自我管理、顺利完成学习任务的最重要的学习品质。具有较强的主动性的孩子，乐于接受挑战，勇于承担学习任务。

笔者经过多年研究发现：虽然主动性对儿童顺利完成学习任务至关重要，但主动性不是从6岁才开始培养的。主动性发展的一大基础，就是有目的地做事。从1岁左右开始，随着自我意识的发展，幼儿做事的目的性越来越强，这是主动性发展的起点。生活自理是日常生活中每一天都要发生的事，现实的目的性非常强，是培养幼儿主动性的重要方式。这一时期如果大人包办过度，就会使幼儿变得被动、依赖家长，导致其主动性变差。上学后表现出做事磨蹭、拖拉，家长不催就不做的幼儿往往都有这方面的原因。

（5）增强自信心

幼儿只有在能够自己做事、自己照顾自己时，才能感受到自己幼小生命的伟大，进而产生很强的成就感和自我价值感，增强自信心。生活自理能力差、被包办的幼儿，一般缺乏安全感和成就感。

（6）形成良好的个性品质

幼儿在每天坚持"自己的事情自己做"的过程中，容易形成克服困难、有勇气、勤劳、能吃苦、坚持、独立、有耐心和自我负责等良好的个性品质。而从小被包办的幼儿，容易形成懒惰、依赖、不能吃苦、习惯支配别人、不承担责任等不良的个性品质。

实际上，培养幼儿的生活自理能力和良好的生活习惯，不需要复杂高深的教育技巧和教育方法。父母只要重视生活自理对幼儿成长的重要价值，在日常生活中稍加引导，然后放手让幼儿自己做，就会让幼儿在生活中通过观察、模仿和反复练习，自然地习得基本的生活自理能力。

如果在幼儿3岁前，父母没有在家里培养幼儿形成良好的生活自理能力，那么幼儿上幼儿园之后，没有父母可以依赖，也能够在教师的正确引导和集体氛围影响下很快掌握各项生活自理能力。这时，家长一定要积极配合幼儿教师，家园共育，帮助幼儿尽快养成生活自理的习惯，发挥生活自理的教育价值。

这一章，我们将对有关幼儿生活自理问题的几个典型案例进行分析，探讨幼儿园和家庭合作共育，引导幼儿生活自理的有效方法，培养幼儿的生活自理能力和良好的生活习惯，使幼儿不输在人生的起跑线上。

1. 幼儿不会自己吃饭怎么办

儿童情况

哲哲，男孩，3岁，小班。

行为表现

刚上幼儿园的哲哲，各方面能力表现得都比较弱。吃水果时，小朋友们都挨个排队来领香蕉，大家都领完了，哲哲还坐在小凳子上一动不动，老师叫他，他才过去拿了香蕉。可是等小朋友们都吃完的时候，他的香蕉还没动。问他为什么不吃，他反问老师："这个怎么吃？"

进餐时间，哲哲一动不动地坐在小椅子上，呆呆地看着老师。老师让他自己拿着勺子吃饭，他看了看碗和勺子，没有动。老师只好蹲下来，手把手地教他拿好勺子。过了一会儿，老师发现他用小手拿着勺柄的外侧，将勺子一点点伸到碗里舀饭菜，没想到却把饭菜直接弄到了桌子上。老师只好走过来，一口一口地喂他吃饭。

家庭情况

经了解，哲哲的妈妈在家里事事包办。吃水果时，妈妈都是把水果切成小块喂给他吃，从来不让他自己动手。吃饭时，怕哲哲弄脏衣物，也不让他自己吃。一般是哲哲看着动画片，妈妈在旁边喂他。哲哲不想吃了，妈妈就拿着饭碗追着喂。

案例分析

从哲哲的家庭教养情况可以看出，哲哲的吃饭问题完全是由妈妈包办导致的。幼儿通常在6个月大时就可以自己用手拿东西吃，1岁左右就应该练习用勺子自己吃饭，2岁之前应该具备独立进餐的本领。显然，哲哲没有达到这方面的要求。妈妈的包办和追着喂饭的做法容易让哲哲的成长出现以下问题：

◆ 认知水平低、缺乏基本的生活常识：不知道怎样剥香蕉皮等。
◆ 动手能力和手眼协调能力差：不会用勺子，不能把饭菜准确地送到自己的嘴里。这些本是1岁多的孩子就能掌握的技能，而3岁的哲哲却做不到。
◆ 缺乏专注的能力和习惯：不能专心地做一件事，边吃边玩。专注力是幼儿日后学习和做事的基础，哲哲的学习品质在这里就被破坏了。
◆ 依赖别人、做事缺乏主动性：哲哲习惯像木偶一样被别人照顾和安排，被动地等着别人喂，不主动吃饭，不主动去拿香蕉。

生活即教育。如果父母能放手让哲哲自己做事，上述能力都能在哲哲自己吃水果和自己吃饭的过程中得到有效的培养。但是，因为妈妈的包办，哲哲不仅不会自己吃饭，还丧失了获得这些知识、能力和主动性发展的机会。刚出生的孩子其能力都差不多，但短短的3年时间，哲哲各方面的能力已经落后于同龄幼儿。

入园后，哲哲不会吃饭，也不能很快地适应幼儿园的集体生活。渐渐地，他很可能会认为自己比别人差，自信心受到打击。而不自信的幼儿往往不愿意接受挑战，不敢尝试学习新技能，而这会严重影响哲哲的正常发展。

教师应对策略

（1）多种方式帮助幼儿掌握进餐技能

进餐时，教师要对哲哲特别关注，可以请他坐在自己身边，一点一点地教给他正确的进餐姿势和拿勺子吃饭的方法。比如，两腿并拢，端坐在小椅子上，小臂平放在桌面上，左手扶碗，右手拿勺，一小口一小口有节奏地吃饭。同时，为避免哲哲因不会自己吃饭而吃不饱，进餐时，教师可先鼓励他自己吃饭，在大部分幼儿即将吃完时，再帮助他进餐，并逐渐减少帮助时间，最后达到哲哲完全能自己吃饭。

教师可以把一些进餐技巧编成儿歌，让哲哲在游戏中掌握进餐技能。例如，"小勺子，拿拿好，小饭碗，扶扶牢，小眼睛看好碗，吃得干净真正好""吃饭时，要坐好，慢慢吃，细细嚼，不掉饭，不洒汤，好好吃，长得胖"等。

此外，教师还可以在区域内投放丰富的材料，为哲哲提供动手练习的机会。比如，可在操作区投放一些布娃娃，鼓励哲哲给布娃娃"喂饭"，在游戏中，进一步锻炼哲哲拿勺子的技能，游戏中的愉快体验也会增强哲哲对吃饭的兴趣。

（2）利用集体氛围带动幼儿自己吃饭

进餐前，教师可以通过灿烂的微笑或热情的拥抱，消除哲哲进餐时紧张的心理；进餐时，播放舒缓的轻音乐，生动地介绍饭菜的名称和营养，引起哲哲的进餐兴趣。教师还可以把哲哲安排在进餐能力强的幼儿旁边，用小伙伴的榜样作用带动他。另外，在墙饰布置上，教师可以放小朋友独立进餐的图片。

（3）及时肯定幼儿的努力和进步

在家里被包办、不会自己吃饭的幼儿，在幼儿园进餐时很可能会有恐惧感，产生畏难情绪，这时教师要及时鼓励幼儿。比如，教师可以对哲哲说："我相信你能做好！咱们可以试一下。"对于他们的点滴进步，教师要及时给予肯定和表扬，让幼儿感受到成功的喜悦。比如，哲哲自己用勺子吃饭，虽然拿勺方式不是很标准，教师也要肯定他，可以说："你长大了，都能自己吃饭了！""如果这样拿小勺子就更好了。"成就感会让幼儿产生良好的情绪，提高幼儿的自信心，激发他独立进餐的兴趣。随着时间的推移，幼儿独立进餐的能力会不断提高。

家长指导策略

（1）引导家长理解生活自理的教育价值

前面我们分析过，生活自理能力的培养，不需要高深的教育技巧，主要在于家长的教养观念。所以，教师必须首先引导家长理解"幼儿是在生活中学习的"，明确幼儿独立进餐的教育价值，帮助家长了解在家庭生活中培养幼儿独立进餐能力的重要性。然后鼓励家长果断放手，给幼儿学习和练习的机会，让幼儿迅速补上已经落下的独立进餐这一课。

（2）家园合作培养幼儿独立进餐的能力和习惯

如果在幼儿3岁之前家长没有让幼儿学会自己吃饭，那么上幼儿园就是锻炼幼儿的最好时机。

刚上小班时，许多幼儿都不会自己吃饭。上幼儿园之后，在教师的正确引导和集体氛围的带动下，每个幼儿都能很快掌握自己吃饭的技能。这时，家长一定要注意，在家里也要坚持让幼儿自己吃。如果幼儿自己不吃或坚持要求大人喂饭，大人一定不要迁就和妥协。家长可以对幼儿说："老师说在幼儿园里，小朋友都是自己吃饭的，你吃给我看看。""啊，你长大了，都可以像大人一样自己吃饭了呀！"如果幼儿犯懒，不想自己吃饭，父母也可以平和地告诉幼儿："很抱歉，妈妈今天也很饿，想自己吃饭，你还是自己吃吧……"打消幼儿想依赖家长的念头。

（3）用做游戏和讲故事的方法引发幼儿自己吃饭的兴趣

在刚开始引导幼儿自己吃饭的时候，家长可以采取游戏的方法。比如，给饭菜起一个好听的名字；也可以用讲故事的方式，比如，森林生日会："一天，森林里的小熊过生日，请宝宝和小猫、小狗去作客，宝宝可高兴了，就和小猫、小狗来到了小熊家。小熊可热情了，端来了饮料、他自己做的生日蛋糕以及所有小伙伴们爱吃的东西。小猫一边吃鱼一边说：'真香，真香！'小狗一边啃骨头一边说：'真香，真香！'小熊也一边吃蛋糕一边说：'真香,真香!'朋友们都吃得很开心,宝宝却着急了,他什么也没有吃到,因为他在家的时候,总要妈妈喂他,现在东西都快被吃光了,妈妈又不在,怎么办?宝宝想了想,就拿起小勺小碗,开始试着自己吃饭了。"这些游戏和故事都有助于引发哲哲自己吃饭的兴趣。

(4) 切忌采用利诱的方式哄幼儿吃饭

有的家长为了让幼儿好好吃饭,就采取利诱的方式,用幼儿喜欢的玩具、食品等哄着幼儿吃饭,甚至在有的家庭中,爷爷奶奶、爸爸妈妈一家人围着幼儿,用各种方法哄着幼儿喂饭。

笔者见过这样一个场景:爷爷敲鼓,引着幼儿哈哈笑。幼儿一笑,奶奶就赶紧给幼儿喂一口饭,边哄边吃。如果爷爷不敲鼓了,幼儿就不吃饭了。

家长如果以利诱的方式哄幼儿吃饭,久而久之,便会让幼儿把"吃饭"这件事当作交换条件,而不能养成独立进餐的好习惯。

2. 幼儿不会咀嚼怎么办

儿童情况

芮芮,女孩,3.5岁,小班。

行为表现

芮芮是一个非常活泼可爱的小女孩,眼睛大大的。午餐时间,小朋友们都吃得津津有味,可芮芮餐盘里的好吃的却一口未动,她坐在那里眼巴巴地盯着午饭，不一会儿，芮芮的眼泪就"吧嗒吧嗒"地往下掉。老师发现后，第一时间过去问芮芮怎么了，芮芮只是哭，并不回答老师的问题。老师说："你看小朋友们吃得多香啊！你也来尝尝幼儿园的饭菜好不好吃吧。"于是，老师开始一口一口地喂芮芮吃饭。在喂饭时，比较好嚼的食物刚一入口就被芮芮咽了下去，而稍硬一点的食物却被芮芮直接吐了出来。老师发现被她吐出的食物，基本没有咀嚼过的痕迹。于是，老师只好把需要咀嚼的食物用勺子弄碎了喂给她。

一天晚餐时，幼儿园里吃肉卷，老师给所有的小朋友分好饭。一转身，发现芮芮直着脖子呕，明显是被噎着了。老师飞快地走过去，让她趴在自己的腿上使劲捶她的后背，终于让她把卡在喉咙里的肉卷吐了出来，老师也被吓出了一身冷汗。

家庭情况

芮芮的父母上班比较忙，孩子从小基本由姥姥带养。姥姥怕卡着孩子，在家里都把饭做得非常软烂，给孩子吃的更多的是流食，水果也是榨成汁给孩子喝。吃饭时孩子基本不动手，都由大人喂。后来，老师与芮芮的父母见面之后，发现芮芮的父母都是宽脸庞，而芮芮两颊却非常窄。因为不经常咀嚼食物，芮芮的咀嚼肌没有得到很好的锻炼，所以她的两颊非常瘦削。

案例分析

婴儿吸吮乳汁的能力是天生的，而咀嚼和吞咽的能力却是后天习得的。所以，家长要有意识地引导孩子练习咀嚼。在孩子五六个月添加辅食之后，家长要有意识地给孩子提供软硬适中、适合咀嚼的食物，由软到硬，循序渐进地锻炼孩子的咀嚼能力。在孩子1岁以后，家长一定要给孩子准备薄的馒头片、面包片、水果片，让他自己咬着吃。此外，家长还要引导孩子懂得一次吃进嘴里的食物不要太多，食物进到嘴里之后，要有一个上下牙齿咀嚼的过程，把食物嚼碎之后咽下去，然后再吃第二口，这样反复让孩子练习咀嚼。

家长也可以给孩子做示范，引导孩子在这种有节奏、有韵律的咀嚼过程中品味和享受美食，养成愉快、专注、认真咀嚼的好习惯。

但是，如果家长照顾孩子过于精细，因为怕孩子噎着就把食物弄碎喂给孩子吃，或者一直给孩子吃流食，那么孩子就失去了练习咀嚼的机会。孩子的咽部、口腔和咀嚼肌得不到锻炼，就会拒绝吃需要费力嚼的食物。有的孩子还表现出嘴里含着东西不咽，或者一吃粗糙的东西就恶心想吐，甚至吃不好就噎着自己的情况。上述案例中的芮芮就是一个典型的例子。

常常有小班幼儿不会嚼饭，嘴张不开，或者只用前门牙嚼饭，这不仅会影响幼儿吃饭的速度，还容易给幼儿带来危险。

教师应对策略

（1）特别关注幼儿的进食安全，避免发生危险

不会咀嚼的幼儿非常容易出现被噎着的情况。所以，幼儿教师要多关注不会咀嚼或咀嚼能力差的幼儿，避免发生危险。

（2）通过游戏或儿歌引导幼儿细嚼慢咽

教师可在饭前和幼儿玩"咬一咬，嚼一嚼"的小游戏，让幼儿夸张地张大嘴巴嚼一嚼，以训练幼儿打开口腔用槽牙咀嚼的能力。久而久之，幼儿就学会了正确的咀嚼方法。教师也可以用儿歌和故事引导幼儿。比如，"吃饭时，不讲话，安安静静来坐下。一口饭，一口菜，细细嚼，慢慢咽，细嚼慢咽好消化"。

（3）营造气氛，仔细咀嚼，品味美食

吃饭是一个很美好的过程，教师要营造愉快的进餐气氛，引导幼儿仔细咀嚼和品味食物，享受进餐的过程。

> 家长指导策略

（1）提供适合练习咀嚼的食物

家长要注意改变幼儿的饮食类型，逐渐减少细、软、烂的食物，增加稍硬且方便幼儿拿着吃的食物，鼓励幼儿练习咀嚼。爸爸妈妈尤其要做好老人的工作，给幼儿提供适合其发展水平的食物，不要过于软烂，帮助幼儿养成良好的饮食习惯。

（2）教给幼儿咀嚼的技能

上幼儿园之前，如果幼儿有咀嚼问题，家长不要太沮丧，应该循序渐进地训练幼儿的咀嚼能力。家长可以准备一些饼干、薯条、面包片、馒头片，切成片的苹果和梨（切忌榨成汁），以及青菜（要切成段，不要太长），让幼儿练习咀嚼。吃饭时不要让幼儿看动画片，尽量让幼儿安静、专心地吃饭，认真地咀嚼。对于咀嚼能力差的幼儿，千万不要让他塞满口，要不然嚼不动都会吐出来，一定要让他咽下去一口后再吃下一口。

家长也可以给幼儿做示范，或者和幼儿一起吃，带动幼儿有意识地做出咀嚼的动作，锻炼幼儿的咀嚼技能。幼儿肯咀嚼的时候，家长要多称赞，多鼓励。

（3）用"美"食吸引幼儿享受美食

色泽丰富、造型多样的食物容易引起幼儿的兴趣，增强幼儿的食欲。例如，可以提供卡通造型的馒头、五彩蝴蝶面等。这些食物造型可爱、口感松软，幼儿感兴趣，自然愿意大口嚼着吃。另外，家长也可以用简短生动的语言进行餐前介绍，勾起幼儿的食欲，鼓励幼儿细嚼慢咽，品尝美食。比如，妈妈可以说："今天午饭有白白的米饭、红红的虾、黄黄的土豆、绿绿的油菜……看看，你想吃什么颜色的饭菜呢？"

3. 幼儿挑食怎么办

儿童情况

昕昕，女孩，4岁，小班。

行为表现

昕昕是一名特别爱挑食并且很倔强的小女孩，她不喜欢吃肉、虾、鱼、葱花等食物。只要是碗里有她不爱吃的东西，她就一口都不吃，老师怎么劝都没用。她爱吃的东西似乎很少，基本上每顿饭都有她不爱吃的食物。"小白兔的故事""为食物起好玩的名字""小奖励"等方法对她都不奏效，后来教师也尝试用小惩罚的方式来督促她吃饭，比如，吃不完饭就不能和小朋友们一起出去散步，但是对她也毫无作用。尽管她也很不喜欢这个结果，但是仍然不愿意吃光饭菜。

家庭情况

昕昕妈妈说，在家里昕昕挑食的问题也很让她头疼。每次做饭之前，她都要问孩子想吃什么，然后再变着花样给她做，基本上孩子爱吃什么，就给她做什么。即使这样，昕昕时常也不愿意吃。爸爸有时会因此生气，惩罚孩子。昕昕只有在真正被惩罚后才会勉强地吃一两口。后来妈妈得知孩子挑食可能跟身体中缺乏微量元素有关，就给孩子买了一堆补充微量元素的保健品。前几天孩子的眼睛长了麦粒肿，医生说可能与挑食有关。

通过跟孩子妈妈聊天，老师发现孩子平时喜欢吃零食，一般在幼儿园放学后，妈妈都会带着昕昕去吃她喜欢吃的汉堡和薯条。

案例分析

所谓挑食，就是对食物喜欢或不喜欢的强烈反应和对食物选择有偏差的行为表现。挑食、偏食、拒食等都是幼儿常见的饮食问题。在幼儿园里，教师经常发现幼儿有各种挑食、偏食的情况，有的幼儿只喜欢吃肉，不喜欢吃菜；有的幼儿只吃主食，不吃菜；有的幼儿不喜欢喝汤；还有的幼儿不吃鸡蛋，不吃虾皮等。毫无疑问，偏食和挑食会影响幼儿的营养均衡，也会导致幼儿在幼儿园遇到困难，因为幼儿园里幼儿众多，幼儿园要考虑幼儿的膳食营养均衡，不可能照顾到每一个幼儿的口味。所以，幼儿教师和家长要有效引导，帮助幼儿改变挑食的不良习惯。

挑食都是后天形成的，一般有以下原因：

（1）家人有偏食的习惯

家人的饮食习惯会对幼儿的偏食造成影响吗？答案是肯定的。因为，幼儿的模仿能力强，情绪和感受都容易受大人的影响，所以如果家中有人偏食，往往会影响幼儿不吃或讨厌吃某种食物。特别是家人在餐桌上说话太随便，无意中说出对食物的偏好时——"我最喜欢吃……我最不喜欢吃……"——就会对幼儿产生暗示作用，使幼儿出现偏食行为。有偏食习惯的家长，其家庭饮食往往也比较单一，因为家长只做自己喜欢吃的，久而久之，就会导致幼儿出现偏食的情况。

（2）家长过于强调孩子的饮食喜好

家长都非常爱孩子，一看到孩子吃某种食物比较多，就大肆渲染孩子最喜欢吃什么；看到孩子吃某种食物比较少，就开始广而告之孩子不喜欢吃什么。而且，为了表达对孩子深深的爱，一发现孩子喜欢吃什么或什么东西吃得多，家长就不断地做相同的饭食。每到吃饭时，家长往往会反复地对孩子说："快来吃饭，宝贝，我做了你最喜欢吃的鱼丸子！"家长这样说向幼儿传递的信息是——"你喜欢吃什么很重要；你喜欢吃什么，我们就会做什么，我们都会满足你；不喜欢吃的，你可以不吃"。久而久之，这种过度照顾幼儿饮食偏好的做法，让幼儿习惯了家人把他放在中心的位置，习惯了只吃自己喜欢吃的东西，这不仅强化了幼儿对食物的偏好，形成了幼儿偏食的习惯，还使幼儿进入故意不吃以引起别人关注并从中获得成就感的误区。

实际上，当幼儿第一次吃某种食物吃得比较少时，不一定是因为他不喜欢吃，很可能是因为当时他不饿或者胃口不好。成人的强化反而影响了幼儿对食物的感受，让他产生了不喜欢吃的错觉。

所以，现在很多幼儿挑食，大都与家长过度强化有关，谁让家长们那么关注孩子的喜好呢。有的家长每次做饭之前都要问孩子："宝贝，你喜欢吃什么呀？是菠菜还是油菜呀？"实际上，很小的幼儿根本没有这种选择能力，但大人非要问，他们也只好胡乱地选一种，然后慢慢地形成了以自我为中心、故意挑食的毛病。

（3）不愉快的进餐体验

被热汤烫到、被鱼刺卡住、口味太重、菜色单调等，都会影响幼儿对食物的印象，进而造成幼儿拒吃或害怕吃的心理。有的家长一听说某种食物对幼儿的身体成长有好处，就要求幼儿每天吃这种食物。还有的家长担心幼儿吃不饱，影响身体发育，总想让幼儿多吃一点。强迫进食和过多喂食，只会增加幼儿对此类食物的厌恶，导致他们偏食。

（4）平时吃零食太多

现在市场上精美包装的小食品太多，这些食品大都含有比较多的添加剂和防腐剂，口味浓重。因此，吃零食太多的幼儿往往感觉正常烧制出来的饭菜不香、没有味道，所以不愿意吃。此外，吃零食太多的幼儿到了饭点不饿，什么也不想吃，于是他们就表现出不愿意吃和挑食的问题。

案例中的昕昕妈妈经常让昕昕吃零食，而且每次做饭前都问她喜欢吃什么，过于关注昕昕的饮食偏好，同时爸爸的惩罚和强迫进食又让昕昕有了不愉快的进餐体验……这些都是导致昕昕挑食的原因。

教师应对策略

（1）利用绘本或游戏，让幼儿了解食物的营养

教师可以选择适合的绘本故事，准备各种食物和蔬菜的图片或课件等，引导幼儿认识、了解各种食物的营养价值和对身体的好处，可以针对本班幼儿挑食的情况有侧重地介绍，引起幼儿对各种食物的兴趣，帮助幼儿克服挑食问题；也可以在角色区开展娃娃家、小厨房、菜市场等游戏，鼓励幼儿给布娃娃做营养丰富的饭菜，让布娃娃健康成长；还可以在美工区让幼儿给各种蔬菜和食物涂颜色，然后张贴在墙上，引导幼儿和蔬菜交朋友，成为健康好宝宝。

（2）利用榜样作用，带动幼儿养成饮食好习惯

每个班里都有吃饭吃得很好的小朋友，教师发挥他们的榜样作用，在班里表扬他们，比如，教师可以说："今天果果小朋友吃饭吃得真香，把盘子里的菜全部吃光了，一点也没有剩下。谢谢果果小朋友，大家都要向他学习呀！"也可以用奖励小贴纸或者卡通小印章的方式来鼓励小朋友不挑食。

（3）循序渐进，帮助幼儿改掉挑食的不良习惯

挑食的不良习惯不是一朝一夕形成的，因此克服这一不良习惯也要循序渐进，不可急于求成。对于案例中昕昕不爱吃的饭菜，教师可以允许其先吃三分之一，下次吃二分之一，最后全部吃掉……这样就不会引起她的逆反心理，可以有效地帮助她改正挑食的不良习惯。

家长指导策略

（1）积极配合教师，帮助幼儿调整偏食的问题

现实生活中，有的家长对幼儿偏食的问题不以为意。当教师向家长反映幼儿偏食的问题时，家长不但没有积极配合，主动和教师商量帮助幼儿的办法，反而当着幼儿的面告诉教师："他想吃就吃，不想吃就算了。"当幼儿得到家长的首肯之后，就更加不愿意改变自己了。

教师可以利用"家长开放日""家长进课堂"等活动，或者通过拍照片、视频等方式，让家长了解幼儿的饮食情况，认识到挑食对幼儿健康成长的危害，树立家园合作、共同帮助幼儿改变挑食行为的观念。

对幼儿的挑食问题，家长不妨改变策略和办法，比如，在幼儿面前这样说："人的口味是会变的，以前不想吃的食物，突然哪一天就想吃了，你可以挑战自己，尝试一下。"

（2）不要在幼儿面前强调他喜欢吃什么或不喜欢吃什么

在幼儿面前说他不喜欢吃什么，只会暗示和强化幼儿的"不喜欢"，加重幼儿偏食的毛病。家长不妨使用积极暗示的方法，比如，说："我家宝宝吃饭很好，不挑食，什么都爱吃。"最好的办法是，在幼儿面前多讨论：食物都好吃，都有自己独特的味道；这种食物有什么营养，吃了对身体有什么好处，等等。这样有利于引导幼儿从小对自己的身体健康负责，关注饮食健康，而不是只追求口感的好坏。

（3）限制幼儿吃零食

当前，口味浓重的小零食充满了街头巷尾的大小超市，幼儿受到诱惑去吃零食的机会特别多。如果家长不加以限制和引导，幼儿很容易会因为吃零食过多而导致食欲不好、挑食等问题。案例中，昕昕妈妈经常在幼儿园放学后带昕昕吃汉堡和薯条，导致昕昕食欲不好。所以，家长要限制幼儿吃零食，引导幼儿多吃谷物、蔬菜、鱼、肉、蛋、坚果等健康的食物，多喝白开水等健康的饮品。

（4）制作色香味俱全的饭菜

家长可以利用多种烹调方法，制作色香味俱全的食物，吸引幼儿。比如，家长可以把幼儿不喜欢吃的胡萝卜做成胡萝卜肉馅的包子，或者做成幼儿爱吃的蛋炒饭；可以把幼儿不喜欢吃的青菜剁碎，做成馄饨、水饺等；可以把幼儿不喜欢吃的青椒、洋葱，做成美味的披萨等；还可以制作各种形状的面点，用蔬菜汁和面，营养丰富，幼儿又特别爱吃。当幼儿逐渐适应了各种食物的味道后，就会变得不挑食。

（5）让幼儿参与制作食物的过程

家长可以带幼儿一起去菜市场买菜，一起洗菜、择菜，和幼儿商量食物的制作方法，让幼儿看到食物制作的过程，从而引发对食物的喜爱和兴趣。幼儿吃饭的时候，家长可以夸夸幼儿很能干，对幼儿说："让我们来品尝劳动果实吧。"

（6）家长要以身作则不挑食

家长是幼儿学习的对象，家长的一言一行、一举一动都是幼儿学习模仿的榜样。因此，每次进餐时，家长都要均衡饮食，表现出食物特别好吃的样子，和幼儿一起讨论饭菜的营养，吃了对身体有什么好处等。如果家长有挑食的毛病，那么一定不要在幼儿面前表露出来，避免对幼儿造成负面影响。

4. 幼儿不会穿脱衣服怎么办

儿童情况

洛洛，男孩，3岁2个月，小班。

行为表现

为了与家长共同培养孩子的良好生活习惯，小班开展了"好习惯打卡"活动，引导小朋友不仅在幼儿园里要"自己穿脱衣服""自己穿鞋子"，在家里也要这样做。看着家长们每天在群里上传的孩子们自己做事的视频，老师不禁感叹孩子们取得的巨大进步。

但是洛洛引起了老师的注意。洛洛的爸爸妈妈虽然也按时在群里上传洛洛自己穿脱衣服、穿鞋子的照片，并且洛洛的表现看上去还不错，但是他在幼儿园却完全是另外一副样子。

每天午睡起床之后，孩子们大都积极地穿自己的衣服，开心地展示自己的能力，享受这种自我服务的过程，但是洛洛丝毫没有自己穿衣服的想法。有一次老师问他："你为什么不像其他小朋友一样自己穿衣服呢？"他回答说："我不会。"然后老师就一步一步地教他，但他在整个过程中表现得非常被动和生疏，完全不是每天进行"好习惯打卡"的孩子应该有的表现。

家庭情况

洛洛的爸爸妈妈经营着一家照相馆，家境殷实。但是爸爸妈妈上班忙，都是由奶奶照顾洛洛。每天早上爸爸送洛洛到幼儿园，晚上奶奶来接。不难看出，爸爸非常疼爱洛洛，满眼里都是宠爱；奶奶更不用说了，每天放学后都不及时带洛洛回家，而是带他到超市买各种零食，什么事都听孙子的。

洛洛爸爸说，在家里，奶奶非常宠爱洛洛，每当洛洛遇到什么事情，奶奶都会在第一时间出现。每天早上起床时，洛洛都会喊奶奶来给他穿衣服。听到洛洛喊，奶奶就会立马出现在洛洛面前并送上周到的服务。

案例分析

世界上的许多关系都以聚合为目的，只有父母和孩子的关系是以分离为目的的。父母的教育是为了让孩子学会独立，让孩子有一天离开父母之后能够很好地照顾自己。穿脱衣服是孩子每天都要进行的活动，也是孩子独立生活必须掌握的技能。

对幼儿来说，穿脱衣服的过程有着重要的教育价值。它是培养幼儿对比观察能力的过程，是幼儿了解自己的身体与衣服的特征、把衣服和身体部位有序对应的过程，是培养幼儿的空间想象力、身体和四肢协调能力的过程。因此，成人不仅要从生活自理的层面，更要从教育的高度来重视这个过程，充分发挥穿脱衣服的教育价值。

但是在现实生活中，像吃饭一样，幼儿穿脱衣服的过程也被许多家长，特别是祖辈家长包办了。案例中的洛洛就是一个被包办的幼儿。在教师给他穿衣服的过程中，他的被动、依赖表现非常明显。他很自然也很坦然地对教师说："我不会。"好像别人为他做事都是理所当然的。在同龄伙伴都已经积极地尝试自己穿衣服并体验成长快乐的时候，洛洛显得格格不入。显示"无能"是这类幼儿依赖成人的常用方法，也是他们不自信的一种表现。

教师应对策略

（1）利用儿歌和游戏，引发幼儿自己穿脱衣服的兴趣

教师可以利用一些朗朗上口的儿歌，引发幼儿穿脱衣服和鞋子的兴趣，让幼儿边朗诵边做，在快乐的儿歌声中轻松掌握穿脱衣服的技能。比如，"抓领子，盖房子，小老鼠，出洞子，吱溜吱溜上房子""缩缩头，拉出你的乌龟壳，缩缩手，拉出你的小袖口""两个好朋友，见面手牵手，要是穿对了，它们头碰头，要是穿错了，它们把头扭"。教师还可以在午睡室的墙上展示穿衣服的步骤图，方便幼儿随时学习和巩固。

游戏是幼儿最喜欢的活动。教师可以通过游戏培养幼儿穿脱衣服和鞋子的兴趣、技能。比如，玩角色游戏"给娃娃穿衣服、脱鞋子"，进行"穿衣服、穿鞋子比赛"等。这些游戏符合幼儿的学习特点，会让幼儿在边玩边学中掌握这项技能。

（2）一对一引导和鼓励幼儿

穿脱衣服是幼儿每天都要做的事。对于不会自己穿脱衣服的幼儿，教师要想办法引导幼儿自己做，并不断肯定幼儿的配合和进步。在这一过程中，教师既教给幼儿穿脱衣服的技能，又能让幼儿体验到独立完成一件事的成就感，获得自己独立做事的美好体验，进一步激发他们通过反复练习，熟练掌握穿脱衣服和鞋子的技能的积极性。

（3）引导小朋友们互帮互助

教师可以开展"互帮互助"活动，让能力强的小朋友帮助不会自己穿脱衣服的小朋友，既使能力强的幼儿体验到为他人服务的乐趣，又使能力弱的幼儿提高自我服务的意识和能力。

家长指导策略

（1）积极动脑，教幼儿正确地穿脱衣服

教幼儿基本的穿衣服方法。比如，穿上衣时，衣服的前襟朝外，双手提住衣领的两端，然后把衣服披在背上，再将手伸入衣袖。扣纽扣时，先把两侧门襟对齐，从最上面的纽扣扣起，以免错位。穿裤子时可以增加有趣的语言辅助，如"两列火车进山洞，一个山洞只能进一列"或"火车进山洞喽，呜呜。"

教幼儿认识衣服的前后。比如，衣服的前后有哪些标志，如有的裤子前面有口袋，有的裤子前后口袋不一样，教幼儿记住这些标志。此外，在给幼儿买衣服的时候，可以买那些容易区分前后的衣服，如上衣胸前有他喜欢的小动物，裤子前面有口袋或膝盖上面有图案等，使幼儿不容易弄错。幼儿穿毛衣时，经常不看前后拿起来就穿，因此，家长要教幼儿通过看衣服上的图案、领子的高低来区分毛衣的前后。

教幼儿认清衣服的正反。图案清晰、表面平滑的一面是正面，而图案不清晰、表面粗糙、有明显缝合的一面是反面。穿衣服时要让正面向外，这样穿起来才好看。

教幼儿掌握正确的穿衣顺序。秋冬季节穿衣服前想一想，哪件是穿在里面的，哪件是穿在外面的，里面的要先穿，外面的要后穿。这是培养幼儿观察能力和有条理做事的最好时机。

（2）循序渐进，培养幼儿的成就感和自信心

家长需要注意的是，对幼儿来说，最初穿脱衣服的过程就像游戏一样。开始时幼儿可能穿不好：把扣子扣错了、把裤子穿反了或把两条腿伸到一条裤腿里。家长不要着急，可以像做游戏一样引导幼儿反复练习和尝试，或者从旁协助，最后让幼儿享受学习穿脱衣服的过程，获得快乐和成就感。

这个练习的过程要从容易到复杂，循序渐进地进行，最好是从夏天开始，因为夏天穿的衣服简单，而且慢慢穿也不易受凉。夏天学会穿短裤、背心，随着天气变化，逐步学习穿长袖的衣服和裤子，然后学习穿外套。这是一个较长的学习过程，家长要给幼儿充足的练习时间。每当幼儿取得一点小小的进步时，家长都应不失时机地予以鼓励和赞赏，使幼儿坚信自己有能力做好自己的事情。

（3）配合幼儿园，帮助幼儿养成自我服务的好习惯

幼儿园开展"好习惯打卡"的活动，目的是家园共育，培养幼儿生活自理的良好习惯，可洛洛家长却上传了孩子自己穿衣服的"假"照片来欺骗教师。这种做法一方面会让孩子学会不诚实，另一方面也失去了通过每天打卡帮助洛洛掌握自己穿脱衣服技能的机会，导致洛洛在幼儿园午睡起床后不会自己穿衣服，被动等待教师的帮助，在开心地展示自己能力的小朋友中显得格格不入。

此外，建议洛洛奶奶积极配合教师，在家里放手让洛洛自己穿脱衣服。一开始孩子可能穿得比较慢，衣服也穿得不那么整齐，奶奶要慢慢引导、耐心等待。按幼儿园的要求坚持一段时间之后，洛洛就会熟练掌握穿脱衣服的技能，并养成独立做事的生活习惯。

5. 幼儿不会自己大小便怎么办

案例1

儿童情况

凡凡，男孩，3.5岁，小班。

行为表现

刚上小班的凡凡，是一个性格有点内向、不爱交流的孩子。刚入园，老师就发现他总是尿裤子，吃饭时偶尔还会尿在小椅子上；老师午休巡视时，也时常发现凡凡尿床。一次音乐活动中，孩子们正跟老师学唱歌，只见凡凡的脸憋得通红，双腿抖动，坐立不安。老师过去询问，凡凡低头不语，只见座位下流出一汪水，老师摸了摸凡凡的裤子，感觉一片湿热。

家庭情况

妈妈反映：在家里，凡凡吃、喝、拉、撒都比较拖延，尤其是大小便，需要大人经常提醒。上厕所也得大人跟着，帮忙脱裤子、提裤子。

案例2

儿童情况

涵涵，男孩，3岁3个月，小班。

行为表现

涵涵是一个活泼好动的小男孩，表达能力也不错，可是却出现频频拉裤子的情况。拉裤子后，他也不主动告诉老师，即使老师发现异常情况后，他也一再掩饰，不愿承认。

家庭情况

涵涵妈妈说，涵涵在家里大小便都可以自己处理，但他不愿意在幼儿园大便，即使憋得难受也要回家解决。憋不住的时候，他就会拉在裤子里。妈妈要求他想大便时和老师说，不能憋着。可第二天涵涵就哭着不愿上幼儿园了。经了解，涵涵家里的马桶是坐便式的，而幼儿园里的马桶是蹲坑式的，涵涵可能因为坐便器不同而不喜欢在幼儿园里排便。

案例分析

大小便是人类基本的生理需求，古代人把想大小便称作"内急"。不管在什么情况下，人都要优先解决内急的问题，否则就会身体紧张、难受，甚至出现难堪的场面。一个不能从容、顺利解决自己大小便的幼儿，在幼儿园里会多么紧张、焦虑和难堪呀！

在幼儿园里，幼儿之所以尿裤子或拉裤子，主要有四个方面的原因：

（1）**缺乏自己处理大小便的能力和主动性**

由于家人过度包办，导致幼儿既缺乏自己处理大小便的能力，也缺乏大小便的主动性。有了尿意和便意之后，幼儿不知如何处理，只能被动等待，最后尿在或拉在裤子里。

（2）**因为紧张、焦虑而不敢告诉教师**

陌生的环境加上陌生的教师，会让有些刚上幼儿园的幼儿感觉紧张和焦虑。他们想大小便时不敢告诉教师，也不敢直接去厕所，只能被动地等着，直到憋不住尿或拉在裤子里。

（3）**因害羞而不好意思告诉教师**

美国心理学家埃里克森的人格发展阶段理论提出，2—4岁是幼儿自主性和羞怯、疑虑相对发展的阶段。也就是说，这个阶段的幼儿开始有了害羞、怀疑的情感体验。一提到"屎""尿""屁"这些字眼，大部分幼儿都会窃窃偷笑。这是由于成人不正确的引导，让幼儿觉得"拉屎"和"尿尿"是私密的、难以启齿的事情。于是，他们有了便意之后就会不好意思举手，不想让其他人知道，感觉举手跟教师说自己要大小便很难为情。所以，他们就会选择憋着，直到最后尿或拉在裤子里。

（4）不习惯幼儿园的便器

有的幼儿在家里一直使用自己的宝宝坐便器，或者习惯于使用坐便器，不适应幼儿园里的蹲坑，所以不愿意在幼儿园大小便。

案例中的凡凡应该属于第一种情况。由于家长的包办，凡凡已经养成了被动的行为习惯，即使有了便意也不会告诉教师，甚至连感受自己的身体信号并主动做出反应的能力都开始丧失了，完全被动地等着大人的照顾。他的自主性发展受到抑制，这种情况是非常可怕的。如果一直这样，他长大以后很可能会做事缺乏主动性、不愿意挑战。因此，教师和家长要特别重视。

而涵涵应该属于第二种、第三种和第四种情况。涵涵在家里能够自己大小便，但上幼儿园之后出现如厕行为倒退的现象。即使教师发现后，他也会一再掩饰，不愿承认。这说明涵涵可能因为害羞而不愿意和教师说，一直憋着，直到最后拉在裤子里。当然，也可能是涵涵不习惯使用蹲坑。所以，教师和家长要针对幼儿不同的大小便问题，采取不同的处理方法。

教师应对策略

（1）讲解大小便知识，引导幼儿客观接受自己的大小便行为

日本幼儿园里有"大便教室"，教师会穿上屎黄色的衣裤扮成"大便先生"，到各个班级登门授课，讲解大便与人体健康的关系，同时还带着幼儿用黏土做成的各种形状的"大便"，告诉他们：哪种大便健康、哪种大便不太健康、应该在饮食上注意什么等。这是引导幼儿正确理解和接受大小便的一种非常有趣的方法。我们可以想象：一个穿着屎黄色衣裤的人来到教室里，问小朋友们："你们知道我是谁吗？"小朋友们仔细看了之后说不认识。然后，大便先生拿出一个画着一坨大便图案的头饰戴到脑袋上。小朋友们一下子开心地笑起来："噢，你是大便。"然后，大便先生说："对，我是大便先生。其实你们每个小朋友都认识我，因为你们每天都要拉大便呀。那么，小朋友们，你们知道我是从哪来的吗？对，我是从你们的肚子里被你们拉出来的。你们吃了食物之后，经过胃、肠的消化，把对你们身体有用的东西留下来，把没用的东西集中在一起，当集中了很多的时候就成了一坨大便（夸张地比画着）。而且，这些没用的大便必须被排出体外，所以当我想出来的时候，你们可得快一点去厕所呀，否则你们会憋得难受，我也会非常着急的……"

把"大便先生"请到课堂里，会让幼儿觉得拉大便是非常有趣和好玩的事情，让幼儿在轻松愉快的气氛中理解有了便意要马上去厕所，不要不好意思。或许下一次，当幼儿想大便时，他们就会和教师说："我的大便先生要出来了。"

在这个基础上，如果再配上法国绘本作家安热勒·德洛努瓦的绘本《便便去哪了——便便先生的伟大征程》，讲述大便最后可能发挥的作用，那么一定会让幼儿获得最大的满足感。这样做既有助于幼儿学会积极接受自己身体的正常功能——大小便，克服羞耻感，也能够提高幼儿的认知水平。

要帮助幼儿克服对大小便的羞耻感，还需要注意一个问题：幼儿刚上幼儿园时由于紧张而尿或拉在裤子里是不可避免的，这时，教师除了要耐心对待幼儿，帮助幼儿及时清理干净外，还要设法消除这件事在幼儿心理造成的不良影响，告诉幼儿这没有什么大不了，很多人小时候都有过这样的经历。教师甚至也可以这样说："我5岁多的时候也曾经拉在裤子里。你才3岁，很正常的。"这时，幼儿可能会说："真的，你都那么大了，还拉在裤子里呀！"然后他的羞耻和压力感就会很快消失。

感受身体发来的各种信号，积极关照、接受和处理自己身体的各种需求，是幼儿必须具有的基本生存能力，也是接纳自己的基础。

（2）提醒集体如厕，帮助幼儿熟悉并使用园内厕所

入园之初，教师要拿出专门的时间，陪伴全班幼儿观察和熟悉幼儿园厕所的结构，帮助幼儿掌握幼儿园厕所和便器的使用方法。当幼儿第一次尝试使用时，教师可以适当地帮助他们。

根据幼儿的饮水量合理组织男孩、女孩分组如厕，对于个别经常尿裤子的幼儿，可以请保育园老师多加提醒，予以特别照顾。

对于大小便能力比较弱的幼儿，他们每次上厕所时，教师都要跟着，提醒幼儿正确如厕。教师可以通过儿歌、故事等形式，教幼儿集体学习如厕步骤，并制作如厕步骤图张贴在厕所墙上，供幼儿观看学习，对个别幼儿还要手把手地教。

（3）成立"上厕所秘密俱乐部"

有些幼儿会因为不好意思在大庭广众之下告诉老师自己要上厕所而憋着。教师可以故意虚构一个"上厕所秘密俱乐部"。每次要上厕所时，幼儿可以走到教师身边，轻拍教师的手臂，然后说出秘密暗号——"滴滴滴"，向教师表达自己要上厕所的需求。

（4）肯定大胆表达和如厕进步的幼儿

对于一些胆小、自理能力差的幼儿，教师要积极鼓励他们大胆表达自己大小便的需求，帮助他们顺利完成如厕的过程，然后热情地肯定他们的进步，表扬他们长大了，可以自己如厕。这会让幼儿拥有如厕的良好体验和成就感，帮助幼儿掌握大小便的技能，引导幼儿主动解决自己的大小便。

📖 家长指导策略

（1）教会幼儿如厕技能

比如，告诉他把双手的大拇指从身体两侧插入裤子，拉开松紧带，然后弯腰把裤子褪到膝盖处等。家长也可以将动作分解开来让幼儿练习。刚开始时，家长可以协助幼儿，然后逐渐发展到他能独立完成全部动作。需要注意

的是，家长在教幼儿这些如厕技能时，语言一定要具体、明确，必要的时候可以帮助幼儿做一次，确保幼儿能够听懂。

此外，家长还要运用儿歌等形式教给幼儿自己擦屁股的技能。比如，"卫生纸最舒服，叠成两层擦屁股，左一个圆右一个圆，顺中间向后擦，一二三，把脏的一面折在里面，再擦一遍，顺中间向后擦，一二三"。

当幼儿掌握了基本技能之后，家长再给他充足的练习时间。家长一定不能嫌幼儿做事拖拖拉拉，也不能怀着"与其等待还不如帮他做"的想法，包办幼儿如厕的过程。这种做法看似省事，却不利于培养幼儿自己大小便的能力。

（2）买容易穿脱的裤子，减少幼儿的排便障碍

样式简单、容易穿脱的裤子最适合正在学习如厕的幼儿。其中，带松紧的裤子最方便幼儿穿脱。一方面，这类裤子可以让幼儿轻松掌握独立穿脱裤子的技巧，使他们感到这并不是难事，进而产生独立做事的成就感；另一方面，在如厕的过程中，简单易脱的裤子更容易让动作较慢的幼儿快速完成脱裤子的动作。幼儿通常会憋到再也不能憋的时候才想起要大小便，如果此时裤子怎么解也解不开，那么尿裤子就会发生。等幼儿熟练掌握脱松紧带的裤子以后，他们就可以练习脱复杂一些的裤子了。

（3）寻找机会，训练幼儿使用各种类型的便器

家长要利用外出活动、旅行等机会，有意引导幼儿认识和学会使用各种便器，帮助幼儿乐于接受变化，不会因为不习惯使用幼儿园的便器而出现大小便失禁的问题。

（4）用角色互换游戏帮助幼儿自然表达如厕需求

家长可以和幼儿进行"我要上厕所"的角色扮演游戏，让幼儿扮演教师（这个阶段孩子最乐意做的），家长扮演幼儿。游戏的过程中，家长尽可能多地把幼儿的心理状态说出来，比如，"我好想上厕所啊，我要不要举手和老师说呢？万一我说出来，小朋友们都听到，会不会笑话我呢？我还是不要说了，憋着吧，哎呀，我真的憋不住了。"这个游戏既给予了幼儿勇气，又有助于幼儿获得主动寻求教师帮助的技能。同时还让幼儿知道，大小便是很正当的要求，不是一件羞耻的事情，当他想大小便时，应该大胆地告诉教师，教师不会因此而责怪他。

家庭生活中，家长还要注意平和地对待幼儿的大小便，一定不要对幼儿的大小便有嫌恶、指责的表情和语言，这会减少幼儿排便的快感，导致幼儿以后不敢表达自己大小便的需求。对于年龄比较小的幼儿，当他排便出现困难时，家长可以在旁边陪伴他，引导他收缩小腹，鼓励他用力排便。当他成功排便之后，家长要肯定他，帮助他获得成功的体验，增强他排便的快感。

6. 幼儿不午睡怎么办

案例1

儿童情况

嘉嘉，男孩，4岁，小班。

行为表现

午睡时间到了，孩子们都在安静地听着睡前故事。三个故事听完了，其他小朋友在老师的引导下调整好睡姿，将被单盖在肚子上开始午睡。只有嘉嘉在垫子上一会儿翻滚到地上，一会儿盖上又掀开被单，忙得不亦乐乎。老师的安抚、哄劝无济于事，只有折腾够了，嘉嘉才会沉沉地睡去。

> **家庭情况**

嘉嘉在家里不午睡，一般会在下午三点睡觉，一直睡到下午五点多，因此晚上睡得晚，早晨起床也晚。而幼儿园是中午12点之前就要求幼儿上床睡觉，嘉嘉睡不着，老师既不让他活动也不让他讲话，所以他很紧张和烦恼，因此不愿意上幼儿园。老师说他一进卧室的门口就哭。

案例 2

> **儿童情况**

瑶瑶，女孩，6岁，大班。

> **行为表现**

瑶瑶是在大班下学期转到这所幼儿园来的。第一天上幼儿园时，妈妈手牵手领着她来到三楼教室门口和老师打招呼。她穿着漂亮的小裙子，半个身子躲在妈妈的身后，搂着妈妈的腰跟老师说："老师好。"老师与瑶瑶妈妈简单沟通了几句，就拉着瑶瑶的手，接过她的用品，带着她进入教室。在幼儿园度过的第一天还算顺利，只是到了午睡时间，她一直不肯睡觉，告诉老师她想找妈妈。老师以为孩子第一天来到新的环境可能还没有适应，所以一直陪在她身边转移她的注意力，慢慢地瑶瑶就睡着了。

第二天，从早上入园开始，瑶瑶就一直黏着妈妈不肯进园。午睡时间，她一直拒绝躺下睡觉，即便躺下了也总是翻来覆去。有一天，妈妈答应她中午可以接她回家，下午再把她送过来。从那以后，妈妈中午就经常接她回家。这个现象一直持续了两个月。每天早晨，瑶瑶都要在幼儿园门口要求妈妈中午来接她。如果当天妈妈没有来接她，她就坐在床上一直问老师："妈妈怎么还不来啊？"

家庭情况

瑶瑶上幼儿园的这半年,几乎都是由妈妈独自接送。教师通过了解得知,瑶瑶的家人从事物流工作,而物流公司开在老家,所以其他家人一直都居住在老家,只有妈妈一个人陪着她在济南生活。

瑶瑶特别喜欢黏着妈妈。妈妈经常和老师说,孩子的性格太散漫,希望老师能多管管,但是她自己比较容易向孩子妥协。孩子说不喜欢吃幼儿园的早饭,妈妈就带她去吃她想吃的包子;孩子要求妈妈在午睡前来接她,妈妈也会满足她。有时,妈妈就算根本没打算中午来接她,也因为实在拗不过她的软磨硬泡而答应她。偶尔爸爸休班的时候,妈妈也会给孩子请假带孩子一起去玩几天。因为请假次数过于频繁,孩子越来越不愿意上幼儿园,也一直不能融入幼儿园的集体生活。

案例分析

上面两个幼儿在幼儿园不午睡的原因是不一样的。嘉嘉不能顺利地在幼儿园午睡,是因为生物钟的问题。而瑶瑶不能在幼儿园午睡,则是由心理方面的问题导致的。

生物钟又称生理钟。它是生物体内的一种无形的"时钟",是生物体生命活动的内在节律性。人体内存在一种决定人们睡眠和觉醒的生物钟,它根据大脑的指令,调节全身各种器官以 24 小时为周期发挥作用。因为生活作息习惯的不同,不同的人会形成不同的生物钟。比如,有的人习惯晚上 10 点睡觉,早晨 6 点起床;有的人习惯晚上 12 点睡觉,早晨 8 点起床。人们按照生物钟信息,不需要太多的自我控制,身体会非常自然地进入睡觉状态和清醒状态,感觉比较舒服。如果每天的作息时间没有规律,就会导致生物钟紊乱,容易出现入睡困难或觉醒困难。

上述案例中的嘉嘉在家里不午睡,一般下午三点会睡觉,一直睡到下午五点多，因此晚上睡得晚，早晨起床也晚。而幼儿园是中午 12 点之前就要求幼儿上床睡觉，因此幼儿自然就会出现午睡困难。

瑶瑶不能在幼儿园午睡，则是由家庭环境和家庭教养方法两个方面的原因导致的：一方面，瑶瑶长期和妈妈生活，家庭生活环境封闭单一，导致她不愿意接受变化，也不能接受妈妈以外的人，与妈妈形成了类似"共生"的关系，一离开妈妈，她就会焦虑和不舒服；另一方面，家庭教养过程中，妈妈过于迁就瑶瑶，向瑶瑶妥协。瑶瑶说不喜欢吃幼儿园的早饭，妈妈就带她去吃她想吃的包子再送她入园。瑶瑶要求妈妈在午睡前来接她，妈妈也会满足她。我们可以想象，在家里，当瑶瑶让妈妈陪着她睡觉时，妈妈一定也会顺从她。这种教养方式容易让瑶瑶不愿意走出舒适区，不愿意接受挑战，一直停留在像小婴儿一样被照顾的状态。这种状态会让瑶瑶感觉舒适、安逸、散漫，却不利于瑶瑶在离开妈妈后独立应对新环境的压力和挑战，获得成长。长大后，她很可能成为一个心理脆弱、不能接受改变和挑战，甚至拒绝上学和参与社会工作的人。这当然不是妈妈想看到的结果。

幼儿需要充足的睡眠。午睡不仅可以补充幼儿的睡眠，保证幼儿正常的身体发育，还可以帮助幼儿缓解身心的疲劳，保证下午活动的质量，帮助幼儿获得心理和个性品质的健康发展。所以，教师和家长要紧密配合，共同帮助幼儿养成在幼儿园午睡的习惯。

教师应对策略

（1）营造安静、轻松的午睡氛围

幼儿每次午睡时，教师都最好拉上窗帘，让室内光线变暗；播放轻柔的催眠曲；轻声走动，小声说话，避免干扰幼儿。对晚睡的幼儿，教师可轻拍他的身体，用肢体语言安抚他，直到帮助他顺利入睡。

（2）适当增加上午的运动量

教师应要求幼儿按时到园，鼓励幼儿参加晨间活动。上午户外活动时，适当增加幼儿的运动量,鼓励幼儿大胆尝试各个项目。上午活动量充足之后,疲劳的幼儿中午就能顺利入睡。

(3)一对一帮助难入睡的幼儿

日常生活中,教师要注意与缺乏独立睡眠习惯的幼儿建立亲密的关系。午睡时,在安排好其他幼儿之后,教师可以一对一地安抚难入睡的幼儿,帮助他度过这段困难时期。但注意安抚的时间要慢慢缩短,逐渐帮助幼儿养成独立的午睡习惯。

如果个别精力充沛的幼儿实在睡不着,教师也不要强迫他,可以让他轻轻地起床,在教师视力所及的区域内读书或玩拼搭玩具。

家长指导策略

(1)了解规律的作息对幼儿的重要性

幼儿的一些不良午睡习惯往往是因为家长不了解或不重视良好的睡眠习惯、作息对幼儿健康的重要性而造成的,因此解决这一问题的根本在于家长。教师要向家长介绍良好的作息习惯对幼儿成长的重要作用,指导家长用科学的方法帮助幼儿改变以往的作息习惯,以便家园配合更好更快地培养幼儿良好的睡眠和作息习惯。

(2)帮助幼儿建立与幼儿园作息时间一致的生物钟

受家长的影响,有些幼儿一直有晚睡晚起的习惯。也有些刚入园的幼儿,可能因为白天在幼儿园时想念爸爸妈妈,所以晚上回家后比较兴奋,想跟家长多玩一会儿,即使困了也忍着不睡,结果第二天起床晚,进而影响午睡。因此,家长不要让幼儿玩得太晚,要严格遵守作息时间,帮助幼儿建立与幼儿园作息时间一致的生物钟,养成早睡早起的习惯。早睡早起的幼儿,到中午会因为疲倦而容易入睡。

周末在家时,幼儿也要坚持午睡,睡不着时可以躺着,不能影响其他人休息。家长不要因为怕幼儿哭闹、反抗而改变计划。有了在家庭中同步午睡的习惯，幼儿就能够逐渐建立与幼儿园作息时间一致的生物钟。因为幼儿的神经系统正在发育当中，所以要建立一种新的生物钟并不是很难，幼儿只要坚持就会成功。

在培养幼儿午睡习惯的过程中，还要注意的一个问题是，如果幼儿因为早晨起床太晚，中午实在睡不着，那就不要强迫他，以免他在晚上正常睡眠的时间又睡不着，形成晚睡的恶性循环。

也说是说，矫正幼儿晚睡晚起习惯的方法是，中午和下午一直陪着他玩，到晚上他很早就会产生困意，按时上床睡觉了。第二天睡足之后，他自然会早起。坚持一段时间，他就会养成早睡早起的习惯。早晨起得早，活动一上午疲劳之后，中午幼儿就能按幼儿园的时间午睡了。

（3）有意训练幼儿独立睡觉

建议家长在家里逐渐培养幼儿独自睡觉的能力和习惯。比如，家长由完全陪着幼儿躺在床上直到幼儿入睡，到家长坐在床边给幼儿讲一个故事，或轻拍幼儿几下，然后让幼儿轻轻地闭上眼睛自己入睡。引导幼儿睡觉的过程是使幼儿的大脑由兴奋转向抑制的过程。培养幼儿自己入睡的过程有利于幼儿大脑的自我调节和控制能力的发展。这种方法也适合上面案例中的瑶瑶妈妈。

（4）培养幼儿面对陌生人和陌生环境的适应能力

对于瑶瑶不能在幼儿园午睡的问题，家长要改变家庭教养环境和教养方法。

首先，家长要坚持让瑶瑶在幼儿园午睡，中午不要接她回家，要让她慢慢适应幼儿园的生活环境和作息规律，具备适应社会的勇气和能力。

其次，建议瑶瑶的父母安排好自己的工作，同时让其他家人介入幼儿的生活。比如，瑶瑶的妈妈走开，让瑶瑶的爸爸经常陪伴瑶瑶，或者让家里的其他亲戚朋友经常带着瑶瑶玩，从而帮助瑶瑶在与多人互动的关系中，学会人际交往技能，习惯接受妈妈以外的人，克服离开妈妈的紧张和焦虑感。

如果无法做到让其他家人参与瑶瑶的生活，那么妈妈可以在日常生活中培养瑶瑶接受压力和挑战的能力。比如，妈妈跟在瑶瑶后面 2 米远的距离，看着瑶瑶自己过马路到超市买东西。当瑶瑶成功完成任务之后，要表扬她长大了，可以自己做事了。在家里，妈妈可以示弱，请瑶瑶帮忙做一些力所能及的家务，做好之后，妈妈要对瑶瑶表示感谢。晚上睡觉时，妈妈可以一点点引导瑶瑶自己睡觉。当她做到之后，妈妈就故作惊讶地对她说："呀，你都能自己睡觉了，真是长大了！"妈妈的这些引导行为会让瑶瑶在离开妈妈独立做事的过程中，获得非常大的成就感和自信心，形成敢于挑战的性格。

第七章 攻击性行为
——幼儿同伴交往的破坏力量

近年来,幼儿攻击性行为一直是令幼儿教师非常头疼的问题。它不仅影响有攻击性行为幼儿的身心健康发展,还会给其他幼儿带来受伤害的风险;不仅严重影响了幼儿园正常的保教工作秩序,还容易引起家长之间、家长与幼儿园之间的矛盾纠纷。

攻击性行为是指任何形式有目的地伤害另一生物体,而为该生物体所不愿接受的行为。成人的攻击性行为是指以伤害他人为目的的行为;但幼儿的攻击性行为一般是指侵犯他人的身心和权利的行为。成人的攻击性行为更多地重视行为的有意性,即行为的动机,而幼儿的攻击性行为更多地注重行为的结果。幼儿的攻击性行为有三种具体的表现形式,一是身体攻击,如戳、推、拍、抓、掐、踢、吐、咬等;二是言语攻击,如贬低、辱骂他人等;三是权利侵犯,如暴力抢走或破坏他人的物品等。在幼儿园里,这三种攻击性行为都不同程度地存在着。

有些幼儿的攻击性行为可以说莫名其妙,他们前一刻还玩得好好的,而后一刻马上就会出现打人的现象。而且幼儿打人等攻击性行为难以矫正,教师和家长反复讲道理,或温柔或严厉地劝告,甚至打骂等各种方法往往都不奏效。

为了方便教师和家长解决问题，在此重点对幼儿攻击性行为产生的原因进行分析。根据笔者的研究，攻击性行为产生的原因一般有五种情况：

（1）模仿

美国心理学家阿尔伯特·班杜拉（Albert Bandura）提出了社会学习理论。实验中，他们把孩子分成两组，一组孩子观看拥有暴力行为和语言的录像，而另一组孩子观看普通的录像。结果发现，观看了暴力录像的孩子在随后的玩具室中，对玩偶进行了猛烈的"攻击"，并且口头夹带着刚学到的"粗话"，而对照组的孩子则完全忽略了玩偶的存在，没有表现出攻击性行为。

3—6岁幼儿正处于模仿学习阶段，如果幼儿在日常生活中经常看到暴力场面，就会潜移默化地受到影响，不自觉地做出攻击性行为，尽管他们并不知道这种行为代表何种意义。

一般来说，幼儿攻击性行为模仿的对象主要来自两个方面，一是暴力的动画片。随着电子产品的普及，幼儿经常通过电视机、平板电脑、手机等观看动画片，如果家长不加以指导和选择，幼儿就非常容易看到暴力的画面，从而产生更多攻击性行为。二是，家庭中的暴力行为。如果夫妻之间、父母和祖父母之间、父母和幼儿之间发生矛盾时，经常用打骂等粗暴的方式处理，也容易让幼儿模仿产生攻击性行为。在多年的家庭教育咨询中，笔者发现一个有趣的现象：在家里经常挨打的孩子，出门之后容易打人；而在家里打大人的孩子，出门之后经常是挨打也不还手的。这都是模仿的结果。

还有一种模仿需要特别引起注意，即如果成人与幼儿互动时，经常以捉弄的方式来对待幼儿或引起他的注意，比如，叔叔看到可爱的小侄子，不是正常地打招呼，而是说"嘿！这是哪个小坏蛋"并用力捏捏幼儿的小脸，或者一把抢过幼儿手里的玩具藏起来，直到幼儿喊"叔叔"才把玩具还给他，那么这种逗弄幼儿的做法会让幼儿产生"原来与人互动的方式可以是这样的"想法，从而学习到不当的互动方式，看起来就像是"打着玩"。但是，在幼儿园里，如果打着玩不被对方理解和接受，就会被理解为攻击性行为。

（2）验证力量，证明价值，引起关注

英国心理学家唐纳德·温尼科特（Donald. W. Winnicott）说："孩子天生有一种攻击的冲动。"笔者认为，幼儿会在攻击别人的过程中感受到自己的力量（自我价值感），成功地引起别人的关注（社会价值感），进而得到快乐的体验。在动物世界里，动物以身体的强大和力量来获得地位，如猴山上的猴王都是打出来的。在西方文化中，特别强调人的攻击本能，所以发明了拳击运动来满足人攻击本能的需要，释放人的身体能量和压力。

幼儿天生的攻击性需要有效地引导，同时语言又为人类提供了更便捷、有效的交流方式，所以，家庭教养中要有意引导幼儿遵守人际交往的规则和规范，克制攻击冲动，学会用语言这种文明的方式进行人际交流，通过语言沟通解决人际间的冲突和矛盾。如果引导不好，幼儿就会保持攻击的本能，成长为一个爱打人的孩子。

一开始，幼儿打人是偶尔为之，或者完全是因为觉得好玩，感受身体的力量，或者想看看别人的反应，并没有任何恶意。他们观察成人的态度，然后再决定自己是否继续。这时，如果成人不进行有效引导，反而觉得幼儿会打人了很好玩，或者也用粗暴的方式打回去，那么就会强化幼儿的攻击性行为。前者让幼儿在攻击别人的过程中获得快乐，后者让幼儿产生愤怒情绪或模仿行为，都会让幼儿产生更多的攻击性行为。

（3）语言与思维链接不好

语言是人类和动物的本质区别。在人类走向文明的发展过程中，语言发挥了非常重要的作用。通过语言的沟通和交流，人与人之间彼此增进理解，减少发生冲突的可能性。

本书第五章讨论过，学前阶段是幼儿语言与思维链接的重要阶段。语言与思维链接良好的幼儿会更多地用语言表达自己，更少地哭泣、发脾气、产生攻击性行为等。而语言与思维链接不好的幼儿会更多地用动作表达自己的想法，表现为冲动和攻击性行为多、不能自控、不遵守规则等。

因此，如果在幼儿两三岁之后，父母不注意在各种情境中有意识地引导幼儿用语言表达自己的需求和想法，将导致幼儿的语言与思维不能顺利链接，那么幼儿就会把思维与动作链接，形成动作表达模式。这时，幼儿将会用"打"的方式与别人打招呼、交流、寻求帮助或提醒他人。

（4）缺乏交往技能

同伴之间在交往过程中发生矛盾和冲突是非常正常的。但发生冲突时，如果幼儿不知道怎样更好地协商和解决，就会用动手争抢玩具、打人等攻击性行为来处理。

如果家庭生活过于封闭，幼儿从小很少接触家庭之外的环境和人，那么他来到幼儿园这个完全陌生的环境之后就会产生不安全感，加上缺乏同伴交往的经验和技能，别人靠近他或想与之交往时，他就会非常紧张，感受到威胁，情急之下就会出现攻击性行为，达到让对方远离自己的目的。

（5）焦虑和缺乏安全感

安全感是生物基本的生存需要。当一个幼儿感觉自己的安全感受到威胁时，他就会因为紧张和压力用攻击性行为进行自我保护和自我防御，使自己免受伤害。从小缺乏安全感的幼儿容易出现攻击性行为。一个家庭里，老二出生之后，老大在焦虑和紧张的情况下也容易出现攻击性行为。

美国心理学家约翰·多拉德（John Dollard）在1939年出版的《挫折与攻击》一书中提出，挫折总会导致某种形式的攻击，挫折和攻击性行为之间存在着普遍的因果关系。因为过多负面的评价会使孩子因为挫折感而本能地对抗。他会时刻戒备，对外界各种信息和对方的行为进行敌意的理解，最后导致攻击性行为。经常遭受批评的孩子会感受到一种挫败感，从而产生更多的攻击性行为。

下面提供几个幼儿攻击性行为的案例，具体分析幼儿攻击性行为产生的原因和解决方法。案例中幼儿产生行为问题的原因可能是综合的，为了方便分析，每个案例会侧重于一个方面加以论述。

1. 幼儿模仿负面行为怎么办

儿童情况

逸逸，男孩，4.5岁，中班。

行为表现

逸逸是一个很帅气的男孩，长着大大的眼睛，身体健壮。他精力充沛，活泼好动。在幼儿园里，他经常做出酷酷的样子，告诉别的小朋友："我是大哥，你们都得听我的。"早晨一进教室门，他就做出打枪的姿势，嘴里"突突突"地叫个不停。就是这么一个可爱的男孩却让教师非常头疼，因为他爱抢玩具、爱打人。在区域游戏中，经常有小朋友向老师告状："逸逸抢我们的玩具，我们都没有东西玩了。"这时，老师就会马上跑过去，因为老师知道逸逸出手打人很重，处理晚了可能会有孩子受伤。

户外活动时，逸逸玩滑梯不排队，直接插到最前面，把其他小朋友推到一边去，自己先玩。到游戏结束集合时，老师无论怎么喊，他都要再玩几次滑梯才肯回来站队。午睡时，逸逸在小床上来回翻滚，用被子蒙住头，发出很大的声音，不能安静地入睡，影响周围的小朋友。老师要求他安静一点，他就挑衅式地看着老师。

老师多次向逸逸父母反映孩子在幼儿园的情况，逸逸父母非常重视。每天上幼儿园之前，妈妈都会告诉他要听老师的话，和小朋友好好玩，不能打人，打人是不对的。他答应得好好的，可就是改不了。爸爸还因此揍过逸逸。

家庭情况

逸逸的爸爸妈妈都是单位里的骨干，工作非常忙，所以经常让逸逸自己看动画片。逸逸非常喜欢看《铠甲勇士》《熊出没》《猫和老鼠》《喜羊羊和灰太狼》等，这些动画片里都有暴力打人的镜头。逸逸对各种枪支、棍棒、刀剑等武器如数家珍，经常在家里上蹿下跳，玩各种打仗的游戏。爸爸妈妈工作压力大，晚上回到家里也经常要工作，可是逸逸却精力充沛，很晚了也不睡觉，吵着要做这个要做那个。妈妈是暴脾气，哄半天孩子不睡，就冲孩子吼叫发火。爸爸与孩子的沟通方式也很简单粗暴，不听话时会严厉呵斥，再不听话就直接上手打屁股。爸爸妈妈也经常因各种事情吵架，所以，家里经常是孩子哭，大人叫。

案例分析

案例中的逸逸在幼儿园里总想当"老大"，让别人都听他的；早晨一进教室就做出打枪的姿势；玩滑梯时总是把别人推开，自己先玩；区域活动时还抢别人的玩具，打小朋友。从家庭教养情况可以看出，逸逸产生攻击性行为的主要原因是模仿。

（1）对动画片中暴力行为的模仿

研究表明，由于幼儿的思维具有直观形象的特点，动画片中刺激、暴力的画面会在幼儿的头脑中留下清晰、深刻的印象，导致幼儿很容易因为模仿而出现打人等攻击性行为。逸逸喜欢的动画片都有暴力和武打场面，受动画片中不良行为的影响，逸逸产生当说一不二的"老大"的想法，且出现攻击性行为。

（2）受爸爸妈妈粗暴行为的影响

逸逸的爸爸妈妈脾气暴躁，对幼儿大喊大叫、打骂等行为不仅容易让幼儿模仿，还容易让幼儿形成"遇到问题可以用打人的方式处理"的错误观念，使幼儿觉得"打"是一种正确的制止对方的行为，从而导致幼儿也出现打人的行为。此外，父母打骂幼儿也影响亲子关系，会给幼儿造成心理压力，焦虑和压力过大的幼儿也容易出现攻击性行为。

（3）父母没有给孩子足够的陪伴和引导

逸逸的爸爸妈妈缺少对孩子爱的陪伴和正确的引导，没有教给孩子正确的表达情绪的方法，并且孩子的生物钟和良好的习惯没有形成，使孩子不会正确地表达自己的情绪，自控能力和规则意识差。

教师应对策略

（1）多向家长反映幼儿的优点与进步，建立配合的师幼关系

幼儿是非常敏感的，调皮捣蛋的幼儿在幼儿园里经常会被教师批评。教师向家长反映幼儿在园的不良行为之后，幼儿回到家里又会遭到家长的批评和说教，甚至打骂。如此下去会导致师幼关系恶化，让幼儿感觉自己不好，教师不喜欢自己，从而出现焦虑和对抗的情绪。而焦虑和对抗情绪更容易让他不愿意配合教师，出现攻击性行为，从而形成恶性循环。所以，教师要从这种恶性循环中跳出来，每天离园时，当着幼儿的面把他表现好的、有进步的行为反映给家长，向家长表扬幼儿的进步，这会让幼儿感觉教师喜欢自己，产生比较好的情感体验，第二天到幼儿园之后会更愿意配合教师，积极行为逐渐增多，这样有助于改变幼儿的不良行为习惯。

（2）用积极强化的方法帮助幼儿改变不良的行为习惯

1964年，美国儿童心理学家艾琳·艾伦（K. Eileen Allen）做了一项研究：在一所幼儿园里，研究人员让幼儿教师在班里具有不良行为的幼儿出现不遵守规则、打人等犯错行为时，采取忽视或阻止的方法，而不是批评。但是，当这些幼儿表现出符合社会规范和良好的人际行为时，教师便采取认可或高调赞扬的方式，比如，奖励小红花或当着全班幼儿的面称赞他们的好行为。

慢慢地，这些幼儿积极的、符合行为规范的行为不断增多，而不良行为逐渐减少，直到最终得到了纠正。

从案例中可以看出，逸逸是一个身体健康、精力充沛的幼儿，性格比较倔强、强势，不愿意受别人的压制和管教；同时受动画片的影响，一直想当"老大"，所以，他应该是一个高自尊的幼儿。教师批评过多，会激起他的逆反和对抗。教师用积极关注的方法引导幼儿，则会强化幼儿的好行为，帮助他建立良好的行为习惯。

赞美很廉价，但有时能给人带来无穷的力量。在幼儿园里，教师要多关注逸逸的好行为。比如，今天他没有打人，或者他生气时想打人但是忍住了，教师可以给他口头上或物质上的奖励。这种处理方法有利于强化他的积极行为。

（3）用身边的好榜样，给幼儿良好的导向

孩子愿意当"老大"，就给他当"老大"的机会。比如，玩滑梯时，让逸逸当"秩序监督大队长"，督促每个小朋友按顺序玩滑梯；在区域活动时，让他监督每个小朋友遵守区域活动规则，不争抢玩具。为了增强趣味性，也可以给大队长配一个"助手"，一块巡视小朋友们参加活动情况，保证活动的良好秩序。在他们出色完成任务后，教师要感谢他们的帮助，让逸逸相信自己就是教师喜欢的好孩子。这样，教师就能走进逸逸的心里，使逸逸更乐于遵守规则，按照教师的要求去做。

此外，还可以给逸逸树立一个正面的榜样，比如，讲绘本《最好的礼物》，了解帮助别人的好处；夸夸班级里爱帮助别人、有爱心、懂礼貌的好孩子，让这些孩子坐在逸逸旁边，一起做好朋友。

家长指导策略

（1）克服自身的焦虑，合理安排家庭生活

案例中逸逸的爸爸妈妈都是单位的骨干，积极上进，工作非常繁忙，这是可以理解的。但是幼儿每一天都在成长，如果在应该对幼儿进行引导和教育的年龄不做好教育工作，将会给幼儿的成长带来不可逆的损失。父母更不能因为自己工作的压力，把怒气发泄在幼儿身上。所以，父母要成熟起来，规划好自己的工作和家庭生活，做好自己的时间安排，调节好自己的情绪和心理状态，营造和谐的家庭氛围，与幼儿进行适宜的互动和游戏，努力承担做父母的责任，帮助幼儿健康成长。

幼儿在成长的过程中需要父母的陪伴和引导。案例中的逸逸晚上精力充沛不睡觉，可能与他看暴力动画片太多、过度兴奋有关。建议父母合理安排家庭生活，晚饭前后可以带幼儿到户外与同伴玩，进行适量的体育运动，帮助他消耗过多的体力。回到家里，父母可以和幼儿一起做手工、画画，帮助幼儿安静下来，然后洗脸、刷牙，上床讲一个故事，关灯睡觉。这种活动安排能够帮助幼儿内心宁静，身体节奏由快到慢，自然进入睡眠状态。

（2）限制电子产品的使用，切断暴力动画片的负面影响

当前，很多父母因为工作忙，把电子产品当作"电子保姆"，导致幼儿使用电子产品时间过长，这对幼儿的身心发展是极为不利的。所以，父母要严格限制幼儿使用电子产品的时间。研究表明：儿童在9岁之前接触电子产品越少越好。

此外，父母还要帮助幼儿做好动画片的选择，引导幼儿选择画面清晰、内容健康、没有暴力场面的动画片，如《爱探险的朵拉》《小熊维尼和跳跳虎》《海底总动员》《粉红猪小妹》《米奇妙妙屋》《小羊肖恩》等益智类动画片，切断暴力动画片对幼儿的负面影响。

（3）掌握正确的亲子沟通方式，停止打骂幼儿

打骂是最无能的教育，会对幼儿造成身心伤害。所以父母要加强自身修养，克制自己的负面情绪，在家庭生活中尽量用积极的心态影响和带动幼儿。父母用友好的、轻松愉快的语气向幼儿发出指令，会更容易被幼儿接受；用请求幼儿帮忙的方式让幼儿做事，会使幼儿更乐于配合；用游戏的方式安排各

项家庭活动，会让幼儿感觉有趣，从而积极配合完成任务。所以，父母要理解幼儿的身心发展特点，用幼儿喜欢的方式与幼儿互动，才能得到幼儿的配合。

此外，随着幼儿的自我意识发展，父母要更多地尊重幼儿，积极地倾听幼儿，用商量的口吻与幼儿说话，用温柔而坚定的态度给幼儿建立规则，帮助幼儿慢慢养成良好的行为习惯。

（4）通过正确行为的演练，帮助幼儿矫正不良的行为习惯

一般来说，打人等攻击性行为一旦形成习惯，改变起来会比较困难，这时父母的讲道理、说教、让幼儿承诺不再打人等方式往往是没有用的。因为习惯化的行为受潜意识控制，好打人的幼儿出手非常快，所以，当相关情景出现时，幼儿就会本能地出手打人，打完之后他才突然想起妈妈说过不能打人的话，但是已经晚了。

所以，改变幼儿不良行为习惯的有效方法是和幼儿做正确行为的演练。使用这种方法的原理是，不在观念层面对幼儿反复地讲道理和说教，直接进入行为层面，通过正确行为的反复练习，帮助幼儿建立正确的行为模式和习惯。一旦新的、正确的模式和习惯建立起来，不良行为也就得到了矫正。

所以，在家里，父母可以和幼儿进行各种正确的交往行为的演练。妈妈可以扮演一个小朋友，把幼儿在幼儿园人际交往的各种场景用正确的方式演练一遍。比如，主动邀请幼儿和自己一起玩，请求幼儿把玩具给自己玩一会儿或者交换玩具玩。当幼儿抢自己的玩具时，大声地告诉他："那是我先拿的玩具，你不能拿走，你得和我商量才行。"通过示范，让幼儿学会理解别人的感受，掌握正确的人际交往技能。然后互换角色，通过反复演练，幼儿就会在大脑中形成清晰的形象记忆，在幼儿园里，当遇到相似的场景时，他就会尝试采用正确的人际交往方法。当他偶尔因行为表现良好而得到教师的肯定和表扬时，他的积极行为就会得到强化，慢慢地便会形成良好的人际交往习惯。

(5)适当运用"惩罚手段",帮助幼儿建立规则意识

没有惩罚的教育是缺钙的教育。当孩子故意违反规则、挑战底线时,家长可以对幼儿进行必要的惩罚。家长首先要让孩子认识到违反规则的后果,比如,对方也会还手,自己可能受伤;被打的小朋友会告诉老师和家长,自己会受到批评;爸爸妈妈会很生气,会对他进行惩罚等。惩罚的手段可以是:停止看一次喜欢的动画片,停止买一个喜欢的玩具,停止一次外出游玩等。不要采取简单粗暴的打骂方式。

2. 幼儿为了验证自己的力量而打人怎么办

儿童情况

琨琨,男孩,4岁,中班。

行为表现

琨琨特别活泼好动,除了在看动画片时能安静一会儿,其他情况下都不能安静地坐着。妈妈说他特别爱打人,在小区里玩时,别的小朋友挡住了他的去路,他就一把把别人推开;和妈妈一起上电梯,看到邻居家的小姐姐,无缘无故地上去就是一脚;在水上游乐场玩时,在滑梯顶端,猛地一下把一个小妹妹推下去,幸亏小妹妹没有摔伤;在商场里,看到另一个小妹妹,又想上去踢人家,被妈妈拉住了。妈妈不明白,这孩子的行为为什么这么粗暴?

家庭情况

琨琨是家里的老二,他还有一个上初中的姐姐。妈妈性格柔弱,不能坚持原则,生活上比较顺从孩子;与孩子在一起时,如果没有安全问题,就让孩子随便玩。如果发现孩子动了不应该动的东西,妈妈会直接制止孩子,这时琨琨就会极力挣脱妈妈,不愿意配合。爸爸嗓门非常大,在家里比较强势。妈妈实在管不了孩子时,就会告诉爸爸。爸爸非常疼爱孩子,高兴时会为孩子做各种好吃的,也陪孩子玩,满足孩子的各种要求。但是爸爸脾气暴躁,如果在工作中遇到不顺心的事,而孩子又实在不听话让他生气,他就会在暴怒之下狠狠地打孩子,包括已经上初中的姐姐。妈妈说,爸爸在家里经常威胁孩子:"再不听话,我就揍你了。"妈妈对爸爸打孩子的做法不以为然,有时也会因为各种事情跟爸爸吵架,但是在强势的爸爸面前,一般都是妈妈妥协。

妈妈说,琨琨在家里也会打姐姐、掐姐姐,开始姐姐不理他,被打急了,姐姐就向爸爸妈妈发脾气抱怨,爸爸妈妈严肃地告诉琨琨不能打姐姐,可琨琨不听,最后爸爸妈妈就让姐姐打回去。有时,当妈妈不能满足琨琨的愿望时,琨琨会非常生气并掐妈妈的胳膊。妈妈看到他生气的样子,知道他一定很难过,就随他掐,觉得这样他可能舒服一点,妈妈的胳膊经常被琨琨掐破。

案例分析

从案例中可以看出,琨琨的家庭教养中既有过度顺从、溺爱的一面,也有过度专制和暴力的一面。一方面,妈妈性格柔弱,顺从琨琨的时候多,不坚持原则,连琨琨暴怒之下掐她的胳膊都会听之任之。爸爸高兴时会给琨琨做各种好吃的,陪琨琨玩,满足琨琨的各种要求,这都导致琨琨以自我为中心,如果自己的愿望不被满足就会生气、发脾气、打人。另一方面,妈妈和爸爸制止幼儿行为的方法都比较生硬,妈妈会直接制止琨琨,强行把幼儿拉开,爸爸会狠狠地打琨琨。随着幼儿自我意识的发展,这两种极端的家庭教养方式组合起来特别容易导致对抗型亲子关系和逆反型幼儿。幼儿会一直与代表权威的父母对抗，极力证明自己的力量。

还有一点需要注意，琨琨妈妈和爸爸的关系并不和谐，爸爸在家里非常强势，连妈妈都要妥协。爸爸强势的象征就是武力——"再不听话，我就揍你了。"所以，揍人的是强者。一直被娇纵又经常挨爸爸打的琨琨会不服气，内心积蓄了一种愤怒的力量，想挑战父母，验证自己的力量。他知道在家里打不过爸爸，于是就欺负柔弱的妈妈、打姐姐，出门还欺负其他小朋友。打人之后，他看到别人反应强烈，证明了自己的能量，获得了一种力量感。

当然，琨琨打人，也有模仿的原因，爸爸就是他的坏榜样。同时，家庭教养中缺乏一贯的原则，即爸爸一会儿对幼儿百般疼爱，一会儿又非常粗暴，对一个只有三四岁的幼儿来说是很难理解的，这会让他缺乏安全感，给他带来不小的心理压力。缺乏安全感的幼儿也容易出现攻击性行为，打人是其释放压力的一种方式。

多种因素的共同作用，强化了琨琨打人的行为。久而久之，攻击别人成为琨琨人际交往和处理问题的一种习惯，进而使他成为一个行为粗暴的孩子。

教师应对策略

（1）特别关注好打人的幼儿，避免其他小朋友受伤

好打人的幼儿非常容易引起同伴之间的矛盾和纠纷，甚至伤害其他小朋友。所以，在幼儿园里，教师要特别关注好打人的幼儿，发现问题及时引导，避免其他小朋友受伤。比如，在一日生活的任何时候，教师都要让琨琨在自己的视线范围之内。当发现他与别的小朋友有矛盾时，教师要尽快过去调节，引导琨琨用正确的方法表达自己，避免打人行为。

（2）用积极关注的方法强化幼儿的正确行为

因为经常受到教师的批评和指责，受到同伴的排斥和拒绝，所以爱打人的幼儿一般内心能量不足，自我价值感比较低。内心能量不足和低价值感又会使幼儿无力克制自己的冲动，不能采取更积极的方式去解决问题，从而导致恶性循环。

心理学实验表明：对于年龄小的幼儿来说，你关注什么就会强化什么。如果教师更多地关注幼儿表现良好的行为，并积极地肯定和赞赏，那么就会强化幼儿的良好行为，让幼儿变得更好，形成良性循环。如果教师更多地关注幼儿不良的行为表现，并进行批评和指责，那么就会强化幼儿的不良行为，形成恶性循环。因此，对这些爱打人的幼儿，教师要更多地进行积极的关注，当他们偶尔表现良好时，肯定他们积极的行为表现，比如，对他们说："今天下午，我看到你和亮亮合作搭建了一座小桥，你们合作得很好，玩得也很开心！这段时间你进步很大呀！"这种积极关注和肯定会让幼儿内心充满能量，更好地克制自己的冲动行为，产生更多积极的、符合规范的行为。

（3）引导幼儿用自己的力量多做有益的事情

教师可以让琨琨当值日生去帮助教师和小朋友做事情，让他知道可以用自己的力量做很多有益的事情。教师还可以让琨琨帮教师拿东西、搬小椅子、收拾区域玩具等，然后对他表示真诚的感谢。此外，教师还可以通过绘本故事《小手不是用来打人的》等，帮助琨琨认识到要把自己的力量用到正确的地方。只有这样，才会受到大家的欢迎。

家长指导策略

（1）调整错误的家庭教养方式，建立民主型亲子关系

家庭教养方式一般分为专制型、溺爱型、放任型和民主型。研究表明，父母的教养方式对幼儿的攻击性行为具有显著的影响，在专制、溺爱和放任的家庭教养方式下长大的幼儿比较多地出现攻击性行为，而在民主的家庭教养方式下长大的幼儿较少出现攻击性行为。所以，案例中琨琨的父母要调整错误的家庭教养方式。

一方面，爸爸妈妈在日常生活中要坚持原则，不能过度娇纵和顺从幼儿。

特别是妈妈，不管在什么情况下，都不能纵容幼儿伤害妈妈。如果幼儿因为自己的愿望不被满足而发脾气，妈妈可以抱抱幼儿，安抚他的情绪，然后再想办法转移他的注意力，让他去玩喜欢的玩具和游戏，帮助他尽快从负面情绪中走出来。这个过程也是对幼儿进行情商教育，引导幼儿学会管理情绪的过程。家长不能任由幼儿发泄自己的负面情绪，更不能任由幼儿不高兴就伤害别人，这是很危险的。

另一方面，爸爸妈妈要改变粗暴、生硬的教育方法，采取温柔而坚定的态度与幼儿沟通，向幼儿说明不能做某事的道理，也可以采取转移注意力或冷处理的方法，这样既坚持了原则，又不至于形成对抗型的亲子关系。尤其爸爸要学会克制自己的坏脾气，当自己生气时，可以离开现场，或者坚持克制6秒钟。心理学研究表明：人的情绪受下丘脑控制，受潜意识支配，所以人发脾气是一瞬间的事。但人的理性和自控力中枢在大脑皮层，大脑皮层的反应速度比下丘脑慢6秒钟。所以，当人想发脾气时，克制6秒钟，6秒钟之后，人的理性就会回归，就能成功抑制自己发脾气的冲动。

父母温柔而坚定的态度有利于形成民主型的亲子关系，这种亲子关系会增加幼儿的安全感，使幼儿乐于配合父母，较少出现对抗和打人的行为。

（2）通过身体接触性游戏，建立亲密的亲子关系

美国临床心理学家劳伦斯·科恩（Lawrence J. Cohen）在其著作《游戏力》一书中写到：孩子的心灵就像杯子，需要不断地蓄水，当孩子的心灵能量不足时，就要往这个心灵杯子中"加水"，而加水的一种方式，就是与孩子的身体建立联结，而建立联结的方法，就是做一些亲子身体接触的游戏。

经常被父母打骂的幼儿是非常没有价值感的，而与幼儿做身体接触性游戏，能让幼儿感受到父母的爱，帮助幼儿建立价值感。所以，建议爸爸妈妈学会与幼儿交朋友，和幼儿一起做幼儿喜欢的亲子身体接触性游戏。在这个过程中，幼儿能感受到和爸爸妈妈在一起开心快乐，感受到父母的爱。这既有利于修复因父母打骂给幼儿带来的孤独和心灵创伤，也有利于建立亲密和谐的亲子关系，让幼儿在后续的互动中更乐于配合，更愿意接受父母的要求和指导。

如果父母实在没忍住向幼儿发了脾气或者打骂了幼儿，那也是正常的。因为父母也是人，也会有情绪失控的时候，不过父母在冷静之后要就自己的态度向幼儿道歉，并抱一抱幼儿，这种身体接触的做法有利于修复亲子关系，帮幼儿补充心灵能量，避免亲子对抗。

（3）停止"打回去"的教育，培养幼儿的同理心

有的家长认为：小孩子打人，就让他也尝尝挨打的滋味。所以案例中的琨琨父母在反复劝告琨琨无用的情况下，让琨琨姐姐打回去，现实生活中有的成人也这样做。这种打来打去的方法对年龄小的幼儿来说，容易模糊他们的是非观念，让他们错误地认为打人也是可以的。此外，成人打回去的做法又给幼儿做了一个坏的示范，强化了幼儿的攻击性行为。

比较好的做法是：大人放下手里的事情，专心地看着幼儿，柔声地告诉他："你总是打我，我很难过。我不喜欢你这样做。"这会让幼儿学会理解别人的感受，培养同理心。然后，再教给幼儿正确的沟通方法。

（4）主动关注、回应幼儿的需求和感受

研究表明，在有攻击性行为的幼儿家庭中，家长对幼儿的心理需求和感受关注不足。当幼儿用哭闹、生气等方式表达不合理的要求或亲子冲突时，攻击性幼儿的家长会较多地采取打骂、退让、忽视等方式，较少采用讲道理、转移注意力等有效的策略。

因此，父母应加强对学龄前儿童心理需求和感受的主动关注，鼓励和引导幼儿用合适的方式进行自我表达。

3. 幼儿的语言与思维链接不好怎么办

案例1

儿童情况

牛牛，男孩，5岁3个月，中班。

行为表现

牛牛是一个善良的孩子，乐意与小朋友玩耍，但是他不会用正确的方式与他人相处，容易让小朋友误以为他在欺负别人，导致小朋友经常向老师告状。

有一次吃午点的时候，牛牛突然一巴掌拍在坤坤的手臂上，旁边的小朋友连忙告状："老师，牛牛打人了。"老师听后，耐心地询问事情的真相。这时，牛牛怯生生地看着老师，吞吞吐吐地解释自己的行为，原来牛牛是想和坤坤打招呼，但是他用了不正确的方式。经过老师的引导，他已经意识到自己的行为是不恰当的，也答应不再这样对待小朋友。但是，在之后的一日生活中，老师发现他还是有诸如此类的行为，比如，捂住其他小朋友的眼睛、倒在别人身上不起来、嘴里动不动就重复其他小朋友的名字……老师知道，他并没有恶意，只是想和别人做好朋友，一起玩耍，可是他"独特"的交往方式让班里很多小朋友不能接受。

家庭情况

牛牛的父母在汽车公司工作，平时工作十分繁忙，陪伴孩子的时间比较少。牛牛从小主要是由爷爷奶奶带，爷爷奶奶年纪比较大，都不善言辞。爷爷大部分时间面无表情，也很少带他出去与同龄孩子玩耍，这既不利于牛牛语言表达能力的发展，也不利于提高牛牛的社交能力。今年五月，牛牛妈妈生了一个小妹妹，爸爸妈妈陪伴牛牛的时间就更少了。

案例2

儿童情况

盟盟，男孩，6岁3个月，大班。

行为表现

盟盟是一个开朗帅气的男孩，皮肤黝黑的他喜欢大笑，每次都会露出白白的牙齿。他的理想是长大后当解放军，每次看到与解放军、部队有关的书或者视频，他都会被深深地吸引。有着这样理想的盟盟充满正义感，也正是他的正义感，让他成为小朋友们告状的对象。

午饭后，小朋友们都在散步，突然有小朋友告状说："老师，盟盟一直在使劲推我。"当老师向盟盟询问原因时，盟盟一脸委屈地说："老师，他没站到队里，我想让他站到队里。"原来，盟盟想让这个没在队伍里的小朋友站队，没用语言跟人家沟通，就直接动手了。

这样的情况不止一次。小朋友们正在排队洗手，前一个小朋友在打肥皂的时候没有关水龙头，盟盟一边用手使劲地拍打人家，一边大喊道："你快点快点。"其实盟盟并不是嫌人家洗手慢，而是不想让他浪费水。

家庭情况

盟盟从小跟着爸爸妈妈长大。盟盟妈妈之前在科技公司做财务工作，因为有了二宝，妈妈就不再工作，成了全职妈妈，每天把盟盟送到幼儿园之后就在家看着妹妹。放学时，妈妈会抱着妹妹来接他。盟盟妈妈很开朗也很通情达理。她非常重视盟盟的教育，认为只要是对盟盟好的教育方式，她都可以理解。妈妈也承认，盟盟与小朋友相处时在表达方面存在着问题。

盟盟的爸爸跟盟盟妈妈在一家公司工作，是公司经理。爸爸是一个话不多、很老实的人。他每次来接盟盟时，都很客气地跟老师问好。老师有事情跟他沟通的时候，他也很客气。但能看出他对盟盟的要求比较严格。据盟盟妈妈反映，盟盟与爸爸的相处方式像哥们一样。

在与盟盟妈妈的交谈中，盟盟妈妈还跟老师讲了一件事情：在游乐园里玩的时候，盟盟看到不敢滑滑梯的小朋友，他就很热心地"帮助"人家滑下去，吓得小朋友直哭。

案例分析

上面案例中的牛牛和盟盟有一个共同的特点：他们的行为动机都是好的。牛牛的行为动机是想和小朋友玩，盟盟的行为动机是想帮助别人，主动帮助教师维持秩序。所以，两名幼儿的行为动机本身都没有问题，也是应该被鼓励和肯定的，只是他们用动作表达的方式让其他小朋友难以理解和接受，感觉被冒犯了。其实牛牛和盟盟完全可以用语言清楚地表达自己的想法，比如，牛牛可以先和小朋友商量要怎么玩，征得小朋友同意后再一起游戏，这样就不会引起同伴的误会。盟盟也可以用语言提醒小朋友排队，关上水龙头，或者在帮助别人之前，问一下是否需要帮助等，这样就可以避免引起对方的误解。但是，他们为什么没有这样做呢？

从他们的家庭教养情况中我们可以看到一个细节，就是两个孩子都不擅长语言表达。牛牛从小主要由爷爷奶奶带，而爷爷奶奶年纪比较大，很少带他出去与同龄幼儿玩耍，并且爷爷不善言辞。而盟盟虽然跟着爸爸妈妈一块长大，但是爸爸是一个话不多的人，对盟盟的要求比较严格。父子俩相处的方式像哥们一样，交流不多。妈妈也认为，盟盟与小朋友相处时在语言表达方面存在着问题。

在第五章我们讨论过，3—6岁是幼儿语言和思维链接阶段。语言和思维链接良好的幼儿则更多地用语言表达自己的想法，而语言和思维链接不好的幼儿会更多地用动作表达自己的想法，形成动作表达习惯，表现为冲动和攻击性行为多、不能自控、不遵守规则等。

案例中的牛牛和盟盟语言发展相对滞后，思维不能与语言很好地链接，于是就用动作表达自己的想法。虽然动作表达能被熟悉的家人理解，但在社会交往过程中就会遇到困难，特别是在幼儿园里，容易被其他小朋友理解为攻击性行为。

所以，对语言与思维链接不好、不善于用语言表达的幼儿，矫正时首先要帮助他们更多地进行语言与思维链接的训练。当语言与思维链接好了之后，他们就能够学会用语言表达自己的想法，所谓的"攻击性行为"就会自然地减少，直到完全消失。

教师应对策略

（1）肯定幼儿良好的行为动机

对于牛牛和盟盟这类有攻击性行为的幼儿，教师不能批评他们，要肯定他们良好的行为动机，认可他们乐于与同伴交往、乐于帮助别人、积极帮助教师维持秩序、不浪费水等优秀品质。如果教师批评和指责他们，会让他们感到委屈，不利于他们主动性和正义感的发展。教师也不用反复向幼儿解释为什么那样做是不对的，因为反复强调他做得不对，对幼儿传递的是否定他的信息，同样会打击幼儿做事的积极性。

（2）教给幼儿正确的语言表达方式

一般来说，直接告诉幼儿正确的做法比较有效。所以，教师只要自然地引导幼儿用正确的语言表达自己的想法，就可以达到让幼儿通过不断练习，使语言与思维建立链接，掌握正确的语言表达方式的目的。比如，当牛牛想和坤坤玩的时候，教师可以引导他这样说："坤坤，我能和你说句话吗？""坤坤，咱俩玩一会儿，好吗？""咱们玩点什么呢？"引导盟盟对没站到队伍里的小朋友说："请你站到队伍里！"对打肥皂没有关水龙头的小朋友说：

"打肥皂时,请你关掉水龙头,不能浪费水。"

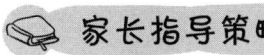 **家长指导策略**

(1)通过儿歌、故事激发幼儿语言表达的兴趣

牛牛和盟盟都属于不善于用语言表达的幼儿,建议家长在家里通过带幼儿大声吟诵儿歌、唱歌、阅读绘本故事等方式,激发幼儿语言表达的兴趣。当幼儿进行语言表达时,家长要耐心倾听,让幼儿充分表达,并对幼儿好听的声音、流畅的表达展示出自己的欣赏,让幼儿获得表达的美好体验,使他更乐于用语言表达自己。

(2)帮助幼儿用语言表达自己的想法

家庭生活中,家长可以多与幼儿聊天,交流对各种事情的看法和想法,让幼儿边想边说,帮助幼儿建立语言与思维的链接,提高幼儿的语言表达能力。当幼儿表达不充分或不正确时,家长可以引导幼儿正确表达。家长可以与幼儿聊聊他们在幼儿园有哪些好朋友,他们在一起玩了什么,老师带他们玩了哪些好玩的游戏,他是怎么帮助小朋友的,等等。

(3)父母和幼儿玩模拟游戏

父母可以根据孩子的具体情况,和孩子玩角色扮演游戏。比如,父母可以把上述案例中的各种场景表演出来,请孩子配合表演自己要怎么做,引导孩子用语言表达自己的想法,养成用语言表达的习惯。

4. 幼儿因缺乏人际交往技能而打人怎么办

儿童情况

罡罡，男孩，5岁，大班。

行为表现

在一次区域游戏中，老师看到罡罡将玩具从一个小女生的手里抢了过来，小女生想要拿回玩具，于是两个人发生了争执，最后罡罡因为没有得到玩具，"哇"的一声哭了，而且情绪比较激动，还动手打了小女生，然后跑到了角落里。老师走过去，想和罡罡进行交流。他看到老师，冲老师挥舞着手臂让老师没法靠近。

罡罡平时在班里和老师们的交流比较少，也没有固定的好朋友，很少参加集体活动。他上课时不能遵守纪律安静地坐在小椅子上，而是在教室里到处走动。但是他很聪明，能够很快地接受新知识。

家庭情况

罡罡的妈妈在超市做销售工作，爸爸是软件工程师。父母上班比较忙，所以一直是奶奶照顾孩子。奶奶出身农村，没有文化，又比较溺爱孙子，替孩子包办很多事情。每天把孩子从幼儿园接回家后，奶奶就忙着做饭，孩子自己玩自己的。周末放假，家人很少带罡罡出去玩，罡罡如果醒得早就会自己坐在一边看书。罡罡妈妈反映，最近孩子在家经常发脾气，只要事情不顺他的心意，他就会大叫。有时候孩子犯错了，父亲会大声训斥和动手打他。老师将孩子在幼儿园的情况婉转地告诉家长。妈妈表示很吃惊，她说孩子回家后向来只说今天哪个老师表扬他了，报喜不报忧。老师平时也能感觉到罡罡很爱自己的妈妈，很在乎妈妈对他的看法。妈妈说罡罡每天晚上睡前都会对她说"我爱你"。

 **案例分析**

对案例中罡罡的行为表现和家庭教养情况进行分析，可以发现罡罡有以下几个方面的问题。

（1）自我中心

由于奶奶的溺爱、包办和过度顺从，罡罡比较自我中心。而自我中心的幼儿不能正确地把握人际交往的界限，经常不现实地希望事情都能按照自己想要的方式发生和发展，所以在幼儿园的集体生活中，容易产生挫败感，导致攻击性行为。

（2）缺乏社会交往训练

罡罡在家里读书多，所以在幼儿园里接受新知识比较快。但由于老人很少带他出去玩，所以他只与熟悉的家人交往，缺乏与家庭之外的人交往的经验，导致他在人际交往方面存在两个问题：

①缺乏人际交往和解决冲突的技能

罡罡抢别人的玩具和抢不过就打人的行为主要是由缺乏社会交往技能，不会解决人际冲突导致的。

②拒绝与家庭之外的人交往

笔者经过多年研究发现，在1—2岁期间与妈妈依恋关系正常发展的孩子，2岁之后开始产生与同伴交往的兴趣，并开始在同伴交往中理解人与人之间的关系，练习交往技能。案例中的罡罡已经5岁了，依然拒绝与家庭之外的人交往，这是不正常的。他的社会价值感完全建立在妈妈那里。他每天都向妈妈表达"我爱你"，甚至只报喜不报忧，非常在乎妈妈对他的评价。而在幼儿园里，他和老师的交流比较少，没有固定的好朋友，也很少参加集体活动，明显地表现出他的社会性发展不好，难以融入集体生活和获得集体生活的快乐。在幼儿园这个集体生活环境中，他找不到价值感。当自己与同伴发生冲突时,他不会寻求教师的帮助,也拒绝教师的帮助。

罡罡的社会性发展问题非常容易让他在集体生活中受挫,从而产生攻击性行为。因此,帮助罡罡提高人际交往技能,促进其社会性发展,是矫正罡罡攻击性行为的关键点。

教师应对策略

(1)建立亲密的师幼关系

从罡罡目前的社会交往能力情况看,他与同班小朋友建立广泛的社会交往关系是比较困难的。为了帮助他,教师要多观察罡罡,多肯定他的优点,想办法与他建立亲密的师幼关系。比如,集体教学活动时,让他坐在教师身边,多关注他。区域活动时,教师可以找时间和他玩一会儿。当他能够接纳教师之后,再一步步地引导他进行更广泛的社会交往。

(2)引导幼儿与同伴交往

在日常生活和区域活动中,教师可以根据罡罡的兴趣和特长,引导他与同伴一起游戏和交往,让他体验与同伴交往的快乐,激发他对同伴交往的兴趣。比如,他喜欢读书,可以请他在读书角里和同伴相互讲故事,帮助他交到兴趣相同的好朋友,建立亲密的同伴关系。

(3)多开展合作性游戏

大班幼儿有了一定的合作能力,因此教师应多创设条件开展合作性游戏,如"蜈蚣竞走""两人三足"等,鼓励罡罡和其他幼儿合作完成游戏,让他体验合作的快乐,感受团结的力量大,激发他主动和同伴交往的兴趣。

(4)教给幼儿礼貌交往的技能

通过讲故事、情境表演等方式,培养罡罡礼貌交往的技能,给他充足的时间和自由的空间让他逐渐成长;增强对罡罡的关注,把握时机,抓住偶发事件的教育契机和教育价值,进行正面引导。

家长指导策略

（1）不要过度顺从幼儿

目前，罡罡的自我中心思想比较严重。他想要的东西就要得到，如果不能满足他，他就会发脾气；在幼儿园抢别人的玩具，在家里不顺心就大叫。所以，家庭生活中，家长不要过度顺从他，可以采取请幼儿帮忙、温柔地拒绝等方法，让罡罡学会理解别人的感受，承担自己的责任和坦然接受别人的拒绝，克服自我中心思想，为顺利进行同伴交往和融入集体生活做好心理准备。

（2）寻找固定的玩伴

目前，罡罡的社会交往经验太少，与家庭之外的人建立关系有些困难。所以，家长可以先在自己居住的小区里，找一个能够和罡罡玩得来的玩伴，双方父母彼此认识最好。然后，大家经常约着一起出来玩，或者相互到对方家里做客。这种深度的交往容易帮助罡罡从母子依恋中走出来，很快建立起家庭之外的人际关系，有利于罡罡社会性的发展。

（3）多带幼儿与同伴广泛交往，练习交往技能

在拥有了固定的玩伴之后，家长还要多带幼儿到小区里与同龄小朋友游戏和交往。同伴交往既有利于他理解别人的想法和感受，克服自我中心思想，也能够帮助他学到与同伴交往的技能，掌握解决冲突的方法。需要注意的是，为了帮助罡罡克服家庭之外的人际交往障碍，父母可以带孩子们一块玩，帮助罡罡克服困难，顺利融入集体。

（4）父母为幼儿做好榜样

父母可以多组织家庭或朋友聚会，带孩子一起参加，平时父母也要主动和邻居打招呼，给孩子树立良好的人际交往的榜样。

5. 幼儿将打人当作游戏怎么办

案例1

儿童情况

炎炎，男孩，3岁，小班。

行为表现

炎炎刚上幼儿园十天，近几天老师反映他在班里总是戳别的小朋友，有时拍小朋友的头，有时还咬别人。老师制止他的时候，他总是笑嘻嘻的，不一会儿又去碰别人。由于刚入园，孩子彼此还不熟，有几个孩子都被吓哭了。

家庭情况

炎炎是家里的第二个孩子，有一个上初一的姐姐。妈妈说，在家里他经常用手去戳姐姐，把姐姐惹烦了，姐姐就会打他头。姐姐打得轻，他会咯咯笑，继续戳姐姐；姐姐打得重，他就哭着找父母。两人每天晚上睡觉前都会在床上打闹一会儿。当父母批评他的时候，只要声音不大，态度不严厉，他就不当回事。如果对他太凶，他就大哭不止。

妈妈说，炎炎在外面胆子很小，基本都是紧跟着妈妈，遇到陌生人都不敢说话，也从不主动跟别人交流。妈妈本以为孩子内向，担心他在幼儿园里被人欺负，没想到恰恰相反。这几天放学后，妈妈一直教育他在幼儿园里不能随便戳别的小朋友，他答应得很好，但就是不改。老师不断地向家长反映炎炎的行为问题，妈妈也不知道该怎么办。

案例 2

儿童情况

琪琪，男孩，4岁，小班。

行为表现

琪琪是一个很帅气的小男生，说一口的家乡话，老师理解他的话有点困难。他不听老师讲话，没有规则意识，也不和其他小朋友一起玩。老师组织集体活动时，他就坐在教室的某个地方，远远地听着。琪琪有一个让老师非常头疼的不良习惯——好打人。他打人一般没有什么目的，也没有规律可循。有时候大家都在小椅子上坐着，他抬起手就打一下旁边的小朋友，有时候他会突然跑到一个小朋友身边打人家一下。老师问他为什么打人，他不说话，但脸上是笑着的，眼睛眯着，似乎很享受的样子。

老师为此特别苦恼，总是担心其他孩子受伤，或者哪个家长听说自己的孩子被别的孩子打了会不高兴。因此，每天都安排一位老师单独看着他。

家庭情况

琪琪的爸爸妈妈都在省直机关工作，因为工作忙，没法照顾孩子，所以，琪琪从小跟奶奶在老家长大。琪琪要上幼儿园了，奶奶才带着他从老家来到爸爸妈妈身边，所以琪琪说一口家乡话。奶奶比较疼爱孙子，琪琪偶尔不高兴、感觉无聊时也会打奶奶，奶奶都不当回事，依然精心照顾孩子，满足他的各种要求。

针对琪琪打人这件事，老师不得不和家长进行沟通。平时都是奶奶来接，和奶奶沟通没有多少效果，所以老师就直接打电话和琪琪的爸爸妈妈沟通。妈妈认为，琪琪是在老家散养长大的，她也很认同这种散养的方式，一直给孩子提供宽松的环境，让孩子自然成长。她认为琪琪在幼儿园打人是出于自我保护的本能反应，因为幼儿园对琪琪来说是一个陌生的环境，身边的人也都是陌生的，孩子是因为恐惧才这样做的。所以，妈妈对琪琪的问题行为并不重视。

案例分析

在家里，小孩子无聊时会找大孩子或大人玩，可能因为语言表达能力不强，或者延续了婴儿的互动模式，他们会选择用戳碰的方式引起别人的注意。这时，如果大人能理解幼儿的需要，柔声地问他："你是想让我和你一块玩吗？"然后耐心地引导幼儿做各种有趣的游戏，或者告诉幼儿自己正在忙，等一会儿再陪他玩，并递给他一个玩具，让他自己先玩一会儿，那么，幼儿就不会再戳碰和打闹。但是，如果大人不能很好地回应幼儿，并且因为幼儿不断戳碰或打扰到自己而烦躁，甚至用"打回来"的方式回应幼儿，那么就会让幼儿觉得成人是在和他打着玩，让他感受到一种打闹游戏的快乐，就像小动物经常打着玩一样，久而久之便成为一种游戏模式被固定下来。

从上面两个案例可以看出，这两个幼儿的打人行为与家人之间的互动方式有关。炎炎在家里经常和姐姐打着玩，琪琪经常和奶奶打着玩。"打着玩"成为他们互动的方式，并让他们从中获得一种快乐的体验。而当幼儿把"打着玩"这种人际互动模式复制到幼儿园时，就会让很多小朋友感到害怕，认为他故意欺负别人。当教师制止时，他反而笑嘻嘻的，并不认为自己犯了错误。

炎炎和琪琪喜欢戳碰别人，还与他们的语言表达能力差和人际交往技能缺乏有关。炎炎妈妈说："炎炎在外面胆子很小，基本都是紧跟着我，遇到陌生人都不敢说话，也从不主动跟别人交流。"由此可以看出，炎炎缺乏正常的人际交往技能，与家庭之外的人交流有恐惧感，所以炎炎在幼儿园不会用正确的方式与小朋友玩耍。琪琪因为从小在老家长大，说一口家乡话，别人听不懂，所以语言交流出现障碍。但是，这两个幼儿又非常想和其他小朋友玩，最后都选择了通过戳、打或咬等行为吸引别人注意，可这种交流方式令其他小朋友难以接受。

虽然幼儿此类攻击性行为产生的原因是可以理解的，但是这种行为会严重影响这些幼儿在幼儿园的同伴交往。如果其他小朋友因此远离他们，他们就会被孤立，进而影响他们的心理健康和良好个性品质的形成。所以，案例中琪琪妈妈对孩子打人的行为不以为意是不对的，家长应该配合教师，一起帮助幼儿改变爱戳碰他人的不良习惯。

教师应对策略

（1）帮助幼儿明晰错误行为，告知幼儿正确的交往方式

当此类幼儿出现戳、拍、咬等攻击别人的行为时，教师要温和地告诉他们说："我知道，你不是故意要打他，你是想和他玩，对吗？"再让被打的幼儿告诉他："我不喜欢你打我，这让我很难过。"引导幼儿学会理解别人的感受，培养同理心。然后再教给幼儿邀请别人和自己一起玩的正确方法。比如，"咱俩一块玩好吗？""我喜欢你，咱们当好朋友吧。""咱们一块用积木搭一座小桥，好吗？你搭那边，我搭这边。"……

（2）采用游戏的方式，引导幼儿掌握邀请别人玩的方法

在幼儿园里，教师可以组织小朋友玩"找朋友"的游戏。比如，让每个小朋友都戴上动物头饰，播放《找朋友》的音乐，中间音乐一停，就让小朋友找到身边的另一个小朋友，说："你好，小熊，咱们一块玩好吗？"反复练习，可以让幼儿掌握用语言邀请别人和自己玩的方法。当掌握了正确的方法之后，他们就会将相应的语言运用到日常的同伴交往当中，从而减少动手戳碰别人的行为。

（3）积极关注与引导，及时肯定幼儿的良好行为

日常生活中，教师要多关注喜欢戳碰、打人的幼儿，有意识地引导他们通过语言沟通的方式和别人玩。当他们能这样做的时候，就马上肯定他们做得好，强化他们的好行为。当好行为越来越多时，不良行为就会越来越少了。

(4) 引导幼儿学说普通话，正确表达自己的想法

当琪琪出现打人行为时，教师要及时介入，询问他到底想表达什么意思。比如："琪琪，你是想和他做朋友吗？""你是想问他的名字吗？"……教师先耐心地倾听琪琪的想法，再耐心地教他学说普通话，告诉他不要着急，慢慢表达自己的想法。

家长指导策略

（1）在家庭生活中改变"打着玩"的互动模式

家庭生活中，家长必须改变不正确的亲子互动模式，一方面不要用戳或拍打的方式逗弄幼儿，另一方面要理解幼儿想和大人玩的需要，告诉幼儿："打人不可以，你可以用语言表达。"比如，"姐姐，你跟我玩一会儿，好吗？""奶奶，你跟我玩一会儿，好吗？"当幼儿正确表达之后，大人要开心地对幼儿说："好的。"然后陪幼儿玩一会儿，享受快乐的游戏时光。当幼儿经常能从正确的表达中获得快乐的体验时，他就会更多地用语言表达自己。

所以，改变此类幼儿戳碰行为最重要的方法是，大人在家庭生活中与幼儿进行正确的语言演练，让幼儿用语言表达自己的想法。反复练习之后，幼儿以后遇到相同的场景就会采取正确的行为。这是一种行为模式重塑的过程。

（2）帮助幼儿尽快学会说普通话

琪琪爱打人的一个重要原因是他普通话不好，他说的话别人听不懂。所以，琪琪父母必须安排好自己的工作，更多地陪伴琪琪，有意地引导琪琪尽快学会说普通话，减少语言交流障碍。在幼儿学习普通话这段时间，最好减少幼儿与奶奶在一起的时间，因为奶奶说的是家乡话，不利于幼儿练习普通话。

（3）引导幼儿掌握正确的同伴交往技能

从案例中可以看出，炎炎缺乏同伴交往技能，有陌生人交往障碍。所以，

炎炎父母一方面要注意家人之间建立平等的人际交往关系，在家庭生活中引导炎炎掌握正确的人际交往技能，不能总是要求姐姐让着弟弟，或者迁就炎炎的无理行为。另一方面要多带炎炎到外面和同伴交往，帮助他在同伴交往中练习同伴交往的技能。

（4）安排丰富的家庭生活内容，让幼儿在各种有趣的游戏中获得快乐

在家庭生活中，家长还要注意帮助幼儿安排丰富的家庭生活。当幼儿在各种游戏中玩得很开心时，他就会自然地改掉打着玩的行为习惯。比如，每天晚饭后，家长可以主动和幼儿商量："今天晚上我们玩什么呢？"然后，引导幼儿制订出晚上的游戏计划。比如，大人可以先陪幼儿到户外进行40分钟的体育游戏，回家后再做一个手工作品，然后刷牙洗脸，上床后再读一本故事书等。这个过程也是自然地引导幼儿学会向同伴发出邀请和与同伴进行游戏的过程。

（5）进行隔代教育引导

父母要引导孩子的爷爷奶奶教育孩子"不越位"。教育孩子的主要责任要由父母来承担，祖辈家长不要过多地干涉。散养并不代表放纵和纵容，要坚持教育的底线，培养孩子遵守规则，帮助孩子更好地融入集体，和同伴正常交往。只有这样做，对孩子的身心健康才会有益。

参 考 文 献

[1] 爱莲娜·诺维臣科娃. 解读孩子敏感的自我意识 [M]. 吴海月，译. 哈尔滨：黑龙江教育出版社，2017.

[2] 伯顿·L·怀特. 从出生到3岁：婴幼儿能力发展与早期教育指南 [M]. 宋苗，译. 北京：京华出版社，2007.

[3] 大卫·林登. 愉悦回路：大脑如何启动快乐按钮操控人的行为 [M]. 覃薇薇，译. 北京：中国人民大学出版社，2014.

[4] 戴维·迈尔斯. 心理学 [M]. 9版. 黄希庭，等，译. 北京：人民邮电出版社，2013.

[5] 海姆·G·吉诺特. 孩子，把你的手给我 [M]. 3版. 张雪兰，译. 北京：京华出版社，2010.

[6] 凯利·麦格尼格尔. 自控力 [M]. 王岑卉，译. 北京：印刷工业出版社，2012.

[7] 劳伦斯·科恩. 游戏力：笑声，激活孩子天性中的合作与勇气 [M]. 李岩，译. 北京：中国人口出版社，2016.

[8] 鲁道夫·德雷克斯，薇姬·索尔兹. 孩子：挑战 [M]. 甄颖，译. 北京：生活·读书·新知三联书店，2015.

[9] 玛利亚·蒙台梭利. 童年的秘密：揭开儿童成长奥秘的革命性观念 [M]. 金晶，孔伟，译. 北京：中国发展出版社，2011.

[10] 诺曼·道伊奇. 重塑大脑，重塑人生 [M]. 洪兰，译. 北京：机械工业出版社，2015.

[11] R. 默里·托马斯. 儿童发展理论：比较的视角 [M]. 6 版. 郭本禹，等，译. 上海：上海教育出版社，2009.

[12] 斯坦利·格林斯潘. 培养孩子的安全感 [M]. 2 版. 张东宾，译. 北京：华夏出版社，2017.

[13] 斯蒂芬 M. 科斯林，G. 韦恩·米勒. 上脑与下脑：找到你的认知模式 [M]. 方一雲，译. 北京：机械工业出版社，2014.

[14] 托德·卡什丹. 好奇心 [M]. 谭秀敏，译. 杭州：浙江人民出版社，2014.

[15] 约翰·瑞迪，埃里克·哈格曼. 运动改造大脑 [M]. 浦溶，译. 杭州：浙江人民出版社，2013.

后　　记

　　在研究和写作的过程中，我的脑海里总是不断地呈现儿子成长过程中的一个个鲜活片段。作为一个儿童心理和教育研究工作者，养育和陪伴儿子成长的过程是我进行得最深入的教育实践。它既是我思考问题的基点，也是我经常对比思考的个案。

　　和儿子在一起的日子总是那么幸福快乐。我们每天有那么多的事情可做。我们外出跑步、爬山，每人骑一辆自行车（忘记当时他几岁，只记得他的小自行车后轮旁边的两个小轮刚被卸掉）到离家不远的匡山附近，随便找一个商店，请人家给我们看着自行车（儿子的小自行车没有锁），然后去爬山，一路爬一路讨论着各种树叶大小、宽窄的区别，欣赏着山上的每一块石头。爬到山顶，我们远眺济南市景，分辨着这一处院落，那一处楼房，寻找着家的方向。尽管山不高，视野也不开阔，但我们仍然很快乐。聊够了，看够了，也晒够了太阳，我们就从背面下山（我们一般不走回头路，就为了看到不同的风景）。途中，我们看到山脚下有一个山洞，门口有一个大大的生了锈的铁门，我们围着洞口转了几圈，不得而入。儿子睁着大大的眼睛好奇地问我："妈妈，山洞里有什么？""这座山下面会不会都是山洞？"

我只好说:"这个,我也不知道,让我们来想象一下,这个山洞曾经发生过什么样的故事。"……这个山洞就这样成为我们之后一段生活中创编各种各样有趣故事的重要素材,儿子的思维和想象力也由此得到发展。

研究完山洞,我们走回存放自行车的商店,对店主的好心表示真诚的感谢之后,不忘购买一些家里需要的日常用品和好吃的,放到车筐里带回家,这常常是我们感谢店主的方式,也经常由儿子来完成询价和购买的全过程。天热的时候,我们也会吃一根冰糕,喝一瓶汽水,坐下来和店主聊一会儿。每当这个时候,儿子绝对不会忘记问人家:"叔叔,你知道那个山洞里有什么吗?"说实话,这座处于城市中心、平地而起的匡山也曾经引起我强烈的好奇心……休息、喝足之后,我们就会骑上自行车回家。一路上,我仍旧让儿子骑在马路靠人行道的一边。我慢慢地骑着,不断地回头看着努力蹬着小自行车的儿子,那幅图景一定像极了大象妈妈带着小象出行的场景。骑到小区门口,我们就结束了半天的骑车旅行。以后的一段时间,儿子逢人便说:"我长大了,我都敢骑自行车上路了。"说话间,脸上满是骄傲和小小男子汉的自豪。

这一小段不起眼的"旅行"可以培养儿子的运动、探索、独立、坚持、观察、语言、数学、与陌生人交往、学会寻求别人的帮助等方面的能力和品质,他的意志感、价值感和自豪感也瞬间爆棚。

回到家里,我们都有点累了,于是一起洗手洗脸,换上家居服,爬到床上或坐在沙发上读一本书,或者闭上眼睛听一段儿歌、音乐,充分享受运动后的舒适和惬意。

休息之后,他可以选择和我一块择菜,当我做饭的小助手,也可以选择去玩他的玩具。晚饭后不累的话,他会下楼去找小朋友在小区院子里玩。一个多小时之后回到家里,他还会搭积木、下棋、画画、做手工,一晚上会有许多好玩的事等着我们。睡觉前当然还要讲一个睡前故事,然后按时上床,进入梦乡……生活就是这样周而复始,充满节奏感和快乐……儿子就在这样周而复始、丰富多彩的生活中快乐地成长着。印象中，儿子的脸上总是洋溢着开心的笑容，他瞪着好奇的眼睛观察着这个美好的世界。

读者朋友，我写了这么多，其实是想说：儿童的生活就应该是乐此不疲地运动、探索、做事，其间需要有父母、家人的温馨陪伴，需要有与陌生人的交流，更需要必不可少的同伴交往。如此，儿童才能快乐健康地成长。

谨以此书，表达我对儿子深深的爱！也希望本书能够帮助读者更好地理解儿童正常成长的路径，理解意志感在儿童成长过程中的重要性，这些在当前的学前教育中都是被普遍忽略的。

谢谢大家！

王普华于泉城济南

2018 年 11 月 19 日

万千教育 学前教育类书目

书号	书名	著、译者	定价(元)
幼儿园家长工作指导			
2345	幼儿成长揭秘——常见问题分析与家园共育策略	王普华 等 著	48.00
1934	幼儿教师与家长沟通之道（第二版）	晏红 著	46.00
364	幼儿园家长工作技能与艺术	莫源秋 编著	45.00
806	破解家园沟通的44个难题	胡剑红 主编	35.00
9610	幼儿教师的家长工作技巧	张春炬 主编	34.00
9592	幼儿园家长开放日活动设计与实践指导	卢筱红 主编	25.00
9322	幼儿园家庭教育指导形式与方法	晏红 著	34.00
幼儿园家长工作指导合计			267.00
幼儿园教师教育技能与活动指导			
2096	让幼儿都爱听你说（第二版）	马希武 等 译	36.00
1707	有力的师幼互动	王连江 译	36.00
9903	幼儿教师与幼儿有效互动策略	莫源秋 等 编著	35.00
1197	幼儿教育中的心理效应	莫源秋 等 编著	32.00

9950	让幼儿都爱听你说 ——幼儿教师说话的艺术	马希武 等 译	20.00
8953	幼儿教师实用教育教学技能	莫源秋 等 著	30.00
784	幼儿教师必须掌握的教育技巧	莫源秋 著	35.00
193	跟蒙台梭利学做快乐的幼儿教师	刘 文 主编	58.00
7511	做幼儿喜爱的魅力教师	莫源秋 著	25.00
7303	老师,你在听吗? ——幼儿教育活动中的师幼对话	汪寒鹭 等 译	28.00
幼儿园教师教育技能与活动指导合计			**335.00**

幼儿心理与发展指导

2205	幼儿行为管理的方法与策略	莫源秋 著	46.00
1779	幼儿情绪管理的方法与策略	莫源秋 著	48.00
9496	透视幼儿心理世界 ——给幼儿教师和家长的心理学建议	冯夏婷 主编	36.00
0783	透视0—3岁婴幼儿心理世界 ——给教师和家长的心理学建议	冯夏婷 主编	38.00
0183	幼儿常见心理行为问题:诊断与教育	莫源秋 著	38.00
6608	幼儿心理健康教育	刘 文 编著	25.00
幼儿心理与发展指导合计			**231.00**

幼儿行为观察与应对指导

2308	0—8岁儿童纪律教育 ——给教师和家长的心理学建议(第七版)	蔡 菡 译	72.00

……
欲了解更多图书信息,请登录:www.wqedu.com
联系地址:北京市西城区三里河路6号院2号楼213室　万千教育
咨询电话:010-65181109,65262933

*本目录定价如有错误或变动,以实际出书为准。